教育依存社会アメリカ

教育依存社会アメリカ

学校改革の大義と現実

デイヴィッド・ラバリー
David F. Labaree
倉石一郎／小林美文……訳

岩波書店

SOMEONE HAS TO FAIL
The Zero-Sum Game of Public Schooling

by David F. Labaree

This Japanese edition published 2018
by Iwanami Shoten, Publishers, Tokyo
by arrangement with
Harvard University Press, Cambridge, Massachusetts
through The English Agency (Japan) Ltd., London.

デイヴィッド・タイヤックとラリー・キューバンに

日本語版への序文

本訳書『教育依存社会アメリカ』を通して、日本の読者の皆さんとつながることができて大変光栄に思う。与えられたこの序文という場を利用して二つの作業を行いたい。一つめは、原著が刊行された二〇一〇年以降に教育政策の世界で起きた変化について述べることである。二つめに、原著の中で必ずしも明確に論じられたと言えない部分について詳しい議論を展開したい。

まず、ここ六年間のアメリカの教育政策の風景の変化について見てみよう。表面上は、非常に大きな変化があった。二〇〇二年成立の「落ちこぼれ防止法（ＮＣＬＢ）」の後継法として連邦政府は二〇一五年、「全生徒達成保障法（ＥＳＳＡ）」を通した。これは、伝統的に五〇ある州政府の責任であった教育政策の領域に、初めて連邦政府が直接介入するものだった。一九八〇年代以降州レベルで進んでいた教育標準化運動の勝利を、それは告げていた。「落ちこぼれ防止法」は各学校で使用されるカリキュラムの基準確立を州に義務づけ、生徒の成績がどの程度この基準を満たしているかを評価する州の標準テストを通じて、学校に説明責任を負わせることを求めた。この政策は二つの目標、すなわち異なる社会的・民族的背景をもつ生徒が受けられる学校教育の不平等を是正すること、教育的成果のレベルを上げて経済成長を促進することの達成を狙っていた。本書で用いる用語で言えば、前者は社会移動《ソーシャルモビリティ》という目標の表現であり、後者は社会的効率《ソーシャルエフィシエンシー》を表している。これら二つに民主的平等《デモクラティックイクオリティ》を加えた三つの目標が、過去二〇〇年にわたる歴史を通してアメリカの教育ポリティクスを形成してきた、というのが私の主張である。

全生徒達成保障法は、過去一〇年間に落ちこぼれ防止法に生じた抵抗をいくらか鎮めるための改善努力であった。政治的右派は、州の権利に対する言語道断な侵入であるとしてこの法律に反対していた。また、厳格な試験要件の影響で学校システムの効率的稼働力が削がれることに不満をもつ教育界首脳たちも、この法律に反対だった。全生徒達成保障法は州の説明責任要件を緩和し、州の政策立案者の裁量範囲を拡大して、成績向上と格差縮小という大まかな基準を満たす限りで、独自の多様なアプローチを許容するものだった。落ちこぼれ防止法が集中砲火の渦中にあったのと同じ頃、州境を越えてコモンコアカリキュラムを発展させようという運動も批判を浴びていた。その結果コモンコア運動は州レベルで継続したが、しかしそれは州当局にこの過程に対する、より大きな裁量の余地を与えるという条件付きでだった。

そして、大統領選挙とドナルド・トランプ選出にともなう教育政策の劇的な変化が起こった。新政権では連邦政府教育省が学校選択支持へと劇的にシフトし、チャータースクールや学校バウチャー制度に重きをおくようになった。また、オバマ政権が課していた営利目的の高等教育に対する制限を緩めた。

これらの政策変更は、アメリカの教育システムの核心よりも、表面にいっそう影響を与えた。教育が第一義的に、州や地方自治体の管理下にある機能であることに変わりはない。そしてその基本構造は、本文で詳しく述べた通り、おおむね変化なしだ。消費者は依然として全レベルにおいて学校教育システムの力学を形成する最強の立場にあり、政府の政策は副次的な役割を果たすに過ぎない。この点について、第二のトピック、つまり二〇一〇年版で述べることができなかった私のシステム分析に関して詳しく述べることに話題を転じて説明したいと思う。

本文で説明している通り、アメリカの学校教育システムはその核心部分では、学びよりも社会的地位の獲得を重視することを基軸に組織されている。とりわけその原動力は、より大きな門戸開放《アクセス》を学校に期待したり、社会的優位性維持の手段としてそれを利用しようとする教育消費者の努力である。教育システムは、複雑で融通無碍なその構造体の中に矛盾する諸目標を吸収することで、これらの消費者からの両方の圧力に自らを適応させてきた。長年にわたり教育システムは、自分の子どもの社会移動を高めるために高次の学校教育の門戸開放を求める、下層階級の政治的要求に応えてきた。リベラル民主主義社会において、選挙民の多数派による教育の門戸開放の要求に教育システムが抗うのは不可能である。しかし同時に、親世代が享受してきた社会的優位性を維持することを可能にする学校教育の形態を、自分の子どもに提供してほしいという上層階級からの要求にも、教育システムは応えている。

このプロセスの仕組みはこうだ。ある生徒集団が、別の集団の社会的優位性の源泉となっている学校教育レベルへの門戸開放を求める。システムがついにこの門戸開放を許可すると、今度は後者の集団が、このレベルの学校を階層化し、階層構造における上位トラックの位置をキープすることで、このレベルの先住者である自分たちの優位性の維持を要求する。同時に、上位層は学校システムの次なる高次の学校へと子どもを送ろうとするようになり、それが新しい優位性のゾーンとなる。

この過程はアメリカの学校教育史において三たび繰り返された。コモンスクール運動の時代、それは普遍的公教育が始まった一九世紀半ばのことだが、国中の初等教育学校に生徒が大挙して押し寄せ、それは瞬く間にシステム内の包摂的領域となった。しかし、中流・上流家庭が子どもを私立学校にやるのをやめさせ公立学校への通学を促進するために、改革者には克服しなければならない問題があった。かつて公立学校教育とは、学校教育を子どもに受けさせる経済的余裕のない貧困層のためのものだった。だから改革者は労働階級のために初等学校を創設したとき、同時に、自己負担で既に子どもに学校教育を受けさせていた家庭のために、公的資金でハイスクールを創設した。多くの人のためのコモンスクールは成功したが、あくまでそれは一握りの者のための非コモンスクール〔創設当初の公立ハイスクールを指す〕とセットの上でのことだった。

一九世紀の終わりが近づいた頃、初等学校は完全に八年生まで普及していた。この時点で、教育的優位性を意味する領域であったハイスクールへの門戸拡大を求める政治的圧力が高まっていた。学校システムはこの要求を受け入れ、ハイスクール在籍者数は急激に増加した。しかし同時に、ハイスクールのカリキュラムは階層化され、新たに流入した人びとは下位トラックに水路づけられる一方、中流階級の生徒層は上位トラックに残った。そして中流階級は、新たな優位性のゾーンであるカレッジへと多くの子どもたちを送り始めた。一九五〇年代までにハイスクールは一杯になった。ハイスクール進学が当たり前になると、その当時最良の仕事に通じる扉だった、カレッジへの門戸開放要求が高まった。三たび、システムの適応が起こったのだ。そしてまたもや、新参者たちは高等教育の下位トラックの学校——地域レベルの州立カレッジ、大都市のカレッジ、コミュニティカレッジ——へと流れ込み、その一方で伝統ある旗艦州立大学や一流私立カレッジは中流・上流階級のために守られた。また同時に、中流・上流階級は、新たな教育的優位性のゾーンになった大学院へと子どもを送り始めた。

アメリカ教育システムのこの核となるダイナミズムは、いまだ健在だ。このシステムは今でも同じ構造のもとで、ある者には門戸開放を提供し、別の者には優位性を与えている。この綱渡りの芸当を、床が高くなるたびに天井を高くすることでなし遂げているのだ。大衆の教育レベルは上がり続け、社会階層間の教育格差は同じままだ。それは、社会移動なき教育的流動性をもたらすエレベーター効果である（このエレベーター効果に関するより深い議論に興味のある方は、私のウェブサイト（https://people.stanford.edu/dlabaree/）の「門戸開放と優位性の均衡性について」という論文をご覧いただければと思う）。

そしてこの点が、我々を次なる課題へと導く。私の分析は、日本の社会的・教育的システムに適合するのだろうか？　この点については、私の無知を言い訳にしなければならない。知識が足りない状態で、比較をあれこれ推測することはしたくない。読者の皆さんは、どう思われるだろうか？　日本の状況とどのように類似し、どのように異なっているだろうか？　皆さんにお考えがあるなら知らせてほしい。dlabaree@stanford.edu まで電子メールを送ってほしい。

二〇一八年一月　パロアルトにて

デイヴィッド・ラバリー

凡　例

一、本書は、David F. Labaree, *Someone has to fail: The zero-sum game of public schooling*, Harvard University Press, 2010 の全訳である。

一、本文中の（　）を付した箇所は、原著者による記述である。

一、本文中の〔　〕を付した箇所は、原文の理解を助けるために訳者が語句を補い、あるいは簡単な解説を行ったものである。

一、原文中のイタリックで、強調を示すものは傍点で示した。

一、原文は訳者の責任において日本語に訳したが、理解を助ける上で必要と判断された際に、原語をカナ表記のルビとして付した。

一、書物・映画・新聞・雑誌のタイトルは『　』で示した。

一、原注は各章の末尾に掲載した。

一、索引は原著の項目から訳者の判断で取捨選択して作成した。また訳語は文脈に応じて訳し分けた場合もあるので、厳密に訳本文と対応しているとは限らない。

目　次

序　章

アメリカ人は長い間、教育に希望をつないできた。何か理想を表現したり問題を解決しようとするとき、我々が主に用いる方法が教育である。我々は良質な市民と生産性の高い労働者の供給を、機会を与え不平等を減らすことを、健康を改善し犯罪を減少させ、そして環境を保護することまでを学校に対してのぞむ。それゆえ我々はこうした社会的使命を学校に課し、教師たちは果敢にその任務の遂行を請け合う。学校システムは必然的に望ましい結果を出せず失敗するが、そのとき我々は改革者に対処を依頼する。その結果アメリカの学校改革は、ある研究者が述べたように「常時稼働中《ステディーワーク》」状態である。学校システムは我々が望むように働かないようだが、それを手直しし続けてさえいればある日きっと成功するという希望を、我々は決して捨てないのである。(1)

本書で探究を試みるのは、このシステムがどのように出現し、どのように機能しているか(そして機能しないか)、さらにたとえそれに期待を裏切られ続けようとも、なぜ我々がかくも多くの財をこの仕組みに注ぎ込むのをやめないのか、である。核心を言えば、この物語は逆説に根ざしている。アメリカ史において教育事業はどう見ても、最も制度として成功したものである。一八世紀において控え目で周縁的な位置におかれていたのが、二一世紀にはアメリカ人の生活の中核部を占め、唖然とするほどの時間と財が政府と市民の双方から集められ、費やされるまでになった。その制度的成功の鍵は、我々が課す社会的目標を取り込み、具現化する力が学校にどれだけあるかにかかっていた。しかし、学校改革の波が何度も寄せては返したけれど、米国の学校教育はこれらの目標を実現できていない。

もし誰かが持続的に自分自身に危害を及ぼす行動を繰り返すとき、我々はそれを精神病理の兆候と見なす。だからこの意味において、学校教育に頼ろうとするアメリカの傾向は、戦略《ストラテジー》ではなく症状《シンドローム》である。我々は喫緊の社会問題に対して、教育的身ぶりではなく政治行動を通じてより直接的にそれに対処することを億劫がる。それらの問題すべてへの対処を学校教育に頼ろうとしたことで、我々の学校システムは失敗を余儀なくされてきた。だが失敗しても我々はシステムをいじり、また挑戦する。我々は最大限の希望を、明らかにその実現に適さない機関に、社会全体としても個人としても託し続けているのである。

システムの失敗はある部分では、刻々と変わる教育の社会的目標とこのシステム固有の組織的慣性との間に生じた緊張の結果でもある。合州国建国《リパブリック》初期の時代、我々は重要な社会問題を解決するためにこの仕組みをつくり上げた。そしてこの仕組みによって問題がうまく決着すると我々は、迂闊にも、このシステムを使い回して新しい問題に対処することができる、と考えるようになってしまった。しかし年月とともに学校システムは、我々の力で方向転換させるのが難しいほどに巨大な力をつけていった。

しかしながらこのシステムの失敗はおしなべてもう一つの緊張関係、すなわち我々の社会的目標と、我々個人の願望との間の緊張の結果でもある。学校改革者は社会の負託を受けた代理人《エージェント》として振る舞い、学校を利用して秀でた市民と生産性の高い労働者を育成し、我々の社会の病悪を治癒しようと努めてきた。しかし一九世紀初期にかれらが達成した最初の成功を除けば、改革者は学校を通じてこれらの目標を達成することにほとんど失敗してきた。改革者と対照的に個々の教育消費者たちは、社会のグランドデザインの追求手段としてではなく、よい仕事、よい生活といった個人的な夢をもっぱら追求する手段として学校を見なしてきた。本書で見ていくように、学校改革者と比べて消費者は、学校と社会の双方の形成に、より強力なインパクトをもたらした。しかしその過程で消費者たちは、互いに相容れない方向へとシステムを引っ張っていった。なぜならかれらがそこから引き出そうとした効用は鋭く異なるものだからだ。アメリカ教育史全般を通じて、ある消費者たちは社会的階梯を駆け上がる必要から、学校のさらなる門戸開放を求めた。他方で社会移動のライバル《ソーシャル・クライマーズ》たちから自身を守るために、学校からもっと多くの利得《アドバンテージ》を得ることを求めた消費者たちもいた。学校システムはご親切にも、門戸開放と利得とを同時にもたらし、また平等と不平等を同時に促進してくれることになったのである。

アメリカの学校シンドロームを理解する鍵は、我々の学校はこれまで決して本当の意味で学びの場だったことがない点を認識することにある。学校の社会に対する持続的な影響は、カリキュラムの内容よりも学校システムの形式のほうからより多く生じていた。学校は、雑多な市民たちを一つ屋根の下に糾合し、共通の社会的・文化的経験のもとにさらすことで共同体を生み出すことに成功してきた。ただこの目的を達するにおいて肝心なのはカリキュラムが皆にとって同じということであり、その中身は二の次だった。この国の初期の頃、学校は合州国を構成する市民の形成に力を発揮し、より最近では移民の同化に寄与した。しかし多くの場合、学校システムの最大の社会的インパクトの源泉は、機会と利得を分配するその力にあった。そしてこれは、学校において生徒が入学から卒業までに何を学んだかではなく、誰が学校に入学し、誰が卒業したかということの結果であった。

歴史的背景の概略——米国における学校改革の波

学校シンドロームを理解するには、まずはじめにアメリカの学校システムの来歴を調べ、次にそれがいかに機能しているかを探ることである。そこで、学校システムを創設しまた改革しようとした主要な社会運動の簡潔なアウトラインをここで描いてみよう。それは最初の三つの章での学校教育の歴史をめぐる議論を読むときの手がかりになるだろうし、残りの章で展開する現代の学校システムに関する分析の背景としても役立つことだろう。

米国における最初の教育改革の運動は、一九世紀初期から中期にかけてのコモンスクール運動であった。このホイッグ主義改革者による運動は、建国初期のアメリカを覆い尽くさんばかりだった危機を解決した目覚ましい成功例だった。問題は、合州国がまだ新しく脆弱であり、共和制は長持ちしないという二〇〇〇年の歴史が示すところの教訓と格闘しなければならなかったことだ。一八二〇年代から三〇年代にかけて米国は、市場経済の急速な拡大に直面した。富と機会の拡大がもたらされたが、同時にそれは、合州国の平穏にとって大切な二つの要素──市民間での荒削りな平等と市民的参加の強固な文化──を脅かすものだった。公的資金を財源とし公衆の統制による公立学校を創設し、そのもとにコミュニティのすべての成員を集わせようとするコモンスクール運動は、この時期の諸制度建設というより大きな全体の中で、経済成長にブレーキをかけずに合州国の解体防止にも寄与することで重要な役割を果たした。公立学校制度の創出は、民主的政治と資本主義的市場との偉大なる妥協──それはやがて、リベラル民主国家としての米国の維持にとって肝要な妥協であることが分かってくる──の一部をなすものだった。この偉大なる妥協の形成過程で、コモンスクール運動は公立学校制度の基礎的な組織構造とその政治的原理を築き上げた。その双方とも今日まで生き長らえている。

アメリカ教育史における第二の主要な改革運動は、二〇世紀前半期の進歩主義運動であった。教育における進歩主義運動はある意味で、一つ一つがバラエティに富む構成要素を含んだ魔法のポケットだった。しかしこの運動には、この名で呼ばれるに値するための若干の核となる志向性があった。教育的進歩主義のどの陣営も、二〇世紀初頭の社会的・政治的危機への応答であり、その点で革新主義の政治運動という、より大きな流れと緩やかにつながっていた。この危機は、コモンスクール運動の時代にホイッグ主義改革者が直面した危機ほどには、アメリカ社会の根幹に関わるものでも深刻な脅威でもなかった。政府は安泰であり、古くからのリベラル民主主義的協定は守られていた。だが政府と社会にとっての問題は、新たに台頭した企業経済、拡大する不平等、悪化する労使関係、急激に膨張する都市、そして南・東欧からの巨大な移民の波などを含む新たな社会状況をのりきる方法をいかにして見つけ出すかだった。

　教育的進歩主義は、関連する二つの解答に行き着いた。それらに共通したのは伝統的な主要教科《アカデミック》カリキュラムの敵視、教育を発達上の必要に合わせること、殺到する移民を米国に適応させることへの関心、そして急速に拡大するハイスクールに押し寄せる新たな生徒たちに対処するための中等教育の再編であった。この運動の一つめの構成要素は、ジョン・デューイとその追随者たちに主導された子ども中心主義の進歩主義者であった。もう一つは、教育専門家らから成る一大集団が主導した管理行政的進歩主義者《アドミニストレーティブ・プログレッシブズ》〔学校統治・運営に科学的・合理的手法をもち込み効率主義を追求した一群の人びと〕であった。これから説明していくように、管理行政的進歩主義者は米国において、中等教育の構造変化にずば抜けて大きく影響を及ぼした人びとであったが、五〇年以上に及ぶ最大限の尽力にもかかわらず、かれらはアメリカの教室での授業と学習のやり方の基本パターンを覆すことができなかった。

　この五〇年の間我々は、アメリカの教育の改革をめざしたさまざまな努力や奮闘を目にしてきた。最初は一九五〇年代から六〇年代にかけての人種隔離撤廃運動であり、それはやがてアメリカの学校を包摂的《インクルーシブ》なものにしようとする大きな運動へと発展していった。法に基づく人種別学を終焉させ、さらにアメリカの学校における男女別学の壁や、障害者と健常者の別学の壁を崩すようにも作用した。第二は学校標準化運動《スクールスタンダード》であった。一九八〇年代に始まり、二〇〇二年の落ちこぼれ防止法制定によって新たな命を吹き込まれた。それはカリキュラムのガイドラインと標準学力テスト《ハイステイクス・テスティング》によって、学校における学力到達度レベルの向上ならびに、恵まれた子とそうでない子の学力到達度格差の縮小をはかろうとした。三番目は学校選択運動で、それは一つの政治勢力として一九九〇年代初頭に始まった。個々の消費者を鼓舞することにより公的セクターによる教育の独占の打破をめざしたこの運動は、二〇〇〇年代初めには、郊外の富裕層が享受しているのと同等の学校の選択肢を都心部困窮地帯《インナーシティー》の住民ももつべきだと主張し始めることで、その射程を広げた。

学校ができないこと、そして本書では語られないこと

アメリカの学校改革の歴史が我々に示してくれるのは、これらの改革の効果を削いだものが何だったかということだ。改革家たちはいつの時代にも学校に対して社会的使命を課そうとし、そしてその達成に失敗してきた。なぜなら消費者たち――子どもを学校へと送る家族――の思惑はそれと全く異なっていたからだ。消費者は、社会的崇高さには欠けるが個々人に訴えかけるところが大きい目標、すなわち人に先んじ、上に立ち続けるという目標の追求を、かれらの自由にさせてくれることを学校に対して望んできた。私の考えでは学校システムは、教育を通じてわが子の未来の守りを固めようと努める家族が積み重ねてきた選択に現われた、これら消費者の選好の意図せざる帰結である。要するに、(個々の消費者たちの利己的行為によって形成された)私的財としての教育というビジョンは、(改革運動の社会目標によってつくられた)公共財としての教育という見方をつねに圧倒し続けてきたのだ。

私の論点というのは、アメリカの学校教育はこうした歴史の中から、社会問題の解決法としては劣る手段

だったが、個人的な夢に（たとえ実現はしなくても）表現を与えるすぐれた方法として、姿を現わしていったというものだ。問題はこれらの夢が根深く衝突し合い、それゆえ学校システムもまた対立を抱えているということだ。我々は学校に対してわが子の希望をかなえてくれることを望む一方で、よその子たちの野望からわが子を守ってくれることをも望んでいる。それがため我々にとって学校教育は、この両方が可能な場になっている。しかしその代償は高くついている。我々は自分たちで築いたシステムの中でいつの間にか振り回されるようになっている。そこでは我々は、いつまでも最終ゴールに達することなく、さらに大きな努力を勉強に費やすよう急かされ続けている。結局、わが子を他人の子に先んじさせつつ、他人の子をわが子よりも優位に立たせるという芸当を学校教育がなし遂げる唯一の方法は、システムをつねに上へ上へと拡張し続けることである。そうすれば教育から受けとる便益の増大を後回しに、いかなる教育的アクセスの増大も実現可能だからだ。この競争への参加者は、レースの中で相対的な地位が変えられないまま教育にかかるコストが膨れ上がっていくことに気づくだろう。このようにしてシステムは実際に、両方を我々に可能にさせている。

これが本書で扱う事柄である。だが私はまた、本書で何を扱わないかも明確にしたい。本書は改革家や政策立案者のためのガイドブックではない。私は学校を改革しようとも教育政策をつくろうともしていない。私のアプローチは解を示すものではなく、分析的なものである。私は読者に対して、学校をあるいは社会をどう変えるかという問いへの答えを提供しようとする意図はない。私のねらいは、学校を改革するかわりに、それ固有の特異な道筋で学校システムがいかに発展し、独自のやり方でそれがいかに機能しているかを解明することである。

私はこのシステムを売り込んでいるのでもなければ、こき下ろしているのでもない。私は単純にそれを理解しようとしているのだ。そしてこの複雑に入り組み、ダイナミックで矛盾をはらみ、そして高くつくシステムに対する理解を発展させていく過程で私は、それに対するある種の驚きや畏敬の念を伝えることができたらと思う。たとえ我々が託したことに対して学校システムがただ肩をすくめて何もしないとしても、我々が学校に望んだことに対する仕事ぶりに関しては私は、賞賛の念をもたざるをえない。学校システムは独自の方法で際立った成功を収めている。それはただこのシステムが非常に巨大で、急速に成長し続けているという理由からではない。それがアメリカに特有な公共福祉増進のアプローチの心臓部に位置づいているからである。これから見ていくように、このアプローチは我々の歴史の初期に登場した。精緻な福祉システムを構築して社会的平等を促すことを一九世紀に選択したヨーロッパの人びととは異なり、アメリカの人びとは精巧な学校システムを作り上げて機会を提供する道を選んだ。我々は今なお、この選択の影響下に生きているのである。

本書の計画

第1章では、一九世紀初頭のコモンスクール運動から二一世紀の標準化、もしくは学校選択運動に至るまで、アメリカの学校改革者たちが推奨した教育のさまざまな社会的使命の展開を検証する。そこから私が示すのは政治的目的から経済的目的への遷移であり、それと並行する市民の形成から消費者の育成への〈使命の〉変化である。第2章ではアメリカの学校教育の成り立ちを、植民地期の教育へのアプローチ、一九世紀初頭に勃発した社会的危機、この危機への対応としてのコモンスクール制度の創出をみることによって解明する。第3章では、革新主義期に行われた学校システムの改造を取り上げる。二〇世紀初頭にアメリカが直面した社会的危機が引き金となったこの時期、改革者も消費者もともに、危機に対する応答として学校、とりわけハイスクールに視線を送った。たしかにコモンスクール運動はアメリカの学校システムの形態、機能、原理に対して不滅の刻印を残したが、采配を振るったのは革新主義期の消費者たちだったというのが私の結論である。一九二〇年代までにアメリカの学校教育システムの中心となる要素はすべて出そろった。それらの最もよい例が、この時期の主要な教育上の発明品である、階層トラックを備えた総合制ハイスクールだった。総合制ハイスクールは誰に対しても門戸を開いたが、出口管理も注意深く行った。

本書はここで、学校改革の歴史叙述から転じて、なぜ〔教育的〕進歩主義およびそれ以後の学校改革が学校を変革することにおいて、とりわけ教室での授業と学習という核心部分を変える点において無力だったのかを解明するための分析に進んでいく。第4章では、改革を困難にしてきた一つの要素として、学校システムの組織に注目する。学校システムの諸要素の結びつきが緩やか《ルース・カップリング》で学校行政官《スクール・アドミニストレーター》の授業への統制が弱いことが、教室を改革の努力から遠ざけたことが明らかにされる。第5章ではもう一つの要素である、専門職的実践としての授業《ティーチング》の構造に焦点を合わせる。専門職的実践とは、閉ざされた教室の中で熱心でない生徒に動機づけを与えることができるような独自の教授スタイルを指し、教師がめいめい確立する必要がある。このことが今度は、改革者の要求に合わせて自らの実践を変えることを教師が嫌がる――それは理にかなったことだ――ように仕向けた。

本書の最後のパートでは、最初の三つの章での歴史的議論〔社会問題を解決しようとする学校改革者のさまざまな努力〕と、第4章および第5章の構造的分析〔これらの改革努力を阻害してきた組織的特性と授業実践〕を結びつける。第6章では、これまで改革者が重視してきた鍵となる社会問題、たとえばシティズンシップ〔市民性〕の涵養、社会的平等、社会移動、経済的生産性といったことに対して、学校改革が大きな影響力をもちえなかった理由を検証する。この議論は第7章でも引き続きなされる。そこでは、二〇世紀および二一世紀のアメリカの学校教育と学校改革にとって最も有力な原理である、労働力の生産スキルの増大や経済成長の促進をめぐって詳細な検証を行う。最終的に、学校は投資として力が乏しく非効率的なものであることが判明し、生徒の学校における最も有用な学びは、カリキュラムの学習からではなく、かれらが学校する(doing school)ことから来ているのだと論じる。第8章ではこれまでの部分部分を一つにまとめ、なぜ米国では学校シンドロームがはびこり続けているのか、なぜ米国の学校システムはこれほど改革者に抵抗してきたのか、そして学校と社会の形成において、なぜ消費者が改革者に勝利してきたのかという問いに向き合う。結局のところ学校システムは、我々が改革者としてそれに託したことは実行しないとしても、我々が消費者として望んだことは実行する。それによってもたらされる帰結は複雑なものだ。その結果我々は、我々自身がつくり上げた教育という踏み車に縛りつけられ、今の位置にとどまり続けるために必死にペダルをこぎ続けねばならない羽目に陥っている。

(1)『常時稼働中《ステディワーク》』はエルモアとマクラフリンの共著の一九八八年のモノグラフの標題である。「手直し」は Tyack and Cuban (1995) の標題に由来する。

第1章　市民から消費者へ

よきにつけ悪しきにつけ、アメリカの学校制度《システム》は真に驚嘆に値する。他国に比べて群を抜いて、米国の公教育は誰の手にも届きやすいものであり続けてきた。早い時期に学校制度が成立し、見る間に拡大し、そしてハイスクールやカレッジへの道も急速に広がっていった。その過程でアメリカは、初等教育、ハイスクール教育の普及を実現し、高等教育のマス段階に手が届くような教育制度をもつ世界初の国という名声をほしいままにした。

しかしアメリカの教育像は全くのバラ色でもない。まず一つに、そもそもそれをシステムと呼ぶことが、ある意味で語義矛盾である。なぜならそれは徹底された分権化を特徴としてもいるからだ。そこでは一万四〇〇〇にものぼる学区があり、それぞれが〔教育〕政策の策定と学校の運営に責任をもっている。さらに加えて我々は、米国の巨大で複雑な公立・私立カレッジの存在を考慮に入れなければならない。たとえ連邦政府の教育的役割はこの数十年で大きくなってきたとしても、依然としてこれほど国家的統制から独立した教育構造は世界的に稀である。さらに言えば、その万人にとってのアクセスのよさを理由にアメリカの学校教育システムを賞賛するのは、物事の半分しか認識したことにならない。なぜならこの制度は、アクセスの極端な平等の一方で、結果の極度な不平等という別な顔ももつからだ。米国において生徒たちは、教育を手にすることまでは苦労しないのだが、かれらがどんな学校に通うか、どんなプログラムを履修し、そしてどんな卒業証書を得るかに応じて、かれらの教育経験は著しく異なるものとなり、学校教育から得る利益も大きく異なってくる。もう一つのアメリカの教育制度の特徴は、さらにその栄光を曇らせるものだ。それは慢性的にあまり芳しくない、生徒たちの学業達成《アカデミックパフォーマンス》である。この数十年の間、アメリカの初等・中等レベルの生徒の成績はつねに国際比較で平均を下回り続けてきた。

要するにアメリカの教育システムは、その門戸は非常に広いが非常に不平等であり、組織としてのまとまりに欠け、そして教え方の面でもパッとしない。加えてこれらの特徴は、教育システムを変えようとする教育改革者たちに、努力への強いインセンティブを与えてきた。門戸をより広げ、不平等を小さくし、組織ガバナンスを変え、そして学習を向上させようとする改革運動がここに始まった。しかし、これらの特性は改革運動を前進させる刺激となった一方で、改革者がかれらの目標をなし遂げる妨げともなり続けた。

たとえば、ある教育段階において新たな生徒たちのために門戸を広げようとする試みは、以前からいる生徒の教育上の優位を温存する対抗的運動を引き起こしてしまう傾向があった。二〇世紀初め、ハイスクールの在籍率が急激に上昇し始めた頃に起こった反応は、ハイスクール内部にカリキュラムの水路づけ《トラッキング》を設ける(新規参入の生徒の落ち着き先は低位トラック、前からいる者らは上位トラックへ行った)ということであり、それが古くからいる生徒の教育水準をカレッジレベルまで上昇させる動因となった。しかし、一部の者が教育上の優位を保つためにより高次の教育レベルへと進出していったことは、今度はそのレベルへの門戸を広げようとする、別の人びとの対抗策を誘発することになった。そのため二〇世紀半ば頃までには、カレッジレベルの教育への門戸拡張要求が膨らみ、高等教育へと向かう新たな学生たちの波が生み出されていった。だがこのことは、行動とその反応という循環をただ単に継続させただけだった。というのも新たな学生たちは概して、この学生の奔流に対処するためにつくられた〔教育〕機関――州立の地方大学やコミュニティカレッジ

――に身をおくことになった一方で、古くからの学生は名門で、より威信の高い大学に進み、それだけでなく大量の者が大学院へと進学し始めていたからだ。

改革にとってもう一つの障害となったのが、アメリカの教育システムにおける学区、学校、教室という現場ごとの自律性の高さである。このことが、改革運動が〔教育〕制度の心臓部分、すなわち授業や学習が実際に行われているところにまで及ぶことを難しくさせてきた。このシステムのさらなる特徴が、この傾向を一層助長してきた。それは、学力到達度を底上げしてくれる教育システムよりも、よい職に就くための競争で〔わが子を〕優位に立たせてくれるもののほうに、大半の教育消費者が好みを示したことである。我々アメリカ人は教育そのものよりも、学歴証明書の取得のほうに興味を示し続けてきたのである。

教育改革者たちは、これらすべての障壁に屈することなく、学校システムを次々に登場する社会的目標にそったものにするべく、その変革に倦《う》むことなく努力し続けた。本章では、改革運動がアメリカの学校制度に対して多年にわたり課してきたいくつかの目標を取り上げる。ここで私が注目するのは、改革が生んだ影響ではなくそのレトリックである。改革にまつわる重要な史料を読めば分かることだが、改革を語る言語の変遷が示しているのは、膨張する一連の社会的諸課題に対処しようと奮闘する中で改革者が、学校システムの中から古い目標を取り除き新しい目標を加えようといく度となく試みたのにともなって、学校システムの使命がいかに変化発展していったかということである。本章で改革者の学校に対する願望がたどった〔変化の〕道すじを確かめたのち、私は、改革の結果が学校にもたらした深みに目を転じていく。第2章と第3章において、一九世紀にコモンスクール運動がどのようにアメリカの学校システムを築いていったか、そして二〇世紀初頭に進歩主義運動がそれをどのように改革しようとしたかを描く。次にそれに続く章では、改革運動の影響がなぜレトリックのレベル止まりになってしまい、それ以上に広がらなかったのかを検証する。

しかし目下の私の焦点は、アメリカ教育史における一連の大きな改革運動を通じて学校に関する理念・思想がどのように発展していったかにある。

学校教育の焦点の移動——市民から消費者へ

これは、米国の教育改革の語られ方《ランゲージ》の進展をめぐる物語である。この話は一九世紀初めの公徳心《シビックヴァーチュー》のための教育という共和主義者のビジョンに始まり、二一世紀初頭の平等な機会のための教育という消費主義者のビジョンで終わる。この期間にまたがる主要な改革に関するテクストに依拠しながら、我々がはるか以前からここまでどう歩んできたかを語る物語である。それはまた、アメリカの学校シンドロームの土台となる教育観を私たちがどのように育んできたかに関する物語でもある。

このレトリック上の変化は、二つの次元で発生した二つの主要な推移から成り立っている。第一に、学校教育の目的における全体的バランスは、(新しい合州国の支柱たらんとする)政治的原理から、(社会的効率と社会移動を促進する)市場的原理へと移っていった。そして政治的原理それ自体は、公徳心のための教育という実質主義の思想《ビジョン》に始まり、平等な機会という形式重視の教育観へと発展していった。それと密接に関わる第二の変化が、公共財としての教育という見方から私的財としての教育という立場への改革レトリックの推移である。そして公共財としての教育という理解そのものは、政治を基盤とする定義(共和主義的なコミュニティのための教育)から、市場をベースとする定義(人的資本のための教育)へと進化していった。

私はこれらの変化を、アメリカ教育史上の主要な改革運動を表わしている一連の改革文書の検討を通じて探究していく。対象は、コモンスクール運動を反映するものとして、ホーレス・マンの『マサチューセッツ州公教育委員会長官としての第五年報』(一八四一年)および『同第一二年報』(一八四八年)、進歩主義運動の引き立て役的な位置の文書として、全米教育協会によって任命された『十人委員会による中等学校の学課に関する報告書』（一八九三年）、進歩主義教育運動の主軸となる行動計画書となった文書として、全米教育協会（ＮＥＡ）の中等教育の再編に関する委員会による『中等教育の主要原理』（一九一八年）、隔離撤廃運動の中核となるテクストとして、連邦最高裁判所による「ブラウン対トピカ市教育委員会訴訟判決」（一九五四年）、標準化運動の開始を告げたものとして、教育の卓越性に関する全米委員会の報告書『危機に立つ国家』（一九八三年）、標準化運動が連邦法制化された「落ちこぼれ防止法」（二〇〇二年）、そして学校選択運動に関する二冊の主要な書物、以上である。(1)

米国における教育レトリックの展開は、諸外国に共通してみられる、学校教育をめぐる共和主義的な議論の大まかな進展のパターンと合致する。長い一九世紀を通じて、共和主義思想は多くの国々において、公教育の成立に重要な役割を果たし、〔米国においてそれは〕独立革命〔一七七五～八三年〕から大恐慌期にまで及んでいた。この役割は文脈によって異なるものではあったが、一般に共和主義的教育観は、活気ある共和主義的コミュニティを維持していくのに必要な、自律的で市民的〔公徳〕心を備えた市民を形成するような教育システムを求めていた。それこそが近代の公立学校だった。その使命の中心にあったのは、共和主義的思考の中核にある二つの要素――自律的な個人と共通善《コモングッド》――の間の均衡を保とうとする繊細で重要な課題だった。学校の第一の貢献は、合州国のビジョンを未来の市民たちに、個人の選択を奨励しつつも同時にかれらの自由意思のもとに公的利益を追求するよう仕向けつつ、叩き込むその力量にあった。この努力は二つの危険をひき起こした。個人的利益を強調しすぎると、共和主義的コミュニティは、私的利害がぶつかり合う分断された社会へと変貌してしまう。しかしコミュニティを強調しすぎると、今度は合州国が、集団的利益追求のために個人の自由を犠牲にする権威主義的社会へと化してしまいかねない。リベラルな共和主義社会は、個人的自由と公徳心の両方に価値を置くような教育システムを要請するのである。

以下で私が示すように、時とともに米国の教育レトリックは公徳心を備えた市民という政治的ビジョンから、利己的消費者という市場的ビジョンへと変化していった。しかし共和主義的コミュニティという理念は教育的使命から消えてなくなることはなかった。そのかわりに教育の政治的目標は、合州国に資するような公徳心の形成から、人的資本と個々人の機会を生み出すことへと変化していった。しかしながら最終的には、共和主義的な教育観を、私的利益と個々人の機会の方向へと鋭角的にねじ曲げることになった。

学校教育の社会的目的の競合

改革のレトリックを変容させた主要な要因は、市場であった。いくつもの改革の試み――コモンスクール運動、進歩主義運動、公民権運動、標準化運動、そして学校選択運動――が学校改革というドラマにおいて舞台の中心を占めてきたが、当初、舞台脇から影響力を及ぼしてきたのは市場であった。しかしながら時が経つにつれ、市場はじょじょに教育のスポットライトの下へと押し入ってゆき、(不平等を強調し学びの価値を切り下げることによって)学校制度の構造をつくり(替え)、同時に(職業スキルと個々人の機会を強調することで)学校改革のレトリックをも形成するようになった。近年、市場的観点が教育のアジェンダを左右するほどになってきたが、教育の社会的役割に関する政治的観点は改革のドラマの主役の位置をなお保ち、どの流派の改革者からも頻繁にお声がかかっている(私は本書で、標準化運動と学校選択運動の両者が、はじめ政治的レトリック抜きに進めようとしたのち、いかにして遅まきながらそれを採用したかを検証する)。しかしこの政治的観点からの定義は、周到に定義された一連の共和主義の理念がアメリカのコモンスクール制度の形成を押し進めていった一九世紀初め頃と比べ、より抽象的なものとなり、配置はより柔軟なものになり、その影響力はもっと拡散してしまった。

アメリカにおける教育目標をめぐる言い回しは、リベラル民主主義の核心にあるいくつかの緊張から生じてきている[2]。その一つが、民主的政治からの要求と資本市場からの要求との間に生じる緊張である。それと関連するのが、個人が利益追求を行う自由を誰にも保障しつつ、同時に社会には、集団的要求を満たしうることが求められているという問題である。アメリカという文脈においてこれらの緊張(関係)は、教育制度の三つの社会的目標間の闘争という形態をとった教育政治を貫くものだった。第一の目標は**民主的平等**である。これは、有能な市民をつくり出すための装置として教育を見なしている。第二は**社会的効率**であり、生産性の高い労働者を育成するための装置として教育を見ている。そして第三の目標である**社会移動**は教育を、各個人がその社会的地位を強化保全あるいは向上させる手段として見なしている。

民主的平等は、我々のリベラル民主主義的価値の政治的側面を表わす。それは国家の建設や共和国のコミュニティの形成、それに民主社会の中で判断を下すのに必要とされる広範な能力を市民につけさせるのに果たす教育の役割に、焦点を合わせている。後者二つの目標は、リベラル民主主義の市場的側面を表わす。社会的効率は、雇用者と納税者の視点をとらえたものである。その関心は、現代経済が必要とする職業スキルの育成に果たす教育の役割(人的資本)にあり、経済成長と社会の繁栄に欠かせないものとしての教育に注目している。この角度からみれば、教育にとっての問題は、現代資本主義の複雑な職業構造において必要とされる全範囲に及ぶ生産スキルと体系的知識を提供できるかどうかにある。社会移動は、教育消費者と未来の被雇用者の視点をとらえたものだ。その関心は学歴証明書にある。それは、力と富と威信を最もともなう職業に就くに値する生産スキルを有しているのはどの人物であるかを、市場に対して指し示す役割をもっている。

リベラル民主主義の集合的な側面を表現しているのが、民主的平等と社会的効率の組み合わせである。両者とも、広範な社会的効用を教育がもたらすことを目標としており、また両者とも教育を公共財と見なしている。市民の政治的資質《キャピタル》への投資、そして労働者の人的資本への投資は、就学期の子どものいない家庭を含むすべての社会成員に効用をもたらすものである。対照的に社会移動という目標は、リベラル民主主義の個人主義的側面を表わす。この視点からすれば教育は私的財であり、利益がもたらされるのは教育サービスを受け、学歴証明書を手にする生徒に対してだけということになる。また教育の第一の機能は、よい仕事をめぐる競争にさらされた教育消費者に優位を与えてやることである。

複数の目標の組み合わせが課されることで、リベラル民主主義における教育は自己矛盾を来たす制度となってしまった。つまり教育は、政治への奉仕と市場への奉仕、平等の促進と不平等の亢進を同時に託され、自らを構築し、公共財として集合的利益に資することと私的財として個人の利益にかなうことを同時に託されているのだ。政治的には、教育の構造はフラットでなければならず、カリキュラムは共通のもの、就学《エンロールメント》は全員に行き渡るものでなければならない。〔他方〕経済的にみればその構造はピラミッド型でなければならず、カリキュラムは階層化され、就学状況においては高い淘汰率が望ましい。民主的平等と社会的効率の視点からすれば、教育の目標は社会化であり、市民と労働者にとって有用な知識を提供することである。社会移動の視点からすれば、その目標は選抜に、すなわちよい仕事への道につながる卒業証書を、そこで何を学んだかにはお構いなく、供給することにある。

これらの教育目標は、どんなリベラル民主主義の中にも埋め込まれている矛盾を表わす。その矛盾は、社会のリベラリズムか民主主義か、そのいずれかを放棄することなしには解消できない。それゆえに、我々がこれらのリベラル民主主義的目標を学校に課すときには、学校がそれぞれの目標を真剣に考慮しながらも同時に、いかなる目標をも遠くに退けてしまわないことを望んでいるのだ。なぜなら、もしそうしてしまえば、平等に価値のある別の目標を危うくしてしまうからだ。我々は教育に対して社会的平等の促進を望むが、個人の自由や私的利益の侵害がないような方法でのそれを望んでいる。我々は教育に対して個人的機会の拡大を望んでいるが、国家のまとまりや経済の効率性が侵食されないような方法でそれがなされるよう望んでいる。その結果教育システムは、その主要な社会的目標を一つも達成できないという惨憺たる失敗を犯している。それはまた、そこに託された社会的問題の解決にも失敗しているということだ。というのもこれらの問題は、三つの目標を同時に満たすような方法での解決が不可能だからである。教育制度の明らかに逆機能的な結果は、それゆえ必ずしも、計画が悪かった結果でもなければ学校管理《アドミニストレーション》が悪かったわけでもなく、教え方が悪かったせいでもない。それは、リベラル民主主義的精神の矛盾の表出なのである。

コモンスクール運動——合州国のための学校

一八四〇年代にマサチューセッツ州公教育委員会長官の地位にあったホーレス・マンは、アメリカのコモンスクール運動の最も強い影響力をもつ擁護者となった。この運動は、南北戦争以前の時代のアメリカの公立学校制度を創設した。次章以降で見ていくようにそれがなし遂げた第一の事業は、読み書き能力の向上ではなかった——米国において読み書きは既に広く普及していた。それは、公費でまかなわれ公衆によって統制され、そしてコミュニティの成員すべてを対象とする学校教育制度に対する、広範な支持を獲得したことだった。

一八四八年に公刊されたマンの『第一二年報』は、コモンスクールをめぐる議論の最も包括的な要約を与えてくれる。その中で彼は、この制度の最重要原理は政治的なものであると明言した。すなわち、合州国を維持し、その存立を最も脅かす内紛の種、階級、利己心からそれを守るために必要な知識、技能、公共精神を備えた市民を育成することである。急激に拡大する市場経済が階級闘争をひき起こすことで共和主義的コミュニティの屋台骨に対してもたらす危険を検証したあと、彼はこう宣言した。

したがって教育は、人類に起源をもつ他のあらゆる装置の中で群を抜く、人間の条件の平等化装置——社会機構の安定化装置——なのである。……教育の拡張は、教養ある階級あるいは集団を拡大することによって、社会的共通感情があまねく行き渡ったより広大な領野を開いていくことだろう。そして、もし教育が普遍的で完全なものとなれば、社会内部にある内紛的分断の除去に他の何ものにも増して大きく寄与することだろう。(3)

数頁あとで彼は、自身の議論を次の有名な一節としてまとめた。「共和国(Republic)を打ち立てることは容易かもしれない。だが共和国民(Republican)をつくり出すのは大変な手間暇のかかる仕事だ。そして、無知と利己心と熱情以外にその基盤をもたない合州国の何と悲惨なことよ！」(4)。したがって彼の見解において学校は、合州国のための市民を形成するという決定的に重要な政治的課題を与えられていたのだ。〔学校の〕他のすべての機能は二次的なものだった。

コモンスクール運動の政治的レトリックの中に我々はまた、後年の改革運動において中心的要素となる、より経済的な趣をもった他のいくつかのテーマを見出すこともできる。一つは、右に引用した一節に示されている通り、機会をすべての者に広げることにより教育が、格差の縮小にとって重要性をもつ点である。もう一つは人的資本に対する投資としての教育の価値である。マンは『第五年報』(一八四一年)の一部を、後者の問題を論じるのにあてていた。そこで彼は、製造業者を対象に行った調査結果に依拠しつつ、次のことを主張した。すなわち「もしある町の富の累積が、その町の学校に対する支出が増えるのに比例して大きくなっていくことを証明できれば、反対者たちは沈黙するだろう。今日では負担と考えられている学校税も、かれらは利益の見込める投資と見なすようになるだろう」[5]。

しかし学校教育が人的投資であるという彼の擁護論はせいぜい間接的なものでしかない。次に見るように教育の経済的見返りという愚鈍なものを話題にしたとき、彼は若干の困惑をおぼえていた。彼はこの議論の導入でこう説明した。「教育がもたらす最高の有用な影響と目されるものから比べると、この見方は、〔教育がもたらす有用性のうち〕最低のものと見なされるだけかもしれない」[6]。つまり経済的議論は、コモンスクールに必要な援助を引き出すのには役立つが、それは共和主義的コミュニティを支えるという「高尚にして高貴な」使命の中では、補助的な役目を果たすに過ぎない。こうした経済的議論が舞台の中央に躍り出てくるのは、二〇世紀に入るのを待たねばならない。

消費主義の登場――社会移動のための学校

ホーレス・マンやコモンスクール運動の他の指導者たちが、世俗的な利得を増進する手段として学校を描くことを躊躇していた一方で、教育を受けている生徒や親たちにそれほど抵抗感はなかった。市場経済で生き残る必要と、そこでのし上がりたい野心に突き動かされて、市民たちはいち早く教育に対して、合州国を維持するための政治的に望ましい手段以上の何かがそこにあると考え始めた。かれらはまたそれを、他人を出し抜くための手段と見なした。次章において見ていくように読み書き・計算の力は、植民地時代および建国初期のアメリカにおいて、商取引の世界で有能に振る舞いたいならば必要不可欠だった。人びとをこれらの技能習得へと向かわせるのに、共和主義の理論も就学義務法も必要ではなかった。これが、読み書き能力はコモンスクール運動がもたらした結果でなく、その前提条件だとされる理由の一つである。

しかしこの抗しえない理論的根拠――社会移動のための教育――は、二〇世紀になるまでは明白には学校改革のレトリックの中に姿を現わさなかった。この雌伏の一つの理由としては、人を出し抜く手段としての教育という発想は市場的関係を土台に築かれた社会では常識に属するもので、それが改革のレトリックの主題にならなかったのは、この発想が既に広く受け入れられていたからだ。もう一つの理由は、当時の人びとにとってこのような利己的な教育への動機を口にすることは、植民地期および建国初期の米国の公論において全盛をきわめた利他宗教的で政治的な教育理論を前にして、若干憚られるものだったということである。しかしこれらが語られなかったことは、学校教育への営利的動機が強固であったという現実を打ち消すものではなかった。

このように、教育を形づくる重要な要因でありながらそれに関する語りが比較的控え目だったことは、デイヴィッド・タイヤックとラリー・キューバンが共著『ユートピアへの手直し』で指摘した、学校改革史における重要な逆説と響き合う(7)。改革のレトリックは学校の上っ面をなでまわし、多くの雑音を生み出しただけで、それは必ずしも表面を突き破っていかなかった。他方で、そうした教育観の外側では、構造的変化をもたらす新たな力が勃興し、力強く、しかし静かに発展しつつあったことだろう。それは時とともに重大な変化をもたらしたが、必ずしも言語化されず、あるいは、改革の課題リストに組み入れられることもなかった。

本章で私が語っているのは、これら二つの次元の相互作用をめぐるもの――すなわち、過去二〇〇年間にわたり変遷を遂げてきた教育改革のレトリック、および学校に対して静かに、だがますます強力な影響を与えるようになってきた市場の力に対して、このレトリックがどう関係を切り結ぶのかをめぐる物語である。代々の学校改革運動におけるレトリックの変遷は、教育制度を通じて経済と社会の調和を実現しようとする試みであった、というのが私の考えである。もっともこの試みは、一九世紀末から二〇世紀にかけて教育自体が、雇用者と被雇用者双方にとってますます経済的効用のあるものとなっていくにつれ、ますます重要なことが明らかになっていった。

『アメリカのハイスクールの形成』(8)で私は、一九世紀において公立ハイスクールという発明の意図せざる結果として教育消費主義が誕生していった行跡を明らかにした。セントラル高校は一八三八年にフィラデルフィアにつくられたが、その創設理由は極めてホイッグ主義色が強いものだった。その創設者たちは好んでこの学校を「共和国の学校」と呼んだ。そしてかれらは、中産階級がその子どもを新しいコモンスクールに送るよう奨励する効果的な手段としてこの学校を見ていた。つまりこれらの学校(コモンスクール)を、共和主義コミュニティを真に体現したものにしようとしたのだ。しかしこのハイスクールを、最良の私立学校に通う(男子)生徒をも惹きつけるに足る魅力的な学校にするため、かれらはうかつにも市場価値の高い商品――大理石づくりの外観、最新の科学実験装置、そして著名な教員からなるスタッフ――をつくり上げてしまった。この学校は、教育消費者の間で苛烈な競争の的と化してしまった。

この新しいハイスクールは教育における差異化の一形態を導入した。それは極めて可視的であり(セントラル高校は大都市におけるこの種の学校として唯一のものだった)、文化的にも正統性があり(要求学力水準を満たしうるすべての者に開かれた)、そして希少なものだった(同校入学者の一〇〇人に一人にしか卒業証書を出さなかった)。これらの特徴ゆえに、たとえ中等教育で獲得されるスキルが職業市場において要求されていなかった時代でも、セントラル高校の卒業証書は、仲間から大きく抜きん出る手段を与えるものとして極めて高い価値をもった。しかし、事務系および管理職の仕事が拡大し、ハイスクール卒業者を対象とする市場が形成されるようになった一八九〇年代までには、門戸拡大を求める巨大な政治的力によって〔フィラデルフィア市〕教育システムは、二校のハイスクール（セントラル高校とその女子部）から、市内にくまなくコミュニティ・ハイスクールを設置する包括的制度への移行を余儀なくされた。新参者たちはハイスクールの新たに拡張してできた低位トラックに入れられた一方で、以前からハイスクールに通う中産階級出身の生徒群は上位トラックへと入っていった。この仕組みは、同じ学校内で門戸開放と優位の保障とを両立しやすくするものだった。この結果つくられた制度——階層トラックを備えた総合制ハイスクール——は次の一〇〇年の間、中等教育のモデルとなった。

十人委員会——市民性なき共通性

一八九三年、ちょうど消費者の圧力がフィラデルフィアやその他各地で中等教育を変容させ始めたのと同じ頃、一つの委員会が全米教育協会（NEA）に対して、ハイスクールの教育課程の新しい構造を提示した。中等学校研究の十人委員会は六人の大学教授、三人のハイスクール校長、そして合州国教育局長を構成メンバーとし、ハーヴァード大学総長チャールズ・W・エリオットが委員長を務めた。この委員会の報告書が興味深いのは、最小限にとどまったその影響力によってではなく、のちの教育論議におけるこの報告書のアイコン的地位によってである。それは衰弱しつつあるコモンスクール運動の最後の表現であり、勃興してきた進歩主義運動によってやがて一掃されるという意味において、過渡的な位置を占めていた。進歩主義者たちはこの報告書を軽蔑の念をもって退けた。かれらはそれを、自己の利益しか考えないカレッジの教授集団が学校に押しつけた、もはや失墜してしまった古くさい主要教科中心の学校教育観があげる断末魔の声と呼んだ。現代の進歩主義への批判者たち——ダイアン・ラヴィッチ、デイヴィッド・アンガス、そしてジェフリー・ミレルのような——はこの報告書を、もしかすると我々を進歩主義改革の猛威から救ってくれたかもしれないにもかかわらずたどられなかった道、そして二〇世紀末期の標準化運動によってある部分再認識された道としてとらえている。(9)

我々の目的のため私は、長い報告書の中で主要な問題に焦点を合わせる。ハイスクールの教育課程は時間においても内容においても、カレッジへの進学の有無にかかわらず、すべての生徒にとって同等でなければならないという委員会の主張、これである。この議論に関しては、コモンスクールの改革者と共鳴する部分が多々あるが、議論のレトリック上の表現は決定的に異なる。報告書はこう述べていた。「中等学校で教えられている科目はすべて同じやり方で、また生徒がそれに取り組んでいる限りにおいては、彼／彼女にとっての目標がいかなるものであっても、またその生徒の教育がどの時点で終了するかに関わりなく、どの生徒に対しても同程度まで教えられねばならない(10)」。

この提案は、ホーレス・マンやコモンスクール運動の他の仲間も共感したものであったかもしれない。なぜならそれが、コミュニティ全体で共有する経験としての教育という共和主義的実践を守っているからである。学校教育は市民たちに政治参加に際して必要な共通する一連の能力をつけさせる必要があり、共和主義的コミュニティの建設を強調することで、市場経済による社会分化を食い止めるべきである。両者とも共通カリキュラムの必要を論じている。しかし我々がみてきたように、フィラデルフィアやその他の各地で、市場はハイスクールの教育課程を別の方向へ、つまり生徒の階級的背景や希望進路に応じてカリキュラムの選択と学校経験を分化させる方向へと駆動させていた。この報告書は——ラヴィッチ、アンガス、ミレルがそうしたように——学校制度が階級ベースの階層化《トラッキング》へと激しく移り変わっていたまさにその時点において、共通教育を何とか守ろうとするスローガンとしていく通りにも読むことが可能である。

しかしそれはなんと抑えられた叫びだったことか。〔教育の〕高度な政治的価値を主張し、社会の救済者という情熱的な教育観を語った、ホーレス・マンの大言壮語ぶりはどこにもない。およそ一万九〇〇〇語にもなるこの報告書で、「市民」「共和国」あるいは「民主主義」といった用語が単独で用いられることはない。共和主義的レトリックに取って代わっているのは、専門職的教育者からなる委員会の、慎重でもってまわった官僚的な言葉遣いである。ホーレス・マンが書いてから五〇年のうちに、彼が推進したコモンスクール制度は、彼の破天荒な夢以上の成功を収めた。それはアメリカの教育の標準モデルとなり、将来の世代が「学校教育の語法《グラマー・オブ・スクーリング》」と見なすことになるであろうものを規定した。(11) それは初等学校からグラマースクール〔上級学校への進学準備のための中等学校。植民地時代から存在した〕、ハイスクールへと広がっていった。そしてそこから教師、学校行政官、カレッジの教授という専門職集団が生み出された。かれらは自分の仕事を政治的職業というよりもむしろ、専門職的実践としてみていた。

このように十人委員会は冷徹な専門家的レトリックを用いた。それは現今の問題に狭く限定され、学校教育という業務に厳格にこだわっていた。そのお蔭でこの報告書は、NEAに加盟する教育者という観察からは受け入れられやすかった。しかしNEAは委員会の提案を、社会状況の中でしっかりと政治的基盤づくりをすることなく、放置しておいた。もしハイスクールの目的として、共和国のコミュニティ建設への貢献がうたわれていないのだとすれば、ハイスクールの主要教科カリキュラムは何のためのものなのか。報告書はこの問いに対して、社会的効率に対する多少の言及以外はまともに答えていない。「この会議によって打ち出された原則は、もし理論通りに実行されたとすれば、中等学校の教育内容を劇的に簡素化することだろう」。(12) しっかりした基礎工事がなされなかったため、進歩主義者たちが十人委員会の勧告を、伝統的な学校科目を温存したい、そしてカレッジの時代遅れのカリキュラムを現代のハイスクールに課したいという保守的欲求へと還元してしまうのを、なすがままにさせておくほかなかった。

管理行政的進歩主義――社会的効率のための学校

進歩主義教育運動は、二〇世紀の始まりとともに一気に米国史の表舞台に開花した。この運動は、広範囲におよぶアクターと多くの〔思想〕傾向がそこに含みこまれた複雑なものであったが、とりわけ二つの主要な系列が際立っている。子ども中心主義の進歩主義〔ジョン・デューイやウィリアム・キルパトリックに代表される〕は教室での教え方や学習に焦点を合わせ、子ども中心主義の教授法《ペダゴジー》、発見学習、そして生徒の参加を主張した。管理行政的進歩主義〔エドワード・ソーンダイク、エルウッド・カバリー、そしてデイヴィッド・スネッデンらに代表される〕は、学校統治《ガバナンス》の構造やカリキュラムの構成に焦点化し、社会的効率のための学校という使命を主張した。その意味は、将来担う社会的役割に向けて生徒たちを準備させるということだった。私がここで管理行政的進歩主義に注目するのはごく単純な理由からである。つまり、アメリカの学校への影響力行使においで勝利したのはかれら〔管理行政的進歩主義者〕であり、教育学者たちは敗北したからだ⒀。

一九一八年、中等教育の再編に関する委員会〔委員長はクラレンス・キングスレー〕が、ＮＥＡに対して『中等教育の根本原理』という報告書を提出した。この文書は単独のものとしては他のどの文書と比べても鮮明かつ重々しく、管理行政的進歩主義の教育に対する立場を表明したものであった。この報告書は冒頭で、社会の変化は「初等教育のみでは保障することができないのは勿論、その射程が広げられない限り中等教育によってもまかないきれないほどの、一定程度の知識と効率をすべての市民が身につけることを求めており⒁」、それに応じて中等学校も変わっていく必要があると宣言している。著者たちによれば学校は、各個人が社会の必要に適合していくのを援助するために存在している。社会が複雑になるにつれ、学校もまたそれに合わせて自らを改造していかねばならない。そしてこうすることによって学校は、「知識と効率」という社会的に必要とされている資質を市民が発達させていくのを支援できるだろう。

しかしながら、社会的効率へのこうした焦点化は、報告書の著者たちがかれらの立場を援護するのに、政治的レトリックに頼ることを思いとどまらせはしなかった。実際、おそらくは十人委員会への反発から、あるいはその報告書が学校教育に持続的な影響を与えることができなかった失敗に学んで、著者たちはこの報告書を明白に政治的な用語で組み立てた。一万二〇〇〇語からなるこの報告書の中で「民主主義」あるいは「民主的な」という言葉が四〇回以上、各頁に一・五回の頻度で使われた。「市民」あるいは「市民性」という用語も一六回登場する(「共和国」と「共和主義」の語は一度も使われていない)。

かれらは何をもって民主的教育と考えているのだろうか。ある箇所でかれらは太い活字でこう書いている。「民主主義における教育は、それが学校の内であれ外であれ、各個人の中に知識、関心、理想、習慣、活力《パワー》を育成してやらねばならない。めいめいはそれ〔教育〕によって自分の場所を見出し、その場を活用しながら、崇高な目標に向かって自己自身および社会を形成していかねばならない[15]」。したがって民主主義とは、社会の利益のために諸個人を組織化することに関わっており、教育とはその社会のふさわしい場所でやっていけるようかれらに備えさせてやることに関わるものである。これは社会的効率のための教育に与える定義として最も簡にして要を得たものである。

原則について述べたこの文章に続けて、委員会はハイスクールのカリキュラムが含む意味についてこう明確に述べている。「それゆえ委員会は、次の各項を教育の主たる目的として考えている。1健康、2基礎的学習過程の熟達、3立派な家庭人、4職業、5シティズンシップ、6余暇の有効な利用、7倫理的人格[16]」。

なんと驚くべき教育目的の一覧であることか！　ホーレス・マンが思い描いた共和国のための学校教育という壮大な考えと比べて、ここにあるのは学校が社会に対して発揮することができる有用な機能のリストであり、市民性に焦点化しているのはわずか一項である。さらに言えばこのリストは、十人委員会が提唱したカリキュラム全体を構成する豊富な一般教養科目群《リベラルアーツ》を、一つの範疇へと押し込めている。著者たちはそれに、「基礎的学習過程の熟達」という、貧相でそっけない名称を与えた。そしてそれに対してかれらは、「立派な家庭人」や「余暇の有効な利用」といった他の世俗的な教育目的と同等の地位を与えたのだった。

　報告書の終わりのほうで委員会は、かれらの中等教育観における重要な意味を明確に述べた。カリキュラムは十人委員会が構想した主要教科という制約をはるかに突き破って拡大しなければならないのみならず、差異化した職業構造からの必要を満たすために精緻に分化されなければならないのであった。

> シニアハイスクール〔後期中等学校〕の教育は、分化されたカリキュラムへと組織化されていかねばならない。……分化の基礎となるのは、言葉の広い意味での職業であるべきであり、一般的に用いられる農業、実業《ビジネス》、事務、工業、美術工芸、あるいは家政のカリキュラムという名称を使うのは正しいことである。傑出して学問的関心やその必要がある者に対しても、カリキュラムの提供が別途行われねばならない[17]。

　委員会メンバーたちはこれにより、かれらが声高に唱える社会的効率の教育が実質的に意味するところは職業中心主義《ヴォケーショナリズム》であることを明示している。それはすなわち、カリキュラムを左右するのは職業指導が必要とする職業技能であり、カリキュラムは生徒がめざす特定の職業に応じて細分化されていかねばならないという考えである。その上でカリキュラムの残余を「傑出して学問的関心やその必要がある者」のために用いればよいということである。

管理行政的進歩主義運動の要石であるこの報告書には、コモンスクール運動のレトリックからの二つの主要な変化が映し出されている。第一に、マンの報告書では、本来政治的であった学校教育の目的(公徳心を市民に備えさせる)を横から支えるために経済的な議論が使われていたのに対し、『中等教育の根本原理』ではこれを転倒させ、本質的に経済的なものである学校教育の目的(効率的な労働者へと準備させる)という考えを補強するために民主主義の要件をめぐる政治的議論を援用したのだ。だから『根本原理』における政治とは、社会的効率の教育という骨組みに民主主義という薄っぺらい装飾をほどこし、下手をすると功利一辺倒な考えになってしまうのをごまかそうとするものである。

第二に、『根本原理』の中で管理行政的進歩主義者は、公共財としての教育というコモンスクール運動の教育理解を保持していた。ここには、教育とは卒業・学位資格保有者に限定して効用を与えるある種の個人財である、という話は一切出てこない。そのかわり、社会にとって教育が集団的効用をもたらすことが執拗に強調される。しかしこれまでにない新しい点は、コモンスクール運動推進者たちが政治用語で公共財としての教育を定義したのに対し、進歩主義者は経済用語を用いてそれが公共財だと規定したことだ。そう、社会全体の利益に教育は資するものだと進歩主義者は言った。たしかにその通りだが、公徳心を育成することによってではなく、人的資本を形成することによってそれがなし遂げられているのだ。

公民権運動――平等な機会のための学校

管理行政的進歩主義運動が教育に関する政治的議論を脇に追いやり、教育とは生産的労働者を育成する手段であるという教育観を糊塗するのにそれを用いていたとすれば、公民権運動は学校をめぐる議論の中心に政治を復活させた。一九五四年の連邦最高裁判所「ブラウン対トピカ市教育委員会訴訟判決[18]」において首席裁判官アール・ウォーレンは、裁判官全員一致の見解として、アメリカの学校での人種隔離を撤廃する必要を立論する力強い議論を展開した。彼が取り組んだ難問とは、一八九六年の「プレッシー対ファガソン訴訟判決」において樹立された裁判所の原則「分離すれども平等」を、すべての者が「法の下で平等に保護される」ことを保障した憲法修正第一四条(南北戦争後に議会で可決された)に違反するものとして覆すことが果たしてできるかという問題だった。過去の判例において裁判所は、学校行政当局に対し黒人学校と白人学校への予算措置を平等化するよう命令を下すことで、この問題を回避することができた。だがこの訴訟では、「校舎、カリキュラム、教師の資格要件や給与、それに他の「目に見える」要素については、本件に関係する黒人と白人の学校は平等化されてきたし、今も平等化されている」。このことが裁判所を、中心問題を語らないわけにはいかないところに追い詰めた。「そこで我々は、ここに述べる問題へと行き着く。すなわち、単に人種の違いのみによって公立学校の子どもたちを人種隔離することは、たとえそれが物理的施設や他の「目に見える」要素の点で平等であったとしても、マイノリティ集団の子どもたちから平等な教育機会を剥奪することになるのかという問題である。我々はそれが剥奪だと考える」。

裁判所の立論は、二つの主要な段階を経由してこの結論へとたどり着いた。第一に、教育の社会的意味が、憲法修正第一四条可決以来の九〇年間で劇的に変わった、とウォーレンは論じた。南北戦争以後の時代、「カリキュラムはたいがい初歩的なものであり、農村部では無学年単級学校がふつうであり、多くの州で授業期間は年間三カ月ほどにとどまり、学校への出席義務は実際には知られていなかった」。その結果教育は、すべての市民にとって重要な権利とは見なされていなかった。しかしそれは今や変わってしまった。

今日、教育はおそらく、州ならびに地方政府がもつ機能の中で最も重要なものであろう。就学義務法と教育への巨額の支出はともに、私たちの民主社会に対する教育の重要性を示している。我々が公共に対して負っている最も基本的な責任の数々を果たすために、そしてそこには兵役さえも含まれるのだが、教育は必要とされている。それはよき市民性のまさしく礎《いしずえ》である。今日それは、子どもを文化的価値に目覚めさせたり、将来の職業に向けて備えさせたり、環境に対し彼／彼女が上手に適応するのを助けたりするための主要な手立てである。こうした時代においては、ある子どもが教育の機会を閉ざされていてもその人生において成功を収めることが期待できる、との考えは極めて疑わしいものである。州がそれを与えることを請け負うべきこのような〔教育の〕機会は、すべての者に平等に手に入る権利でなければならない。

これは立論の続くパートへとつながっていく。教育が「すべての者に平等に手に入る権利でなければならない」のだとしたら、次に問題となるのは人種隔離された教育を、黒人ならびに白人生徒に対して真に平等な教育機会を与えるものと見なすことができるかどうかであった。ここでウォーレンは社会科学の研究に依拠しながら、「ただ単に人種の違いだけを理由に〔黒人生徒を〕同年代で同じような能力の他の子どもから隔離することは、コミュニティでのかれらの地位についての劣等感をひき起こし、それが取り返しのつかない形でかれらの心や精神に影響するおそれがある」。彼は続けて、この訴訟の下級審の評決を引用した。「それゆえに法の強制による人種隔離は、黒人の子どもの教育的・精神的発達を〔後退〕させ、かれらが人種統合された学校制度においてなら享受できたであろう利益を剥奪してしまう傾向がある」。

これら二つの立論――教育は根本的な権利である、そして人種隔離された教育は本質的に有害なものである――が組み合わさることによって、ウォーレンを彼の結論へと導いた。「公教育の領域において「分離すれども平等」の法理は認められないというのが我々の結論である。人種隔離された教育施設は本質的に不平等なものである。それゆえ原告たち……は、かれらが不服を申し立てた人種隔離を理由として、憲法修正第一四条で保障された平等な法による保護を剝奪されていると我々は判断する」。

教育は憲法が保障するすべての市民の権利であり、それは誰に対しても平等に与えられねばならないとの主張を含むこの判決の立論は、本質的に政治的なものであった。この意味において、「民主主義」や「市民性」という言葉を本質的に経済的な議論を補強するのに用いていた『中等教育の根本原理』からの、劇的な変化を示すものだった。しかしここで注意しなければならないのは、ブラウン判決における政治観が、マンのそれと著しく異なっているということである。コモンスクール運動にとって学校は、共和国建設という偉業において決定的に重要だった。その目的は政治的なものであった。しかし人種隔離撤廃運動にとって極めて重要だったのは、社会的機会を広げる装置としての学校だった。その目的は社会移動を促すことにあった。政治は単に、この魅力的な教育という商品への門戸を広げよという要求を可能にする手段に過ぎなかった。したがってこの意味においてブラウン判決は、教育を私的財として描いた。つまり教育が生む利益は社会全体のものにはならず、卒業学位取得者の手に落ちるものと考えたのだ。裁判所は、平等な教育につながる道を黒人に与えることは黒人、白人双方の社会の向上につながるという立論をとらなかった。そうではなく、人種隔離に苦しめられてきた黒人は、この隔離を撤廃することで利益を得るだろう、というものだった。質の高い教育はかれら〔黒人〕が所有を拒まれてきた、重要な財の一つであった。そしてそのことへの補償は、かれらにそこへ通じる門戸を開くことだった。

判決文の言葉遣いに注意してほしい。「こうした時代においては、ある子どもが教育の機会を閉ざされていてもその人生において成功を収めることが期待できる、との考えは極めて疑わしいものである」。学校は各個人が人生で成功することを可能にする。そして政治的に、我々はかれらのこの機会を否定することはできない。この立論は、ホーレス・マン以後の一〇〇年以上の間に学校がいかに大きく成熟・流転を遂げていったかを表わしている。かつて、生計を立てていくための職業実務にとってそれがとるに足らない存在であった時代に、学校は共和国を支える目的で創出された。やがて学校は、よい職を得て社会で他人に先んじるためにはすべての市民にとって枢要なものになっていった。しかしこの過程において政治的な教育観は、共和国の維持のために求められる市民の育成に強く焦点づけられていたのが、社会的機会を提供するという手続き的側面へと焦点が変わってしまった。機会としての教育という考えは既にマンにおいても見られたが、それは政治的事業の前にかすんでいた。それがここでは、教育の機会がなすべき課題の地位に躍り出た。政治は、それに対する権利を主張する手段へと変貌したのである。

標準化運動1・0——社会的効率と共通性

一九八三年、教育の卓越性に関する全米委員会は『危機に立つ国家』という報告書を出した。この報告書は、当時始まったばかりの標準化の試みが、一躍全米規模の運動へとなっていくのに手を貸した。この運動を、それに先行するいくつかの教育運動との関係性から、つまりそれらから何をどう引き継ぎ、どこに反発したのかという視点から検討することは有益である。十人委員会から標準化運動が引き継いだのは、すべての生徒が学ぶべき主要教科カリキュラムという考えであった。これはやがて、『中等教育の根本原理』で提示されたような、分化し野放図に拡大した非主要教科カリキュラムに対する、激しい批判の拠り所となっていった。しかし『危機に立つ国家』はまた、教育の第一の目的を社会的効率と規定する点において、『根本原理』との間に明らかな親和性がみられる。同時に、教科学習内容および学習成果を重視する点で標準化運動は、公民権運動と対立する関係にあった。公民権運動は学習内容よりも、教育機会が開かれているかどうかに力点をおいていた。そして『危機に立つ国家』が公共財としての教育を強調したのに対し、ブラウン判決は個人的利益の一形態としての教育を重視した。

報告書はいきなり、〔教育が〕いかにうまくいっていないか、そして教育制度を改革することがいかに大切かを訴える悲痛な警告の言葉から幕を開ける。

我々の国は危機に瀕している。商業、工業、科学、技術的イノベーションにおけるわが国の盤石の優越性は、世界規模の競争によって覆されようとしている。……我々は同胞に対して、一方では我々の学校やカレッジが歴史の中でなし遂げ、国や人びとの幸福に対して行ってきた貢献は正当に誇りうるものであることを述べるとともに、他方で我々の教育の基盤は今、わが国と国民のまさに未来を脅かす凡庸さの高波によって浸食されつつあることを報告するものである。(19)

この一節は、本報告書全体の基調をなすものだった。それは、公共財としての教育という見方を強く肯定していた。すなわち教育の成功からすべてのアメリカ人は利益を受け、またその失敗は全員を脅威にさらす。そして国家は危機に直面している。これは、教育は私的財であり、すべての個人の成功の可能性を左右する極めて重要なものととらえたブラウン判決の教育観と鋭く対立するものだった。同判決によれば人種隔離によって危機に立たされるのは黒人の教育消費者であって、国家ではなかった。

しかし『危機に立つ国家』において教育は、公共財といっても特定のタイプの公共財として描かれた。すなわち教育は、他国との経済競争を勝ち抜くためにアメリカに必要な人的資本を与えることによって社会全体を利するととらえられた。

不屈の精神をもち、高度な教育を受け、強力に動機づけられた競争相手に、我々はとりまかれて生きている。我々はこれらの競争相手と、製品だけでなく実験室でのひらめきや近隣の仕事場でも、国際的順位争いや市場競争をしている。アメリカはかつて、高度な教育訓練を受けた一握りの人びとの力だけで、うまくその世界的安泰を保てていたかもしれない。だが今日もはやそうではない。[20]

ここで提起された国家にとっての危機は、第一に経済的なものだった。そしてこの危機の打開にあたり教育が果たしうる主要な役割は、生徒たちを生産性の高い労働者へとつくり替えるためのより効率的な仕組みを発展させることであった。『根本原理』における議論と符丁を合わせるように『危機に立つ国家』は、富の産出という問題――ホーレス・マンが公教育を支持する動機として「二次的」と見なしたもの――こそがより高い教育水準を追求する最重要の動機であると主張した。

この報告書のはじめの三つの勧告では、標準化運動にとってリストの最上位に位置づくような、核となる変革の中身が述べられた。「〔教育〕内容」という見出しのもと、委員会は「州および各自治体が定めるハイスクールの卒業要件を厳格化し、卒業をめざすすべての者には少なくとも、五つの新基礎科目においてしっかり基礎を固めていることが要件として課されるべき[21]」だと勧告した。そこには国語、数学、理科、社会科を三～四年間履修し、加えてコンピュータ科学をある程度学ぶことが含まれていた。「標準と期待される事柄」という見出しのもとでは、「生徒の学業達成および能力に関してより厳密で測定可能な標準とより高い期待」が求められると勧告した。これはとりわけ、「標準到達度テスト（適性テストと混同されてはならない）が、学校段階間の移動の各節目において、特にハイスクールから高等教育への移行の際に実施されなければならない[22]」ことを意味した。「時間」の見出しのもとでは次のことが勧告された。「より多くの時間が、新基礎科目の学習に費やされなければならない。このことは、現行の授業時間を効率的に使い、一日あたりの授業時間を増やし、さらには年間の授業期間を長くすることを必要とするだろう[23]」。

主要教科カリキュラムに再度注意の目を向ける必要性を強調する点において『危機に立つ国家』は、『根本原理』での分化され職業準備志向のカリキュラムに対しては批判的な、そして十人委員会の方向性に対しては肯定的な位置に立っていた。しかしそれは『根本原理』と、社会的効率のための教育という考えを共有していた。この報告書では標準化の試みを擁護するために、控え目なタイプの政治的レトリックが使われた（一万八〇〇〇語近くにおよぶ全文のうち「市民」に類する表現が一八回用いられ、「民主主義」は二回使われた。またそこにはジェファーソンから引用された一節も含まれていた）。しかしここでの力点は、ブラウン判決が強調したような個人的機会を高める手段としての教育ではなく、人的資本を生み出す手段としての教育〔という見方〕にあった。そして生徒たちに門戸を開くことよりかれらの学習に焦点を合わせることで、それはまたブラウン判決が示した平等な機会への関心からの撤退を示しもしたのだった。

学校選択運動1・0――消費主義と社会的効率

学校選択運動の起源は、一九六二年の著作『資本主義と自由』においてこのテーマに一章を割いたミルトン・フリードマンにまでさかのぼる。だが学校選択運動が重要な改革の試みとして真に離陸したのは、一九九〇年代であった。そしてこの運動の政策言説をつくった主要なテクストは、一九九〇年にブルッキングス研究所から出版されたジョン・チャブとテリー・モーの共著『政治、市場、アメリカの学校』であった。かれらが学校選択を称揚する立論は、二つの鍵となる要素から成り立っていた。第一にかれらは学校の効果に関する研究文献に依拠して、学校が生徒の学習促進において最も効果的であるのは、学校経営面、教え方、そしてカリキュラム面において、学校に最高度の自律性がある場合であると論じた。第二にかれらは、学校システムの民主的ガバナンスは必然的に学校に対する官僚統制へと行き着き、そこでは自律性が厳しく制限されることになると論じた。他方で市場を基盤とするガバナンスは、それが国家ではなく教育消費者に権限を与えることに基づくゆえに、学校の自律性を増すことにつながる、というのだ。それを受けてかれらは、学校をもっと効果的なものにするためには、民主的統制から市場による統制へと移行する必要がある、と結論づけた。

標準化運動と同様に、学校選択運動はコモンスクール運動のレトリック上の優先順位を逆転させ、政治よりも市場を上位に置いた。しかしこのアプローチは『危機に立つ国家』において示されたそれよりもはるかに激烈な市場主義の立場であった。なぜならばチャブとモーは、学校の成果が芳しくない理由は実は民主主義政治にあり、その解決には学校を民主的統制から切り離して教育消費者の手にそれを取り戻さねばならない、と論じていたからだ。「選択制度の設計における我々の指針となる原則は次の通りだ。すなわち公権力が及ばない制度を創設するためにこそ、公権力は行使されなければならない」[24]。かれらは、効果的な授業と学習に必要な学校の自律性を増進させるのに市場は端的により効果的である、と論じた。「したがって市場環境には、学校の自律性を高めるような強力な力——それは組織が成功するのに必要な技術上・経営上の要件、そして顧客を満足させる必要上から生まれてきたものだ——が働いているのだ」。対照的に、「公共部門では制度的な力は逆の方向に働いている。民主的統制は、学校に対して上から降ろされてきた価値を押しつけ、その自律性を制限する」[25]。

著者らは、統制主体が民主主義政体から教育消費者へと移っていくことによって、かれらが唱道するところの学校選択制が、教育を公共財から私的財へと変えていくだろうとした。

民主主義的統制のもとで公立学校は、巨大ではるか彼方にある組織によって管理運営されている。そこでは保護者や生徒の利害には特別な地位も重みもない。市場が支配するようになれば、保護者と生徒は、学校の経営者およびスタッフとともに舞台の中央に押し出される。それ以外の大半の社会のメンバーは、疑いなく二次的な役割しか果たさない。大抵の場合それは、教育的選択が行われる外枠の設定に限られるだろう[26]。

二〇世紀末における学校選択運動のレトリックはこのように、一九世紀半ばにアメリカの公立学校システムを始動させたコモンスクール運動のレトリックとは、正反対の極を示したのだった。教育改革のレトリックにおいて我々は、教育の政治的原理から市場原理へ、公共財としての教育観から私的財としての教育観へと、極端から極端へと進んできた。コモンスクール制度が単一の徳に溢れた共和主義的コミュニティを促進してきたことではなく、細分化された学校システムを設けることで、広範に及び、てんでバラバラな消費者文化の要求が満たされることの効用を、改革者は言祝《ことほ》いでいたのであった。

標準化運動2・0——平等な機会を政治的に訴えることで、すそ野を広げる

二一世紀が幕を開ける頃、標準化運動と学校選択運動のレトリックに興味深い変化が見られるようになった。両者とも、平等な機会という言い回しを公民権運動から取り込んだのである。この変化がはたして本質的なものか、それとも単なる戦術的変化に過ぎないのかは本書の議論の範疇を超えている。本章における私の焦点は改革のレトリックの変遷であり、どちらの場合もこの変化は、その運動に加わりたいと思う理由を広げたことで、改革の訴求力を大きくするのに貢献した。どちらの運動も誕生当初においては、支持を広げる力を著しく欠いていた。そして両者は公民権運動の極めて効果の高い政治論議へと目を向け、それによって自らの訴え方に、熱情と幅広さを加えていった。

『危機に立つ国家』は、社会的効率を根拠に教育の標準化と説明責任《アカウンタビリティ》を擁護する立場にとって、強固な先例となった。このアプローチは、(学校教育はすぐれた公的投資だと主張することによって)州レベルにおいて知事や州議会議員が効力ある立法化を行うよう鼓舞する上では不可欠また有効なものであったが、にもかかわらずそれは、連邦議会や公衆一般の支持を得て、国家的な標準化政策を樹立するためには不十分であった。教育を人的資本への投資として語ることは、改革を思慮に富んだ社会政策の問題として印象づけたが、人びとがこの取り組みに熱中するように仕向けるのは困難だった。経済学が「陰気な科学」と言われるだけのことはあるのだ。そして経済から教育を論じるやり方は、草の根レベルにはあまり心に響かなかった。

さらに、学校に対して人的資本の蓄積を増やす仕事を課すことで、標準化運動は学校教育を公共財として取り扱っていた。そして他のあらゆる公共財と同じように、このことは経済学者が「ただ乗り《フリーライダー》」と呼ぶ問題を教育に残すことになった。我々は皆、公共財に対する直接的な貢献の有る無しにかかわらず、そこから

〔治安のよさやきれいな空気などの〕恩恵を受けるため、人びとの自発性に任せたままではそうした財を維持するのは難しい。人びとは、学校教育の集合的効用にただ乗りできる間は、〔学校への投資をサボって〕個人的な見返りが直接得られる他の種々の事業への投資に走ってしまうことだろう。

公共財に対する援助を調達する一つの方法は、たとえば課税のような普遍的義務を通じてというやり方である。もう一つは理想主義を拠り所に、援助を訴える方法である。教育改革者にとって政治的訴えかけは、ただ乗りする者たちを積極的な支持者に変える力になるかもしれない。しかし『危機に立つ国家』が行った政治的訴えは限定的なものであり、全く効果もなかった。そのアプローチは、教育の失敗は世界規模の競争の中で、国家としての米国の活力を危機に陥れるという描き方であった。これは報告書の冒頭の一節の黙示録的言い回しに見られるものだ。しかしながら「わが国と国民のまさに未来を脅かす凡庸さの高波」によって惹起された脅威とは、平均的な市民や一連邦議員たちには遠い世界のことのように感じられただろう。ブッシュ〔父〕大統領とクリントン大統領はともに全米規模の標準化政策を行おうと試みる際にこの戦略を用い、そして失敗した。しかし二〇〇二年一月、ブッシュ〔子〕大統領は、会派横断的で広範な賛同を得て通過した、射程の広い標準化法案に署名をし、法として発効させた。

この法律、落ちこぼれ防止法は(27)、賛同を得るために企てられたレトリックの変更を示している。冒頭の一節における言葉遣いに注目してほしい。これは学校標準化運動が達成した、最も力強い成果となっている。「本法律の目的は、すべての子どもが質の高い教育を受ける重要な機会を、公平かつ平等にもつこと、そして少なくとも州の高い要求学力水準、州の標準テストレベルの熟達にまですべての子どもが到達できることを保証することにある」。この目標の達成のためには、教育を「州の高い要求学力水準」と緊密に連携させ、「我が国の最貧地区の学校にいる低学力の生徒の教育的ニーズを満たし」、「上位層と下位層の学力到達度の格差を縮め」、「すべての生徒の学力到達度の向上に対して学校が説明責任を負うようにし」、「ニーズが最も高い学校を特定し」、そして「州の要求学力水準と教育内容の基準を生徒が満たすことを保証するよう設計された、州の評価システムを活用」しなければならない。

ここにあるのは、標準化運動と公民権運動の結合である。前者からは、厳密な意味での主要教科とコアカリキュラムをすべての生徒に与えることの重視、試験と説明責任の強調を、後者からは、教育の機会を増大させることで社会的不平等を縮小させねばならない、という差し迫った要求を汲みとっている。冒頭の一節は両方の要素を簡潔にとらえている。

選択運動2・0――平等な機会への同様のアピール

第二波の学校選択運動は、標準化運動が直面したものとある点では似通い、そして別の点では異なったレトリックの問題を抱えていた。しかし平等な機会への訴えかけは、標準化運動と同様に、選択運動の改革者にとってもうまく使えるものだった。選択運動が直面した似通った困難とは、選択が結局は、効率の追求へと還元されてしまうという問題だった。チャブとモーは、学校は政治に左右されるよりも市場に基盤をおいたほうが効果が高いことを強調した。しかし効果だけでは、市民を動かして学校の組織のあり方を大きく変える支持者にするだけの争点にはなりえなかった。これは特に選択運動について言えることである。なぜならかれらが提唱した変革は、コモンスクールの時代に確立され、長い間尊重されてきた学校ガバナンスのあり方からきっぱり訣別しようというものだったからだ。標準化運動はカリキュラムとテストをいじくった。選択運動の改革者は学校の民主的統制を攻撃対象とした。米国では政治闘争において、その論敵に対し民主主義擁護の姿勢を放棄してしまったら、まず勝ち目はない。問題をさらに厄介にするのが、市場を基盤とする学校教育が社会的不平等を悪化させてしまう可能性をもつことだった。教育消費者の選好に従い、人種や階級のラインにそって学校を隔離的なものにしてしまうことを、それは容認しかねなかった。もしも学校選択によって見込まれる効用が学校の効果性の増大として定義されるのみで、見込まれるコストが民主主義と平等からの撤退として規定されるのであれば、学校選択をめざす闘いには見込みがなかったことだろう。学校バウチャーの提案が住民投票で軒並み否決されたのは、この判断の正しさを裏づけるものだった。

しかし一九九〇年代末期、学校選択をめぐるポリティクスは、選択運動のレトリックの手持ちに新しいアプローチが加わることによって、一層複雑なものになった。この変化を探るにあたって依拠すべき決定版の資料はどこにもない。むしろこのレトリック上の変化は、運動を通して各方面に幅広く拡散していった。多くの例証の一つとして私は、ジュリアン・ベッツとトム・ラブレスが著し、二〇〇五年にチャブとモーの本と同じブルッキングス研究所から刊行された『選択を正しくする』を用いる。初版からの強調点の変化のポイントは、新しい本のサブタイトル「公正と効率を保証する教育政策」に示されていた。公正が加わったことで、選択をめぐる議論はその求心性を変化させた。かつて社会的平等に対する脅威と見なされていたのが、今や選択は、不利な立場にある者に社会的機会を広げていく手段だと公言することが可能になったのだ。

この本の冒頭でベッツとラブレスは、「米国における学校選択は今まさにここから発展しようとしている」[28]という判断で一致する。問題は、いかにしてそれを効果的に実行に移すかである。

じっさい、学校選択にまつわる問題は「もしも」や「いつ」ではない。米国において学校選択は、子どもを私立学校に送る保護者の権利や、親が子どもの公立学校のために居住地の選択が可能だったことなどを通じて、我々の傍らにあり続けた。明らかに富裕な親たちが、これらの形態の学校選択の主要な受益者だった。
しかしこの数十年の間に新しい形態の学校選択が勃興し、教育の風景を根幹から変えつつある。多くの場合これらの新しい仕組みは、豊かとは言えない家族に対して初めて、学校を選択する機会を提供してきた(29)。

平等な機会というレトリックへのこの推移は、学校選択論の受け止められ方を劇的に変化させた。それはまた取り組みの政治的外観をも変化させた。かつては主に自由放任主義者《リバタリアン》、エコノミストたち、自由市場論の共和党支持者らから支持を受けていたのが、今や幅広い分野からの支持を調達できるようになったのだ。一人の強力な支持者は、黒人コミュニティの指導者であり前ミルウォーキー市教育長のハワード・フラーであった。彼は選択を推進する団体である「教育の選択肢のための黒人同盟（ＢＡＥＯ）」の代表をしている。彼はこう論じた。

我々は低所得の労働階級の親たちに、かれらの子どもが成功できる学校を――公立であれ私立であれ、無宗教学校であれ宗教学校であれ――選択する力を与えなければならない。そして我々は子どものニーズに応えるために働こうとするインセンティブを、すべての学校に与えなければならない。資産がないゆえにほとんど、あるいは全く力をもてずにいた家族の手に握られた、学校選択の力に思いを馳せてほしい。かれらは選択を奪われれば、選択制に反対している富裕な親も自分の子どもをそこに送るのを我慢できないような学校に、子どもたちを託し続けなければならないことを考えてほしい(30)。

この新しい政治的転換に寄せて、マルクス主義経済学者のサミュエル・ボウルズとハーバート・ギンタスさえもが、学校選択は社会的公正を高めうると論じ始めた[31]。その議論に平等な機会を付加したことは、標準化運動、学校選択運動双方に、その訴えが届く範囲を広げる助けとなったのである。

結　論

ここまでの話は、アメリカの学校改革のレトリックの変遷に関する物語であった。我々は学校教育をめぐる見方が政治的なものから市場的なそれへと変わるのを、誕生したばかりの共和国のための市民育成の手段としての学校教育の強調から、市場社会の中で他人に先んじることを可能にする手段としての学校教育に焦点化する議論への変化を見てきた。しかしながらこの一世紀半の間、我々の見る限り、学校教育をめぐる政治的な議論が絶えることはなかった。むしろ我々が目撃したのは、学校教育は市民の間に公徳心を高めるものだという議論から、消費者たちに社会移動を促進するという議論への変化であった。後者においては、政治的な学校教育観はレトリック上の強烈な存在感を保っていた。

しかし学校教育をめぐる政治的論議の持続には、損失もつきまとった。共和主義的コミュニティを保持する公徳心を高めるために学校は存在しているという思想は雲散霧消してしまった。それに取って代わったのは、すべての消費者に対して教育財の価値に接近する道を与えるために学校は存在するという概念である。これは政治的観点としてはかなり異質であり、教育を公共財から私的財へ、政治的共同体の源泉から個人的機会の源へと学校を変えてしまうものである。この後の章で見ていくように、公共財としての教育を掘り崩し教育消費者の力になろうとすることで、アメリカの学校制度に対するこの新たに台頭した見方は、今日の学校シンドロームの理論的根拠となっているのである。

(1) Chubb and Moe (1990); Betts and Loveless (2005).

(2) 一九九〇年代に私は、民主的平等（有能な市民の育成）、社会的効率（生産的労働者の育成）、社会移動（各個人に社会で人に一歩先んじる力をつける）という公教育の三つの主要目標の相対的影響力によって規定された特定時点ごとの勢力図の変動として、アメリカ教育史をとらえる解釈を発展させた（Labaree 1997）。本章の一部は、とりわけ教育の政治的目標が年を経て自己進化を遂げていったさまを探究することで、この初期の物語を精緻化しようとする試みである。

(3) Cremin (1957), p. 87.

(4) Cremin (1957), p. 92.

(5) Mann (1841), p. 81.

(6) Mann (1841), p. 81.

(7) Tyack and Cuban (1995).

(8) Labaree (1988).

(9) Ravitch (2000); Angus and Mirel (1999).

(10) Krug (1961), pp. 86–87.

(11) Tyack and Cuban (1995).

(12) Tyack and Cuban (1995), p. 87.

(13) 「管理行政的」進歩主義と「教授学的」進歩主義という用語は、デイヴィッド・タイヤックの一九七四年の著作による。私は第4章で、この両者の緊張関係および管理行政的進歩主義が勝利を収めた理由を論じている。

(14) Commission on the Reorganization of Secondary Education (1918), p. 1.

(15) Commission on the Reorganization of Secondary Education (1918), p. 3.

(16) Commission on the Reorganization of Secondary Education (1918), p. 5.

(17) Commission on the Reorganization of Secondary Education (1918), p. 16.

(18) 347 U.S. 483.

(19) National Commission on Excellence in Education (1983), p. 7.

(20) National Commission on Excellence in Education (1983), p. 8.

(21) National Commission on Excellence in Education (1983), p. 22.

(22) National Commission on Excellence in Education (1983), p. 24.

(23) National Commission on Excellence in Education (1983), p. 25.

(24) Chubb and Moe (1990), p. 218.

(25) Chubb and Moe (1990), p. 37–38.

(26) Chubb and Moe (1990), p. 35.

(27) Public Law 107–110.
(28) Betts and Loveless (2005), p. 1.
(29) Betts and Loveless (2005), pp. 1–2.
(30) Fuller (2002).
(31) Bowles and Gintis (1999).

第2章　アメリカの学校制度の創設

これまで見てきたように、米国の改革者たちは長年にわたり、学校に対してより多くの目標の追求を、つまり最初は市民の、のちには労働者と消費者の育成を託してきた。この理解は人びとが学校に対して、どんな社会的な目的を果たすよう望んできたかをつかむ手がかりにはなるが、〔アメリカの〕学校システムの本質についてはあまりよく分からない。レトリックと現実は、社会生活においてはぴたりと合致することはあまりなく、これはアメリカの教育については特に言える。そこでは改革者が目標の実現という幸運に遭ったことがほとんどなかった。

本章では、一九世紀前半の米国の学校システム創設について検討したい。この創造の物語は、米国の学校システムの特殊性について重要な知見を提供してくれる。一つにはこれが、米国教育史において改革運動が真に成功を収めた唯一の例だということである。コモンスクール運動は、初期のアメリカという国の存続を脅かした社会的・政治的危機に対する応答として、米国の学校システムを発明した。驚くべきことにこのシステムは、その形式や機能においてこれらの目標を反映していただけではなかった。それは、託された社会問題の解決に向けた長い道のりをたどっていった。このようなシステムはそれ以来存在したことはない。さらにこの創造の物語が重要なのは、一五〇年たった今なお、コモンスクール創設に関わった人びとが創造したシステムがしっかりと存在しているからである。公費でまかなわれ、公的に統制され、地方分権が徹底されたこの制度、さらにカリキュラムを教えることよりも広く門戸が開放されていることに重きをおくこの仕組みが、今も続いている。第3章では、進歩主義の時代にこのシステムへの改革がなされたが、その結果は修正にとどまるものであり、変革と呼べるものでなかったことを見ていく。

それゆえ、コモンスクール制度を理解することは、現在の米国の学校システムにおける特殊性の理解に大いにつながる。コモンスクールの成功と、現行の学校組織に姿をとどめるその成果はともに、米国の学校シンドロームを構成する二つの中心的要素の解明に役立つ。一つは、学校改革に対する我々の絶えざる信仰（かれらにうまくいったのだから、我々にもうまくいくはずだ）であり、もう一つはかれらがつくったシステムを、我々の目的実現のために機能させることにずっと失敗していることである。

植民地アメリカにおける教育

植民地アメリカには、教育制度は存在しなかった。かわりに、基本的な読み書きと計算のスキルを人口の大多数に、そしてより高度な学習を少数の者にインフォーマルに提供するさまざまな仕組みが、緩やかに組み合わせられていた。親は子どもを家庭で教育し、経済的に許されれば家庭教師を雇った。教会は幼い者に宗教教育をし、その過程で必要が生じ、読み書きの訓練もそこで行われた。親は親方職人と契約を結んで息子たちを徒弟に出し面倒をみてもらったが、それは仕事のやり方のみならず、読み書き計算までを教わることを意味した。このような慣行の一種として、親が子どもを別の家に寄宿させることもよくあった。その取り決めの一部に子どもの教育に関する同意も組み込まれていた。また、近隣の女性たちが料金を取って生徒を受け入れ、自分の家で基礎的な勉強を教えることもしばしばあった。独立系の単級学校《ワンルームスクール》の教員兼校長《スクールマスター》が、低額の授業料で最低限の基礎以上の内容を教えた。より正式な基礎教育としてはラテン語文法教育がアカデミー〔グラマースクールより実用教育を重視した中等教育機関。植民地時代から一九世紀半ばまで隆盛を誇った〕で行われた。そのうちのいくつかは政府からの認可を得ていた。最上級レベルとしてはカレッジが数校あった(そのほとんどは最終的にはアイビーリーグの大学になった)。正式な認可を受け教授陣を擁したカレッジには、聖職者や種々の専門職を養成する義務があった。この時代、ほとんどの生徒は何らかの形で教育を受けていたが、その多くが参加していたのは学校に類するようなところではなかった。

わずかにニューイングランドにおいてだけ、植民地政府により地域のすべての(白人の)成員のための学校設立を目的とした制度的な努力がなされた。ボストンでは、メイフラワー号上陸からわずか一五年後の一六三五年に公立ラテン語文法学校が設立され、一六三六年にはハーヴァードカレッジが設立された。一六四七年にはマサチューセッツ湾入植地が、一定規模の町に初等学校の、さらに大きな町にはグラマースクールの設立をも義務づける法律を可決した。ニューイングランドの他の入植地も、各地域に公立学校の設置を義務づけることで先例に従った。中部大西洋岸の入植地はこうした法律を採択しなかったが、種々のよりインフォーマルなやり方で教育への援助を行った。一方南部では、学校教育を支えようという機運の盛り上がりは緩慢であった。

ケネス・ロックリッジの研究によると、植民地アメリカでの教育普及のための努力は、人びとの識字率、特にニューイングランドの人びとの識字率に大きな影響を与えた。ニューイングランドの男性の識字率は、一六六〇年に六〇パーセント、一七一〇年に七〇パーセント、一七六〇年に八五パーセント、一七九〇年に九〇パーセントに及んでいた(1)。対して他の植民地における非奴隷男性の識字率は、一七〇〇年代を通じて約六七パーセントであった。これは六〇パーセントのあたりにとどまっていたと推定される、同時期の英国男性の識字率よりわずかに高いが、白人男性に文字が完全に普及した世界初の地域と思われるニューイングランドに比べると、はるかに低かった⑵。

ニューイングランドの入植者たちは、どのようにこれを達成したのか？　ロックリッジによると、植民地の識字率は概して男性と富裕層が高い傾向にあり、また人口密度が高くより商業が発達した地域や、読み書きができた移民を引きつけた地域の人びともまた識字率が高い傾向にあった。ニューイングランドはこれらの要素の大半においていくばくか優っていたが、他の植民地、ましてや母国英国と比較して有利な点を説明するのにこれだけでは不十分だった。そうではなく、この時代にニューイングランドで学校教育を増進させた主な要因は、この地域がプロテスタントの教義、とりわけ同地方に最初に渡ってきた英国系移住者の特徴である清教徒《ピューリタン》系の教えに深く傾倒していたことだった。他の植民地ではキリスト教の別の宗派が支配的であった。たとえばメリーランドはカトリック、ヴァージニアとデラウェアでは聖公会、ニューヨーク、ニュージャージー、ペンシルヴァニアではプロテスタント系宗派の混合などであった。しかしニューイングランドでは厳格な改革派プロテスタントが席巻していた。

プロテスタントの教義、特にその中のカルヴァン派の核となるものは、信者は神と直接につながっているという信条であった。それはカトリックと対照的に、神との間に教会や聖職者を介在させないものだった。結果として、信仰をもつ者たちが福音を理解したり伝える際に、読み書きに達者な聖職者に頼ることができず、自らが読み書きの力をつける以外になかった。つまりかれらは信仰を保つため神の言葉に直に接する必要があり、そのために読み方を習得する必要があった。言い換えれば、植民地アメリカにおける学校教育推進の根幹にあった考えでは、教育の使命を根底において保守的なもの、すなわち敬虔な行いを維持し信仰を保つことととらえていた。学校設立を義務づけた一六四七年マサチューセッツ州法での瞠目すべき言い回しに、それが顕著に現れている。

老いぼれ詐欺師たる悪魔法の主たる企ては、人間を聖書の知識から遠ざけるものである。かつてそれは、人びとにとって未知の言語〔ラテン語〕の中にそれを閉じ込めておくことでなし遂げられていた。今日では聖書は諸言語〔俗語〕で読めるようになったが、霊媒師の口寄せによって市民を説得しようとしている。そうなれば、正典の真に意味するものが偽聖人の誤った解釈で覆い隠されてしまう。〔聖書の〕教えが教会や国家の我々の父祖の墓に葬られないために、神の御力を借りて以下のことを命じる。

この管轄区のすべての郡区《タウンシップ》が、五〇世帯にまで規模が大きくなった暁には、ただちに誰か一名を教師に指名し、すべての子どもに読み書きができるよう教えねばならない……。そしてさらに、一〇〇家族もしくは世帯にまで規模が拡大した場合は、グラマースクールを設立し、その主任教師の指導によって若者が大学にまで進学可能になるよう調えねばならない(3)。

このように教育を通してのみ会衆たちは、聖書の「真の意味」を獲得し、自身を「偽聖人の誤った解釈」から救うことができるのだ。そのような使命は非常に重要だったため、偶然に任せたり個々の親の選択にゆだねることはできなかった。そうでなく学校制度創設のために、公権力の行使が必要だったのである。

植民地アメリカのコミュニティにとって、教育が拠り所とする主要原理は宗教的理想の追求であったが、もう一つのより実際的《プラグマティック》な、めいめいを自身のための教育の追求に駆り立てるような理由が、静かに台頭していた。商いに従事するためには、読み書きと計算がかなりできる必要があったのだ。これらの技能がなくては、商店主、貿易商人、小売人、事務員たちは契約書の作成、顧客との連絡、帳簿付けをすることは不可能であっただろう。この点からみると学校教育は、商業活動で生計を立てることを望む人すべてにとって不可欠なものであった。農業でカツカツに生きていくならこれらの技能なしでも構わなかっただろうが、その生活を抜け出す展望は極めて限られたものになってしまっただろう。また小売人には、読み書きができる事務員を雇い入れ、通信文や帳簿の仕事をさせることも可能だったが、これでは割に合わないし危険だっただろう。初めから商取引《トレード》は、アメリカ人の生活の中心を占めていた。英国がもともとアメリカに植民地を設立しそれを二〇〇年にわたり支えてきたのは、大英帝国内の取引高を増やすためであった。それゆえ入植者たちには、これらの商業活動に必要な諸技能の獲得に対する強い動機づけがあったのだ。

だから宗教は学校設立の理由だったが、ひとたび学校教育が普及すると、消費者が進んで自らの教育を追求していく理由として商業が出現した。そしてこれが、一八世紀における識字率上昇の最大の動因である。この時代、植民地の統治のされ方が〔ニューイングランドでさえ〕より世俗的になり、人びとの礼拝の仕方もより多様になりつつあった。しかし同時に植民地の人口は規模、密度ともに増加し、商業活動も急激に拡大していった。このような状況下で消費者たちは次第に、宗教的信条に関係なく基礎教育を身につけることを利点、いや必須とさえ考えるようになった。そして人口密度の上昇は、かれらが住んでいる地域内で、ニーズに合った何らかの形の学校教育を受ける可能性が高まることを意味していた。

出現のパターン　このように、アメリカに教育システムができる前――アメリカという国家さえできていなかった頃――から、学校教育はアメリカにおいて日常生活の重要な構成要素であり、その存在感は増していた。そしてそれは世界の他のどの地域よりも、多数の民衆を教育対象としていた。学校教育の成長を推進した要因は二つあったが、それらは性格がかなり異なっていた。〔まず〕宗教的な観点から見ると、学校教育は崇高な理想の追求であり、敬虔さを維持し信仰を保つための手段だった。宗教は学校教育に対して、明確な公的根拠を与えた。聖職者、政治家、ジャーナリスト、親たちはこぞってその原理を説いてまわった。〔他方で〕商業的な観点からみると、学校教育は現世的な利益の追求であり、ますます商取引重視になりつつある経済の中で暮らしを立てていくための手段であった。こちらの原理は十分に理解されてはいたが、大っぴらに口にされることは滅多になかった。支配的だったのは教育をめぐる宗教的レトリックで、それは聖書の全面的な威信を背景にしており、学校教育は経済面で抜きん出る手段だと公然と主張することを、誰にとっても難しいものにしていた。なぜなら、そう主張すると卑しい人間と思われるか、最悪の場合、不信心者と見なされたからだ。そしてこの二つの要素は、想定した学校教育の目標だけでなく、その目標を実現する主体が誰かという点でも異なっていた。宗教的な見方が、民衆に教育を普及させようという政府や教会によるトップダウンの努力を刺激したのに対して、商業的な見方は、一人一人の消費者が、自身の目的のために教育を追求するというボトムアップの努力を活性化した。

植民地時代から現在まで、米国の学校教育をめぐる経済的根拠は次第に力を増していき、二〇世紀に入るとそれが教育の筆頭の目的であることが一層明白になった。と同時に、宗教的根拠のほうはじょじょに後景へと退いていき、より世俗的な教育目標に取って代わられた。しかしこの間ずっと、米国で教育を変革しようという圧力は、学校教育を普及・追求する初期からのこの二つの推進力という形を取り続けてきた。

アメリカ教育史とは今も進行中のこの緊張、すなわち、ゆっくりと進化する理想の追求としての学校教育と、ますます差し迫ってくる経済的な実利性の追求としての学校教育との間の緊張が、さまざまな形で表出したものである。第一の原理はほとんどの教育改革運動を後押しした。それは学校が新しい理想に適応することを求め、社会がこれらの理想——宗教的信念、公徳心、経済的効率、人種的平等、個人の自由のいずれであろうと——を実現する助けになることを学校に要求した。これらの理想は、主だった学校改革運動のレトリックの核を形成してきた。

第二の原理は、人びとが教育の機会を要求するのを後押しし、その機会をものにするようかれらをたきつけた。五〇年前まで、教育変革に対するこの第二の圧力は潜行し続け、改革文書や教育の政治的言い回しからは大概抜け落ちていた。第一のアプローチが教育の表面を時おりうねる改革の波を形づくったのに対して、第二のアプローチは、底流を走る力強い変革の流れの源であり続けてきた。デイヴィッド・タイヤックとラリー・キューバンの共著によるアメリカ学校教育に関する画期的な書物で指摘されているように、米国の学校改革史は、騒々しい改革のレトリックと、緩慢で静かな進化の過程とが奇妙に混じり合ったものである。前者が学校教育の土台構造に与えた影響はほんのわずかに過ぎなかったのに対し、後者はこの構造に甚大な変化を与えたが、あまりにも長い時間がかかったため、この変化はほとんど目に見えないものである(4)。多くの教育者が長年述べてきたように、学校は次から次へと改革の波にさらされたが、それと同時に、つねに変わらぬ仕事を続けていたように思われる。多くの物事が変化すればするほど、学校は同じであり続けた。この逆説的なパターンが、アメリカの学校改革の物語全体を貫いていく度も繰り返されていったのを我々は目にしている。

独立革命後の学校制度

一七九〇年代までに、ほとんどの白人のアメリカ人はなんらかの形の教育を受けており、これは少なくとも基礎的技能を提供するには十分なものであった。この教育は次第に、都市や主要な町においては、とりわけ何らかの形の学校で行われるようになってきた。読み書きは男性にとってはできて当然のこととなり、ニューイングランドではほとんど完全に文字が普及した。学校自体は公立、私学、宗教学校の複合で、財源は私的な授業料収入と公的な補助金が組み合わさっていた。しかしながらこの時代の最大の変化は、数十年にわたり確実に増え続けてきた学校数もさることながら、新たに登場した学校教育の政治的根拠によってもたらされた。

独立革命と国家としてのアメリカ合州国の形成後、政治指導者らの間では、全市民を対象とする教育を推し進めることで新国家の基盤を確固たるものにする必要性が力強く語られるようになった。建国の父たちは人類の歴史を知っていた。古代ローマからルネサンス期のフィレンツェに至るまでの共和国というものの来歴は、有望な将来を約束するものではなかった。どの共和制国家も、その存続を脅かす周知のさまざまな脅威――際限のない私利追求、剝き出しの権力闘争、国内の階級的分裂などが混じり合って国を引き裂いた――の前に次々と膝を屈していった。かれらは教育こそが、新共和国アメリカの未来を下支えするだろうと考えた。

この頃まき起こった、共和主義の立場からの教育擁護論には主に三つの要素があった。一つめは未来の市民に公徳心を浸透させる必要性であった。これは人びとを国家の維持に献身させ、自分自身を公共の利益《パブリック・グッド》に捧げさせたいと思わせるためであった。ベンジャミン・ラッシュは、広く読まれた一七八六年初版の共和国の教育に関する評論で、公徳心について特に注力した。

わが国の独立によって、教育という仕事は新しい局面を帯びるに至った。我々が採用した政治形態は、すべてのアメリカ人に新しい種類の責任を生み出した。したがって我々がなすべきにふさわしいことは、教育に関する旧習を検討し、そして賢明かつ善良な人びとを育てる学校を設けるために教育の様態をわが国独自の政治形態に適合させることである。(5)

これの現実的な意味としては、共和国を支えるためには私利私欲をすすんで捨てる気持ちを、学校は生徒の中に植えつける必要があったということだ。「生徒は自身のものではなく、公共のものであることを教えられなければならない。彼はその家族を愛するよう教えられなければならないが、しかし同時に祖国の安寧が要求するときには家族を見捨て、さらに忘れさえしなければならないことを教えられるべきである(6)」。

共和主義的立場からの教育原理の第二の構成要素は、共和国で生きる上で必要とされる、市民としての高い役割を果たすための知識や技術を人びとに与えることだった。トーマス・ジェファーソンは、一七七八年に書かれた、彼が提案した「知識の一般普及に関する法案」序文冒頭でこのねらいを強調した。そこで彼は、歴代の共和制政府において「権力を委ねられた者は、時日が経つにつれて次第に手心を加えて、その政治形態を暴政へと変えてしまう」歴史的傾向についての懸念を示したのち、こう続ける。「これを予防する最も効果的な手段は、民衆一般の知性をできるだけ実際的に啓蒙することである。そして特に歴史が示すような、暴政化についての他の時代や国々で経験されてきた事実を民衆に知らせるならば、民衆は、野望があらゆる形態のもとに隠されているのを知ることができ、そしてそのような野心の目的を挫折させるように、民衆に自然権の行使を勧めることができると信ずる(7)」。

共和主義的立場に立つ教育の第三の要素は、当然、前二者の結果として生じたものだった。すなわち存続のために共和国には、富や社会的地位に関係なくすべての市民に、公徳心と公民性《シビックスキル》の両方を教え込むことができる学校制度が必要だった。この方法においてのみ、能力と責任が広く共有され、社会的不平等が公民としての機能の妨げにならない、そんな真の共和主義コミュニティの建設が可能だろう。ジェファーソンの序文はこの点をめぐって、次のように結論づけた。

公衆の幸せを促進するためには、生まれながらに天才と人徳を授けられた、これらの人びとを、教養教育《リベラルエデュケーション》の力によって、かれらの朋友たちの神聖な権利と自由の付託を受けるに値する存在へ、そしてそれを保護する力を有する存在へと育て上げねばならないことが明らかである。また、財産、出自、その他の偶然的な条件や状況に左右されることなく、かれらはこの務めを全うせねばならないことも明白である。

これを可能にするために、経済的理由で学校教育を受けられない者は「すべての者が負担する公費で教育されるべき」なのである。(8)

教育に課せられたこの共和主義的使命は、学校の門戸がすべての市民に開かれるよう保証する努力を、政府が決定する機能へと変えることで、〔学校に対する〕賭け金を著しく高めた。たくさんの人びとに何らかの学校教育を提供するため植民地時代に誕生した不格好でつぎはぎだらけの仕組みは、今や全くそぐわない。こうした理由から指導者たちは、学校教育を偶然や社会的地位に応じた配分に任せておくにはあまりに重大な事柄であり、そうすべきではないと考えた。そして一九世紀前半の数十年間、ニューヨークやフィラデルフィアでは大規模な公立学校システムが発達した。これは公費で賄われ、公に任命された評議員によって統治されたものだった。他の都市もこれに続いた。

しかしながら落とし穴があった。これらが慈善学校として設計されていたことである。子どもをこれらの学校に入れるためには、親が市役所に行き自分が貧民であることを宣言する必要があった。一方で十分な財力のある家族は、自己負担での子どもの教育を望まれていた。この〔制度の〕発達により学校教育への参加の機会が貧民層に拡大した。それは公立学校制度設立の先例となるものだった。しかしそれは、「大衆を同質化するため、統一された普通教育制度をつくり上げる」というラッシュの構想を実現するものではなかった。むしろそれは、「我々の学校」と「かれらの学校」の間の区別を築き上げてしまうことにより、階級のちがいを強化する傾向にあった。この区別は、若き共和制国家が国を破滅の淵にさらすような社会的危機に直面しなければならなかった一八二〇年代から三〇年代に、特に厄介なものになったのである。

新国家にとっての社会的危機

アメリカ合州国は建国初期にいくつかの困難な時代を経験したが、一八一〇年代は特に苦しい時代であった。まず一八一二年に米英戦争が勃発した。戦いは三年間続き決着はつかなかったが、国がこれほどまでの破壊を経験したことは過去にはなかった。〔マディソン〕大統領が侵入軍から逃れ首都を脱出したあと、燃え落ちる前のホワイトハウスで侵入者たちが席につき、彼が食べ残した夕食にありついていたさまを市民たちは屈辱的な思いで見ていた。戦争に続いたのが一八一九年の恐慌であった。この恐慌のせいで、過去二〇年間の個人所得の増加分すべてが消えてしまった。しかし続いて起きたのがアメリカ史上、最も経済成長が著しかった時代の一つであり、南北戦争まで続いた。この時期後半の急速な経済成長をめぐっては、工場生産の増加、鉄道敷設、ドイツやアイルランドからの移民拡大など、納得させられそうになる説明が多くある。しかしこれらの要素はどれも、成長が始まった一八二〇年代には存在していなかったのである。

一八一〇年代後半から二〇年代にかけて、国の経済インフラの驚異的拡大、とりわけ高速道路や運河建設に対する政府の大規模投資が行われた。このような米国国内の交通システムの改善により、商品の輸送コストは急落した。これは田舎の農夫や職人《クラフトメン》が、生産物を東海岸の主要都市で売ることが初めて可能になったことを意味していた。新しい交易ルートは、以前は孤立しバラバラだった経済を結びつけ、商品の地域市場を形成する一助となり、さらに全国市場の萌芽のきっかけとなった。結果として商業は景気づき、これらのルート沿いの生産者間で競争が激化する。以前は地理的に制約された環境の中で、少人数の生産者が少人数の地元消費者に提供するために営んでいたものが、小麦農家や靴職人などの生産者はいつの間にか、買い手も売り手も限りない経済状況に適応していかねばならなくなった。今度はこれが商品の生産様式や経営者と労働者の関係、また地域構造の劇的な変容につながった。

この変容は、一種の革命、市場革命であった。[9] 既に述べたように、アメリカには植民地時代の初期から市場経済が存在していたが、大規模な取引はいくつかの港町に限られていた。それ以外の大多数の人びとにとって、市場とは地元のものであり、交通網も通信網も貧弱だったために狭い範囲に制限されていた。しかし、商品と情報が低コストで長距離を移動することが突然可能になり、このことがアメリカの経済、社会、政治、そして宗教生活に深刻な試練を引き起こした。結果としてもたらされたのが、一つの社会秩序が崩壊し、その後にくるべき新秩序が見通せないという状態であった。権威の空白状態が生じ、脆弱な新国家の基盤を脅かしたのである。そしてこれらの出来事がアメリカ学校改革史にとって重要なのは、この危機を解決するための制度的手立てとして、すべての人を包摂する公立学校制度の創設をおいてほかにないという結論に改革者が至ったことである。

一八二〇年代のこの騒然とした社会情勢の本質を理解し、教育を問題の解決手段と考えた思考回路を理解するには、ある特定の社会変化や社会改革をクローズアップして考察することが有益である。ニューヨーク州ロチェスターは理想的な事例である。なぜならそれは劇的な社会変化の実験場としての役割を果たしたからである。一八一二年にわずか一五人が居住するごく小さな農村であったのが、一八二〇年代には米国で最も速く成長する町になった。この急成長の理由を見極めるのはたやすい。エリー運河である。そして我々は、その変化が始まった日付を確定することができる。運河の建設が一八一七年に開始され、一八二三年一〇月一日に水路がロチェスターに到達した。町は二五五マイル東のオルバニーと、そしてハドソン川経由でニューヨーク市までつながったのだ。その日、全国市場が最初の運河船に乗ってロチェスターにやってきた。この到着でロチェスターのすべてが変わったのだ。

全国市場《ナショナルマーケット》が町にやってくる——ニューヨーク州ロチェスターの場合　そのエリー運河との関係ゆえにロチェスターは、一八二〇年代の社会危機とこの時代の社会変革の動因を理解する上で有益な道を提示してくれる。そして理解する上で助けとなるのが、社会変動の中で苦闘するこの町に関するポール・ジョンソンの素晴らしい研究、『ある靴屋の黄金時代——ニューヨーク州ロチェスターの社会と再生　一八一五〜一八三七年』(10)である。ジョンソンは、運河完成後ロチェスターで発生した社会変容について詳細に述べ、どのように市民がこの変容を、精神の危機として経験したかを示している。彼の分析から、〔ロチェスターだけでなく〕国中至るところで同時期に生じていたこの変動に内在する脅威と、それがもたらしたチャンスの両方を理解することが可能となる。この混乱は、改革者が以降二〇〇年のアメリカ社会を形づくる一連の社会制度を発明するきっかけとなった。そしてこれらの制度のモデルとなったのが、コモンスクールである。

一八一八年、運河の建設工事が本格的に始まった頃に約一〇〇〇人だったロチェスターの人口は、一八三〇年代初めにかけて毎年二五パーセントずつ増え続けた。拡大期の初め、この町の社会構造は明確な伝統的性格を保ち、長く続いてきた資本主義成立以前の経済・社会関係のパターンを踏襲していた。農家は町で生産物を販売し、職人は顧客の注文に応じて商品をつくり、品物の価格は地域の慣習で決定されていた。農作業は家内制であり、外部の労働はほぼ必要とされなかった。手工業労働は親方職人の家族を軸に組織されていた。親方は仕事を学ばせるために徒弟をとり、生産の担い手として一人前の職人を抱えていた。かれら全員が親方の家に住み込み、同じテーブルで食事をとり、商品は親方所有の店で販売された。農家の子どもたちは、家の農場を継ぐか、土地を買って独立農家になることが望みだった。徒弟は一人前の職人となり、最終的には親方になって自分の店を構えることを夢見ていた。

社会的権威は、農場主や店主も兼ねる一家の長にあった。投票資格に財産に関する要件があったため、農場主や店主は主要な政治的アクターでもあった。商品の需要はあまり多くなく安定しており、地理的条件によって制限されていた。よって〔商品の〕選択肢もほとんどなく、そのため消費者の影響力も限られていた。結果として、農家や小売店に対して生産性を上げるようプレッシャーがかかることはほとんどなかった。商店《クラフトショップ》は、注文が気まぐれにしかやってこなくても、平均的な需要に合わせて一定の労働力を維持しなければならず、需要の変動により従業員は解雇されることなく、部屋と食事をきちんと宛てがわれ、少額の報酬を定期的に受け取っていた。店主兼親方職人に労働者を増減させることはできなかった。注文がない場合、労働者は早々に退勤していただろう。(11)

全国市場がやってきたことで、これらすべてが突然一変した。運河船による安価な輸送手段は、農夫と職人に同じく、大きな経済的チャンスを生み出した。徒歩圏の客に限った売り上げしかあげられなかったのが、全長三六五マイルの運河沿いに住む人すべてに加え、運河につながる川沿いの全住民に対して製品が販売できるようになった。そしてその先には世界があった。というのも、運河の西端は五大湖や中西部の北部全体に、東端はハドソン川につながっており、その河口には船舶が海岸地方を南北に、そして大西洋を渡って商品を運ぶことができるニューヨーク市があった。市場が広く開かれたということは、農夫や職人にとって、新しい需要に合わせ生産を拡大することで裕福になるチャンスが広がったということだった。

しかし、運河は大きなチャンスと同時に、大きな経済的リスクをつくり出した。すべての小麦農家が突然ニューヨーク州あるいはそれ以外の小麦農家と、すべての靴職人がバッファロー、オルバニー、ニューヨーク市、そしてその間の地域の靴職人と競争するようになった。潜在的市場が莫大に広がったせいで、ロチェスターの生産者は以前よりもはるかに多くの商品を販売できるようになったが、競争も激しくなったため、競争可能なレベルに価格を下げた場合にのみ可能になった。そうでもしなければ、かれらは容易に倒産していただろう。唯一の選択肢は、事業を拡大し生産性を向上させるか、または店をたたんで、この新たな市場状況とうまく渡り合っている成功者のもとに働きにいくかであった。この環境で生き残るため、ましてや繁栄するためには、生産者は一ブッシェル〔約三五リットル〕の小麦、一足の靴をつくるのにも生産コストを厳しく抑え、生産性を向上させる必要があった。このことは、一時間の労働、一エーカー〔約四〇〇〇平方メートル〕の土地で生産される商品量を増やすこと、生産高を増やすこと、労働コストを減らすことを意味しており、それはすべて価格下落の穴埋めをするためであった。

ジョンソンはエリー運河完成にともなう、ロチェスターにおけるこれらの市場圧力の帰結を注意深く追うことで、およそ一八一五年から一八六〇年の間に国中でより緩慢に起こっていた同様の一連の変化に洞察の光をあてている。ロチェスターと同様、輸送手段の発達と米国の拡大した市場との接続により価格と賃金は確実に下がり、人びとの働き方、生活の仕方に変化をもたらしていた。これらの新しい状況下で、職人の親方はもはや、古い労働関係モデルがもたらす経済効率の悪さに耐えることができなくなっていた。かれらは遠隔地の消費者向けの商品の生産をするようになったため、注文に合わせて仕事をするのではなく、規格品の大量生産に向かう必要があったからだ。かれらは仕事があるときのみ労働者に賃金を支払い、就業時間中は生産性が最大限に上がるよう、労働者を注意して監視する必要があった。労働時間を生産需要に合わせる際の柔軟性を維持するため、かれらは徒弟や職人を自宅に住まわせ面倒をみることはできなくなった。必要に応じて労働者を増減させる必要があったからだ。そのため労働者はますます町の別の地域で自宅住まいをするようになった。これにより親方の権威から解放されはしたが、同時に、下落傾向でいつ支払われるか分からない賃金に、自分と家族の唯一の生活費として頼りきらないといけない状態になった。

この時代のロチェスターで、そして国中で、市場経済への移行は——社会、政治、宗教、経済の諸領域にまたがる——大問題を惹起し、やがてこれは一つの流れとなり、アメリカ社会を揺るがす大がかりな危機を生んでいった。[12] ひとつには権威の脆弱化である。賃金労働というものに直面し、かつて疑問の余地がなかった農場主や店主の権威は消滅し、そのかわりとなるものは存在しなかった。この変化は労働者を自由にしたが、同時に無政府状態と暴動の恐怖が増した。さらに、生き残りに重要なのは市場で賃金を獲得する能力となったため、生活力のない家族——年寄り、子ども、病人など、自分の面倒をみることができず、まして生活の糧を稼ぐことができない者たち——に対する扱いを手薄にさせた。政治的な問題とは、個人の自律性、個人利益の追求、階級間の格差の増大に重きをおいた新しい経済状況下で、共和主義的コミュニティが崩壊するかもしれないということだった。これらの条件下で国家はどのように、国民が新たに獲得した自由を制限せずに、かれらに公徳心を注入することができたのだろうか？　そしてどのように国家は、国民が自らを平等な存在だと思い続けることが可能なほどに、社会的格差の縮少が可能だったのだろうか？

宗教的・道徳的問題とは、人びとがいかにして、支え合いではなく自助を強調する市場経済の激しい競争に参加しつつ、高い道徳性をもった善良なキリスト教徒のままでいられるかであった。そして経済的問題とは、富を増やし生活水準を向上するのに極めて効果的だった市場経済や個人の自己決定を抑制せずに、これらの他の問題すべてをどう解決するかということであった。伝統的な社会への回帰は、それに従わされてきた労働者、またその支配者であった農場主や親方のいずれにとっても、可能にも魅力的にも思えなかった。しかし、新しい市場経済がもたらした社会的・政治的・精神的帰結は、真に脅威であった。

救済のための改革　必要が発明の母であるならば、危機は改革の母である。社会の危機的状況は、可能性のある解決策への強い需要をつくり出す。その需要が今度は社会事業を担う者たちを鼓舞して改革の革新的な手立ての開発を促し、それを実際に試させるのである。ある局所的な革新がめざましい成功をなし遂げると、それはすぐに他の場所へも広がり、改革者は社会的賞賛、影響力、それに政治権力を手にすることになる。一八二〇年代から三〇年代にかけて、アメリカの全国市場経済の隆盛は、市場の破壊的副作用を何とかしようとする社会改革の大きな需要を生み出した。結果として実にさまざまな改革思想がこの時期に開花し、これによってこの時代はアメリカ史上、最も数多くの制度が創出されることになった[13]。

この挑戦に立ち向かおうと踏み出した改革者たちは、大雑把にホイッグと呼ばれた。この集団はしかし必ずしも、アンドリュー・ジャクソンの新・民主党に対抗して一八三四年に結成されたホイッグ党の党員に限定されたものではなかった。ホイッグ党は国および州レベルで、市場経済活動を主導した(商業を活性化させる運河・高速道路の建設、産業保護のための関税政策を支持することで)。それと同時に、社会への市場の影響をやわらげるための新たな諸制度の創設も支持した。しかしこうした制度を新たにつくるべしという声は、ホイッグ党員に限らず非常に広範な人びとのものであったし、そうした要請は、結党に先立つ一八一〇年代後半から二〇年代、ホイッグ主義者がまだジェファーソンが創設した旧民主‐共和党の中に、愛国主義的一派として身をおいていた頃から聞かれていた。ニューヨーク州のようにジャクソン民主党が支配的な力を誇っていたところでは、ホイッグの影響力は民主党員の政治家を通して発揮されていた。

広義のホイッグ主義とは進歩に対するある特定のスタンスを指し、それは階級横断的とまでは言えなくとも、党派の枠を超えるものだった。その中心にあったのは市場経済と共和制との間を調停したいという欲求、一方を犠牲にすることなく他方を進捗させるアプローチを開発したいという欲求だった。ホイッグ派には職人の親方、商人、農場主などが多かった。かれらは新たな環境で成功した者、または成功を望む者たちであった(そしてかれらの地位に加わることを人びとは熱望した)。かれらは、共和国を維持しつつも市場の恩恵を享受することを望み、制度建設に向けたかれらの努力は、この種の微妙なバランスを達成することにぴたりと照準が合わせられていた。このホイッグ派の営為は、アメリカで一七八九年から今日まで連綿と続く大きな妥協、すなわちリベラルな共和国家の主要要素間の均衡点を探し当てようとする努力の一部をなすものだ。かれらは共和制政治も維持しながら、経済的自由を維持することをめざした。ホイッグ派という集団が誕生したのは、アメリカ人がこれまでに直面した中で最も深刻な脅威が市場経済によってリベラル共和国家にもたらされたとき、この均衡を取り戻すためだった[14]。

南北戦争前の時代につくられた制度の大半は、何らかの形で今も存在している。たとえば刑務所、病院、精神病院、救貧院(現在ではその役割は福祉、社会保障に代わっている)、コモンスクールなどである。あるレベルではこれらの制度はすべて、市場によって破壊された仕組みのかわりを果たす社会援助システム提供のために設計されていた。かつて自助能力を欠く種々の者たちは、家族経営の農場や店舗との人的つながりの中で扶養されていたが、これらの制度がかれらを引き受けたのだった。各々の制度が対象としたのは、労働市場において自活が不可能であり、働き稼いでいる者とその家族にとっても世話の負担が大きすぎるため、賃金労働システムの中で宙に浮いてしまっている特定の人たちだった。すなわち、いずれも賃金を稼ぐことができず自立が不可能な、犯罪傾向がつよい人びと(刑務所)、病人(病院)、精神を病む者(精神病院)、老齢者や貧者(救貧院)、年少者(学校)がこうした制度のお世話になった。市場経済の興隆により給与労働者は、これら自助能力を欠く者たちの面倒をみることができなくなった。そうすることは自分を賃金労働から切り離してしまい、家族は生計の道を断たれてしまうことになるからだった。ホイッグ派の主張は、政府は人民に対して新たに何らかのセーフティーネットを提供し、同時に働ける者たちは労働人口にもっと参入し経済に貢献するよう促すことにより、〔市場経済と共和制との〕裂け目を埋めるよう一歩踏み込んだ介入をすべきである、というものだった。

ロチェスターの(そして全体的にはアメリカ中の)ホイッグ派の改革者が思い描いた改革の使命は、新たな市場経済の中にいる労働者にセーフティーネットを提供する必要性よりも、もっと大きなことだった。かれらは、リベラル‐共和制国家の妥協の中心にある問題を、より深いレベルで解決したいと考えていた。それは、利己的な諸個人によって構成されながら、道徳的・政治的に安定したコミュニティをいかに創出するか、共和制国家をいかにして市場と調和させるかという問題だった。社会秩序と富の蓄積と個人の自由と共和主義的コミュニティのすべてを、一つの社会で同時に維持していくことは我々に可能だろうか——これは大きな賭けだった。ロチェスターは米国の他の場所と同様に、一八三〇年頃にはその答えを出した。偉大な福音派の伝道者であるチャールズ・グランディソン・フィニーが一八三〇年に町にやってきて、一年間滞在した。彼は去る頃までには町をひっくり返したような状態にし、新たな社会秩序に向けた確固たる基礎を確立した。

ロチェスターに社会的安定を打ち立てようとする、これ以前の市民的リーダーによる努力は無残な失敗に終わっていた。一八二〇年代の終わり頃には、市当局、教会、市民団体は、経営者たちの社会的権威の衰退によってできた空白状態を、法律を根拠とする権威の押しつけで埋めようと試みていた。指導者たちは、酒場の閉鎖、飲酒の禁止、安息日における活動の禁止のすべてを、社会秩序再建の名のもとでめざした。しかし投票資格の財産制限の撤廃や無記名投票の導入により、数を増しまた自由度も大きくなったこの町の有権者は、これらの提案を拒絶した。このことは第一世代の改革者にとって、選挙の敗北であったと同時に、思想的な挫折でもあった。問題なのは、秩序を頭ごなしに押しつけることが新しい政治環境下で非現実的であっただけでなく、それが経済上も非生産的だったことだ。なぜならそれは、市場経済にとって極めて重要な個人の自由――自由な労働と自由な起業――を脅かすものだったからである。

フィニーは、南北戦争前の米国中を席巻した強力な信仰復興運動《リバイバル》であった第二次覚醒運動における、最も名の通った福音派伝道師だった。ロチェスターにおける彼の説教はこの町を、ニューヨーク州中西部（エリー運河沿い）の回心されつくした地域《バーンドオーバー・ディストリクト》として知られるようになった地域の中心地として確立するのに役立った。この地域は当時、一連の信仰復興運動が国内で最も強力に行われた場所であった。フィニーは運河沿いの迷える人びとに向けて、その卓越した説教でもって力に満ちた神の言葉を届け、法ではなく説得力で、地域の新たな社会的・道徳的秩序を確立することに成功した。彼のメッセージは、この社会変革の困難な時代に人びとが直面した問題に完全に合致するものだった。この困難とチャンスに溢れた時代に対して最適な技能と言葉をもつ社会改革者として、社会的危機はフィニーという存在に出会ったのだった。

フィニーの神学理論は、神の恵みによる救済の教義に基づくものだった。〔この理論では〕人びとが自らの魂を救うことができるのは、神の恵みをすすんで受け入れ、改めてキリスト教徒としての新しい人生に自身を捧げることを自ら決意するときだけだった。そして信仰復興運動は、周囲のモデルの力や同調圧力によってきわめて効果的に、人びとがこの決断をするよう促していった。人びとが信仰復興運動に出合ったとき、そこでは既にかれらの社会的上位者――地元の親方職人、商人、土地所有者――が神の恵みを受け入れ、新入者を歓迎していた。熱心な勧誘、公の場での祈り、貧しい者への布教活動の組み合わせからなる信仰復興運動の性格上、社会の上層部からなる真の信者たちのコミュニティへの誘いにも直結する申し出に抵抗するのは困難であった。しかしこの選択の肝心な点は、社会的承認や社会移動を超えたところにあった。それは外部の統制を退け、内面的な統制に置き換えるという決断である。信仰復興運動に従い神の恵みを受け入れることが意味したのは、社会的権威の訓戒の受容に同意し、これらの行動規範を内面化し、自身にそれらを課すことだった。それは飲酒を断ち、真面目な勤労習慣を身につけ、安息日を守り、宗教的コミュニティの中で生産的な成員になることを意味していた。

以上が、市場経済の中で社会的・政治的・宗教的権威を復活させる処方であった。それは、自由な経済活動のために必要な自由を侵害する種々の伝統的な社会的統制をつねに回避しながら、いかに人びとが利己的な経済的アクターかつ善良な住民であり、公共心のある市民であり、高潔なキリスト教徒たりえるのかという問いに対する答えであった。親方衆に対しては、労働者を規制で縛るのではなく、自己規制の分かち合いを基盤とする新しい社会秩序〔というアイデア〕をフィニーはもたらした。労働者に対しては、自律を奨励することでかれらが親方衆から得た自由を補強する解を与えた。そして、この行動の新しいパターンは労働者にも事業主にも同じものだったため、人がどちらの側にもなりうる可能性が生まれた。

南北戦争前の社会秩序再建への努力を、この信仰復興派プロテスタントの枠組みにおくことで、ホイッグ派は強力で持続性のある一連の社会制度を創出していった。これらの制度は、この教義を社会の中で実行に移すよう設計されたものだった。国家と新しい経済とのバランスの確立を意図し、また宗教的な復興運動をモデルとしたこれらの制度は、その機能の筆頭に教育をおいていた。改革者たちは刑務所、病院、精神病院、救貧院、学校、これらすべてを教育を行う機関として設置した。フィニーの信仰復興運動と同じように、これらの機関は人びとに対して自らを律するよう説得し説諭し、教育するよう努めた。そして同様に、かれらは教育目標を達成するために、同調圧力のメカニズムや日常的な習慣形成を利用した。

これらの機関の多く、おそらく大半は年月とともに、顧客を教育するよりも収容する場へと近づいていく傾向にあったが、それはホイッグ派の創設者の意図するところではなかった。既に述べたように、家族が面倒をみることができない人びとの世話はこれら機関の二次的な目標に過ぎず、第一のそれは保護ではなく回心にあった。刑務所は収容者が悔悟者となり、新しい勤労習慣を身につけ、自己管理能力のある生産的な成員として社会に戻っていくための場所だったはずだ。病院や精神病院は患者を社会復帰させ、市民、家族の一員、働き手としての責任を引き受ける準備をさせるはずだった。救貧院は自助力のない老人の世話をしていたが、もっと若く働ける在院者が再び労働力となるよう再訓練することもめざしていた。これらの機関の職員、刑務官、看護師、付添人は、一種の教師だと考えられていた。

これらすべての機関の中で、コモンスクールは最も包括的であり、最も重要なものだった。他の機関が社会全体のうち特定の下位集団に焦点を合わせたものだったのに対して、学校は若年層全体を射程におさめ、結果としてその目標は広範なものになり、社会的影響力は大きくなった。すべてのコミュニティに一つずつ、すべての子どもがそこで教えを受けられる場所を設けようというのがそのアイデアであり、主たる焦点として道徳教育と政治教育が想定された。経済成長のための教育という概念は、コモンスクール運動の語彙にはなかった。そのかわり運動の明確なねらいは、社会において自律的な道徳的・政治的行為者になるよう奨励する教育的経験を生徒に提供することだった。管理監督に訴えることなくして、かれらは道徳的な基準に従い、公徳心に価値をおくようになるだろう。運動の端的な言い回しにおいて、市民を育成することに学校の焦点はおかれた。そしてこのことが意味したのは、コモンスクールの本質がその共通性《コモンネス》にあるということだった。これはラッシュやジェファーソンを源流とする、共和主義的な教育観とも整合するものであった。社会的格差が、共通の基盤を見出すことができる程度に穏当なものにとどまらないならば、人びとは共和的コミュニティのもとで一体にはなれないだろう。このような状況下で、一八二〇年代に存在していた私立学校、教会学校、貧民学校の混在状態は、もはやこの任に適さないものとなっていた。

コモンスクール運動

序章で私は、アメリカ人が長年にわたり公教育に対して、次から次へと重要な社会問題を解決する際の先導役を託することによって、多大な責任を負わせてきたことを論じた。そして本章で示してきた通り、南北戦争前、米国の公立学校制度が誕生したときから、巨大な責任と過大な期待を学校に負わせるその過程は既に存在していた。一八二〇年代および三〇年代の米国の社会問題は——コミュニティ、道徳、国家を解体させるおそれをともなう——破壊的な力をもっており、この問題を解決するために改革者が発案した、鍵となる社会的応答がコモンスクールをつくることだった。このときほどの危険性の高まりは以後絶えてない。もちろん学校改革者はつねに危機の高まりを主張してきた。しかし、コモンスクール運動がアメリカ学校改革史上でそれ以降の改革と異なるのは、この改革運動がその目標を達成したということだ。他の時代の教育改革者は多くをめざした割に成果はわずかだが、コモンスクールの創設者は単にかれらの目標を反映した制度をつくっただけでなく、その目標をおおむねなし遂げるような制度をつくり上げたのだ。そしてかれらが打ち立てたその制度は、わずかな追加や変更はあるものの、そのまま今日まで我々のもとにある。

コモンスクール運動は、一八三〇年から一八六〇年に及んだ。その最も傑出した全国的リーダーはホーレス・マンである。ホイッグ党の政治家だったマンは、一八三七年にマサチューセッツ州公教育委員会の初代長官に就任し、コモンスクール運動を推進した。その演説や広く頒布された年次報告書は、国中の読者聴衆に行き渡った。マサチューセッツは当然ながらこの運動の牙城だった。一六四七年の「老いぼれ詐欺師たる悪魔法」制定以来、この州は最も古くから公教育を発展させてきたのである。しかし学校改革への尽力は、どこにも共通する一連の社会問題に後押しされ、国中で自発的に発生した。いく人もの地域の指導者たちによって担われ、それが遂には一つの全国的運動へと合流していくまでは、自由に互いの力を借り合った。そしてコモンスクール運動の推進者たちは、同時並行して他のホイッグ主義的制度の設立運動にも多く関わっていた。たとえばロバーツ・ヴォーは一八二〇年代にコモンスクール制度設立のためのフィラデルフィアでの運動を率いたが、彼が最もよく知られているのは東部諸州刑務所の設立者としてであった。この刑務所は矯正施設としての刑務所という新しいモデルとして、広く手本とされた。さらに並行して彼は、聾者、盲人、精神を病む者のための保護施設をフィラデルフィアに設立する際にもリーダー的役割を果たした。ヴォー（クェーカー教徒でありジャクソン民主党の党員）のようなホイッグ主義改革者にとってこれらの施設は、同様の問題に対する密接に関連した解答だったのだ。

　コモンスクール運動の本質を理解するために、我々はその運動がめざさなかったものをまず証し立てる必要がある。この運動は、アメリカ人が教育を重要視するよう説得するための運動ではなかった。これまで見てきたように、教育は顕著な役割を果たしていた。またそれは就学率を上げようとする運動でもなかった。就学率は既にかなり高かったからだ。カール・ケースルとマリス・ヴィノブスキーの研究によれば、マサチューセッツ州の就学率は一九世紀初めには高いレベルにあり、一九世紀中葉のコモンスクールの時代は横ばいが続いた。[15] さらにそれは識字率を上げるための運動でもなかった。識字率はニューイングランドで既にほぼ一〇〇パーセントに達しており、他の地域でも上昇していた。それよりもその中心的なねらいは、現に

〔種々の〕学校に在籍している全米の子どもたちを、公的に運営された単一の学校《コミュニティスクール》へと誘導していくことだった。

この運動にとっての問題は、この目的をどうやって達成するかであった。異なる宗教を信じる人びとや民族集団《エスニックグループ》はかれら独自の学校をもつことが普通であったし、中産階級、上流階級の人びとは子どもの学費を払うのに十分な収入を得ていた。加えて公立の学校には慈善行為にともなうスティグマが張りついているという問題があった。公立学校に通い続けるのが貧困者や身寄りのない人たちだけだったら、かれらの壮大な共和主義の目的は達成されたことにならないだろう。しかし、資産能力調査を廃止し公立学校の門戸をすべての人に開くことは、地域の人びとと全体が公立学校への招待を喜んで受け入れる場合にのみ成功することだろう。

改革者がコモンスクールの売り込みに際してとった第一の方法は政治的なものだった。共和国を支えるために、普通教育《ユニバーサル・エデュケーション》が必要だと強調したのである。フィラデルフィアにおける運動のあるリーダーがそれを誇張混じりに書き記した。「大衆の無知は権利侵害をたすけ、暴政の守り神となる。恵まれた一握りの者だけに与えられる教育は、暴君の親衛隊を生み出す。自由《リバティ》を直立不動たらしめる唯一の台座は**普通教育**である[16]」。改革を売り込むもう一つの取り組みは宗教的なものであった。これは、福音派プロテスタントにおける信仰の共有、すなわち親方衆が労働者を誘い、ともに神の恵みに応えて自己改革を進めようとするその発想の上に築かれたものだった。そのため改革者は、自己規制《セルフレギュレーション》という新しい道徳を教え込むための理想的な機関としてコモンスクールを喧伝した。

第三の方法は社会的なものだった。これは、民衆の社会化を効果的に行う制度を欠いたままでは暴れ狂うであろう、社会的無秩序に対する恐怖を煽ることだった。そしてこれらすべてのレトリック作戦が功を奏さなかった場合は、富裕層を特別なエサで誘い込むという選択肢もあった。たとえばフィラデルフィア市のコモンスクール制度を制定した一八三六年の法律はハイスクールの設置もうたっていた。新制度の主導者たちはそのハイスクールを、市で一番の私立アカデミーをしのぐ魅力的な学校にするよう、念入りに仕立て上げた――大理石の外壁、最新の科学設備、選り抜きを集めた教員集団によって。そして続いて、コモンスクールの小学校に通っていた者にのみ、このハイスクールへの入学許可が与えられると発表した。

これらの主張は成功を収めた。各地域で続々と新しい学校組織が出現した。南北戦争が勃発する頃までには、新しい教育制度のすべての要素が出そろい、確固たる地歩を占めるようになっていた。

コモンスクール制度の今昔

コモンスクール制度の構成要素を分析するため、ここで小休止を取ることは意味があるだろう。ある面ではこのシステムの構造は、改革者にとって希望となるものだ。それは、運動を導いている思想と緊密に結びついた形式・機能を備えたシステムの創出により、一つの学校改革運動が真に効力をもちうることを示してくれている。しかし別の面では改革者に対して警告を発してもいる。それは、ある一つの目的のためにつくられた学校制度の組織機構が、いかに他の目的には不適合なものであるかということだ。コモンスクール運動によって実現した学校制度には、次のような新たな特徴があった。地域全体からの入学、公的な統制、自治的学校管理《ローカルコントロール》、年齢別の集団編成、教員養成、大きな政府、そしてカリキュラムに重きがおかれないこと、である。これらの要素の性質と、のちの学校改革運動に対してそれぞれが示唆しているものについて考えてみよう。

地域全体からの入学　コモンスクールを定義する最も重要な原則は、学校をとりまくコミュニティ全体から生徒を集めることだった。ホイッグ－共和主義的使命はこの点を中心に据えた。あらゆる出自の生徒を包含し、同じ教育経験をさせることにより、学校は、新たな市場社会で拡大しつつある階級間分裂を緩和してくれるだろう。この経験をくぐってきた生徒たちは多くの共通基盤をもち、それがかれらの人生の異なる部分での大きなちがいを減じさせるだろう、そして同じ共和主義的コミュニティの成員としていずれ交流するのに役立つだろう。さらに学校経験は、ある程度の自己規制を全生徒に教え込むことに力を入れる。そうすることでかれらは、公徳心、職業倫理、公衆道徳を保ちつつ、独立独歩の市民、労働者、コミュニティの一員としての役割の遂行が可能になるだろう。

コミュニティの学校という伝統は、アメリカ教育史を通してその重要性を一貫して保持している。一九世紀においてコミュニティは階級や性差については包摂していたが、人種についてはそうではなかった。なぜなら、黒人、先住民、中国系、ヒスパニック系の人びとはすべて、教育を施される場合には別々の機関に収容されていたからだ。二〇世紀半ばには人種隔離撤廃運動を通じて、人種的マイノリティ集団への門戸を広げる運動が見られた。この動きに加えて、障害をもつ生徒の普通学級への包摂や、性別による振り分けの廃止をめざす取り組みがなされたことによって、コミュニティはずっと大きなものになった。さらに最近では標準化運動がこの伝統に則り、落ちこぼれ生徒を出さないために、すべての生徒に共通の学力基準を課すよう主張している。

しかしコミュニティの学校は時には、改革者たちにとって論争の的ともなってきた。二〇世紀初頭の管理行政的進歩主義者は、生徒を能力や進路によって振り分けることをめざしたが、それは階級や移民のエスニシティ、のちには人種に基づく事実としての隔離《デファクト・セグリゲーション》を導き入れてしまった。そして現代の学校選択運動は、公立学校は特定の地理的空間に住んでいる子ども全員を地域の学校に通うよう強制しているとして、その独占状態を壊し、消費者がかれらの価値や希望に合うオルタナティブな私立学校や公営チャータースクールを選択できるようにするべきだと主張している。

公的な財源　コモンスクールは、公的財源無くしては経済力の差異を乗り越えコミュニティのすべての子どもたちを入学させることは不可能だった。最初期のコモンスクールには、配分された公的資金に加えて生徒から徴収した授業料が補塡されることもしばしばだったが、概して支払い能力がない生徒からの徴収は免除され、年とともにこれは姿を消していった。公的・私的財源の混合方式による教育から公費による教育への転換が意味したのは、教育が急速に州・地域政治における重要課題になったということだ。なぜなら学校は公的支出が極めて大きな割合を占めるようになったためである。学校教育は単なる個人的関心事ではなくなり、舞台の中央に引きずり出され、容赦ない批判にも大衆的な喝采にもさらされ、公衆からのさまざまな圧力を受けやすい状態におかれていった。結局、人びとはこう思考した。我々は学校にお金を払っている。だから現今の深刻な社会問題に対して学校も何かすべきではないか、と。このように、コモンスクール制度がもつ極めて公的な性格のせいで、学校は、社会変革をめざして繰り返された運動の標的になったのだ。

自治的学校管理　最も初期の時代から、コモンスクールの統制は極度に分権化されていた。財政、採用、カリキュラムに関する決定は、公選された(また時には政治任用された)地域学区の委員会の手にかかっており、長い間、学区は非常に小規模なものだった。一校学区は田舎や小さな町では普通であった。一九世紀には実際の学区数は誰にも分からなかったが、四〇年にわたり積極的に進められた統廃合の試みのあと、連邦政府が一九三八年に確認を始めた際には、なお一二万もの学区があった。今日ではその数は約一万四〇〇〇になっている。

この地域による統制の構造がもたらした一つの帰結は、脆弱な学校管理行政という遺物である。ほぼ一九世紀を通して学校行政は極めて分権化され学区は小規模だったため、管理運営は片手間仕事であった。一つしか学校がない大半の学区では、校長が学区の長を兼ねていた。もっと大規模な学区ではグラマースクールやハイスクールの校長がそれを務めていた。いずれにせよ学校行政の専従職員はいなかった。真正の専門職員による管理行政が出現するのは一九世紀末のことだったが、それも大都市に限られたことだった。

年月を重ねるにつれ、この分権構造は改革者に対して問題を突きつけるとともに、好機として受け取られるようにもなった。これほど管理運営が広く分散化してしまった状態で、どうやって改革を末端の地域まで行き渡らせ実行させればいいのか、というのが問題だった。第一の答えは、州や連邦政府の役割を強化すればよい、というものだった。別の答えは、カリキュラム基準や標準学力テストといった仕組みを導入し、それらによって学区の自律性を制約し、地域の教育を改革政策にそったものにさせていこうとするものだった。しかしどちらのアプローチも、外から押しつけられた改革に対する地域の抵抗をくじくといった程度の成果しか挙げてこなかった。

地方分権によって発生した好機とは、このシステムの枠内で改革を始める道が数多くあることだった。改革を試す者は、中心から周辺へ何かを波及させる力に頼らなくてよい。それどころか、全国的な改革運動や州の教育政策立案者の助けを借りずとも、どこかの辺鄙《へんぴ》な学区で何か新しい変革に挑戦できる。その結果としてこのシステムは、多様に分散しており息の長い改革プロセスを後押しする。すべての学校が、独立した改革実験場になる可能性があるのだ。これにより我々が、社会問題の解決に取り組む際に学校改革を繰り返し利用することを容易にする。これはアメリカの学校シンドロームの鍵となる要素である(17)。

年齢別の集団編成

田舎の地域や小さな町では、コモンスクール制度確立後も長い間、単級学校が標準だった(現在残っているのは四〇〇校以下だが、一九一九年時点では一九万校が存在した(18))。しかし大半の都市や町では、普通教育の普及とともに、より複雑な学校構造が出現した。学校規模が大きくなるにつれ、教育者は生徒たちを扱いやすい集団に分け始めた。認知発達度との相関性から、年齢が集団分けの根拠に用いられた。しかし年齢ごとの編成はイデオロギーの産物でもあった。コモンスクールの使命は、市民《シティズンシップ》であることの深い自覚、自律性、道徳的良心を生徒たちに植えつけることが可能な教育形式であった。生徒を発達段階によって組織することにより、教育者は学級全体に対して同一教科を同一レベルでの教授が可能になり、また仲間の圧力《ピアプレッシャー》や競争が学習過程を強化しうる可能性がつくり出された。この意味で年齢別に編成された学校は、信仰復興運動やその回心促進のすべから得た知見にヒントを得ていた。

しかし年齢別編成は、その後の教育改革者に対してはある厄介な課題をつきつけた。時が経つにつれ、生徒の年齢と学力到達度との間に開きが現れてきた。このとき教育者は、生徒の進級を考慮する際にどちらを基準にすればよいかのジレンマに直面した。(年齢による)自動進級《ソーシャルプロモーション》か(到達度による)能力ベースの進級《メリットプロモーション》かという問題は、長年にわたり改革運動の関心事項だった。自動進級のほうをとった進歩主義運動の改革者は、学年ごとに生徒集団を能力差や履修レベルによって分化させる道を選択した。能力ベースの進級を支持した標準化運動の改革者は、学年ごとに生徒が共通に達成すべき学力水準とカリキュラム基準の確立へ向かって突き進んでいった。

教員養成　コモンスクールの改革者にとって、学校教育は政治的・社会的にも極めて大切なものであったため、それを個人の選択や私的財源に任せるわけにはいかなかった。ということは、コモンスクールで教えるのもまた非常に重要であり、教師の養成や人事をなりゆきに任せておくわけにはいかない。そのため改革者は、教員養成を提供できる公立の師範学校設立のために尽力した。しかし師範学校は一九世紀後半までかなり数が少ない状態が続き、一九〇〇年時点でも師範学校出の教員は少数派に過ぎなかった。大半の初等学校教員は、自分たちが教えようとしている学習内容を超えるレベルの教育を、ほとんど受けた経験がない状態で教室にやってきていた。このような状況の中で、師範学校が果たす役割はしばしば、実際的（教員を養成する）であるよりも、象徴的（どう教えたらいいかというモデルを提供する）なものだった（師範学校《ノーマルスクール》という用語はフランス語の“école normale”が語源となっており、学校教育の基準を設定するという意味があった）。師範学校設立運動に並行して、州の教員免許制度を確立しようとする努力がなされた。どちらもコモンスクールがその使命を果たすことを確実にする意図からであった。

　体系的な教員養成制度の確立をめざすこの運動によって、続くすべての学校改革運動が、改革意図に即した形で教える教員をつくりたいと考えた場合、教員養成改革の運動も始める必要が生じた。もう一つ、もし改革者が、教員養成制度が解決策の一部ではなくむしろ問題の一部だと考えるようになれば、かれらは、改革の気概に満ちた教え手を教室に送ることができるような、（既存の）教員養成機関によらない代替的な養成ルートの確立を視野におくようになる。最近の標準化運動と学校選択運動は、この両方を追求している。

大きな政府　コモンスクール事業のその他の部分がそうであったように、師範学校の設立もまた、初期アメリカのホイッグ主義の刻印を受けていた。ホイッグ派の改革者たちは、政府の役割の劇的な強化によってのみ、資本主義の危険な副作用からの救済が可能であると考えており、この点で一世紀後のニューディーラーたちと興味深い一致をみせていた。一九三〇年代には、それは政府がその機能を拡大して社会保障を提供し、福祉を充実させ、銀行を規制し、公的保険をつくり、公的雇用を創出することを意味していた。南北戦争以前の時代には、規模を拡大した政府が運河や高速道路や鉄道を建設し、刑務所、病院、精神病院、救貧院を設置し、コモンスクールや師範学校制度を整備することを意味していた。これが州の役割の飛躍的拡大につながり、州政府は市場経済と国の政治的・社会的構造の両方を守ろうとする努力に加わった。既に見たように、ホイッグ派の改革者は州に対して、それまでは州の権限ではなかった二つの大きな機能を引き受けるよう求めた。自分の食い扶持を稼げず、家族の援助も得られない状況にある自助不可能な人びとの世話を引き受けることを〔州に〕求めた。さらに、自律可能な新しい市民、魂、良心を創造するために、民衆の教育を引き受けることを求めた。コモンスクール制度は第一の機能を追求する機関のうち最大のものであり、第二の機能実現のために設置されたすべての他の機関にとってモデルとなった。

コモンスクール運動以降、学校改革者は社会問題解決の際、学校をより効果的なものにするために、政府の力をどのように利用するのが最上かについて議論してきた。学校が新しい役割を引き受け続けるにつれ、そこにはまた、新たな職員、専門職員、カリキュラム、管理行政官を加えることが必要となった。それにより政府の規模は膨張し、また政府による社会への介入的性格も強まった。進歩主義の運動はとりわけ、学校教育をこうした方向へと拡大発展させるものだった。しかし近年我々が目にしているのは、大きな政府の延長としての学校に対する反発の高まりである。特に学校選択運動は、政府が統制をやめ、力を手にした消費者が競争的な教育市場の中から自分の子どもが通う学校を選べるようになったとき学校教育は最もうまくいくと主張し、政府が運営する学校の正統性を正面から攻撃し始めている。

カリキュラム〔教育内容〕の軽い扱い　コモンスクール制度の中で、おそらく最も長期にわたり影響力があった点は、〔教育〕内容の共通性の重視であった。コモンスクールが発明される前から、アメリカ人の識字能力は既に高かったことを思い出してほしい。よって一九世紀半ばに学校制度建設のために大規模な公共投資が行われたが、識字率向上にはほとんど寄与しなかった。この制度は、子どもが教育を受ける可能性を高めることもなかった。一九世紀初めには既に、大方のアメリカ人が何らかの形の教育を受けていたからである。ではこの制度の影響とは何かといえば、公的に統制され、年齢別に集団が編成され、正規に養成された教師が教えている、正式に設立された学校という場で、地元コミュニティのあらゆる層出身の仲間たちと一緒に、子どもたちが教育を受ける可能性を増したことである。この制度の主たる実績は、学校という共有の経験を民衆に対して提供したことだ。これは、新しい型のコミュニティをリベラル共和国のために創出するのに役立った。それはまた、自己管理と内面化された社会的価値観という新しい規範へと生徒を社会化し、市場経済の中での自律的行為者という役割に向けて準備させるのにも役立った。

しかしこの制度が全く重要性を強調しなかったのが、学校カリキュラムの学習であった。これらの学校で教科の学習をしなかった、という意味では決してない――むしろ、その逆である。学校では生徒に教科書を読ませ、講義を聴かせ、授業を行い、宿題をさせ、試験を実施して生徒がどれだけ学んだかを判断した。結局、学校がするのはこういうことだ。しかし、読み書きと計算の基礎を除いては、このカリキュラムの個別の内容は、仲間とともに教室という設定で学ぶという学習の過程ほどは重要ではなかった。コミュニティは、リベラル共和国の価値観への社会化と学校という経験の共有化により成立した。生徒が算数、理科、文学、歴史――今も当時も主要四教科である――について学んだことは二義的なものに過ぎない。ホーレス・マンは学校教育の政治目的について多くを書いており、彼の同志であるコモンスクール改革者のヘンリー・バーナードは学校建築に関する本を書いたが、どちらも教科を学ぶことの重要性については興味をあまり示さなかった。多くの点で、この二人にとって、そしてコモンスクール運動全般にとって、学校の共通な形式こそが内容だったのだ。そこにいることこそが最も重要だったのである。

初等教育段階はコモンスクール運動の主な焦点であったが、そこでは学校とは誰にでも開かれていて、経験を共有することがすべてであった。しかしこれは一九世紀終わりに、初等学校が子どもでいっぱいになり、ハイスクールに通う生徒の数が急激に増えて変わり始めた。当時ハイスクールに通う者は全体の一〇パーセント以下であり、それは明らかに共通のものとは言いがたい経験であった。そしてハイスクール教育の相対的希少性ゆえにその修了者には、他人のねたみを買うほどの箔がつけられたのである。だからといってここで、ハイスクールで学ばれた教科内容が、下位レベルの学校で教わるものよりも社会において傑出した内容だと言いたいのではない。社会的優位性《ソーシャルアドバンテージ》はハイスクールの内容が役に立ったから上昇したわけではなく、これらの教科を学ぶ機会が限定されていたからである。このように、二〇世紀になると教育の政治の鍵となる問題は、門戸開放と、学校が個々の消費者に提供できる特別な優位性の間の、この新しい緊張関係となった。新たに登場した中心的な論争は、ハイスクール（のちにはカレッジ）への機会を得られるのは誰なのか、そして、教育上優位に立つ家族が、ある学校段階あるいはその次の段階への進学率の急上昇に直面した際、その優位性をいかに維持しようとするかをめぐるものだった。

だから、コモンスクール制度におけるカリキュラムの軽い扱いという遺産の一つは、その軽さが、学校教育の門戸開放をめぐる闘争を一層燃え立たせるのに一役買ったということである。もう一つの遺産は——米国の公立学校制度設立から一五〇年を経てついに——カリキュラム学習を学校制度の中心的なねらいにかかげた新たな改革運動に対して、根本的なテーマを提供したことである。二〇世紀終わりに起きた標準化運動は、主要教科における生徒の学習到達度の質改善に焦点を合わせた、アメリカ初の大きな改革運動だった。この努力がどの程度成功するかは、まだ分からない。

成功した学校改革

学校の社会的役割と学校改革の限界に関する本書の中で、コモンスクール運動は唯一の大きなサクセスストーリーである。それは成功した学校改革であり、のちの改革運動のどれもが、この運動ほどの目標達成に近づいてもいない。コモンスクール運動はその力を二点で示したと言える。すなわち、この運動は教育制度に大きな影響を与え、独自の構想のもと、学校の組織構造を見事につくり上げた。そして、改革が始まるそもそものきっかけとなった社会的危機の解決に非常に重要な役割を果たした。この二点についてそれぞれ順番に見ていこう。

最初の点に関しては、既にここまでの分析で論証したように思う。コモンスクール制度の中心となる組織の特徴に、コモンスクール運動の中核的思想がどう表れているかについて述べた。かれらの理想とする制度を創出する上で、改革者は明らかにある点で有利な立場にあった。新奇性である。米国は真新しい国であり、英国から引き継いだ遺産のほとんどを独立革命で振り捨て、そのため古い伝統にしたがうのではなく自由に新しい伝統を発明することが可能だった。コモンスクールの発達に先んじた教育の営みはあったが、学校システムと呼べるような先行例はなかった。先行する制度があったならば、その先例や慣習や組織力のために急進的な改革が阻害されたかもしれない。一八二〇年代の米国が経験した社会変動は国の存在を脅かすほど激烈なものだったため、ゆるやかで漸進的な変革では問題への対応に不向きで、劇的な社会的刷新《イノベーション》でさえ臆病で保守的なものと見られていた。この難局に際して学校改革者は、相互補完的な社会諸制度を新しく生み出そうとする広範な運動の一角に加わっていることを自覚していた。こうしてホイッグ派改革者たちは、建国からわずか三〇年という時点で行動を起こし、ずっと成熟した古い社会でならば革新をつぶしにかかったであろう反動に直面せずに、社会の徹底的なつくり替えに邁進できたのである。

コモンスクールの改革者はこれらの有利な条件をうまく活かして、その中核的な組織特性にホイッグ派の思惑を忠実に反映させた学校システムを構築できた。地域全体からの入学、公的な財源、地域による統制〔といった特徴〕は、包摂的で自律的なコミュニティを学校につくり出し、それが今度は共和主義的コミュニティを創出し強化する可能性を促進した。年齢別集団編成と教員養成によって、生徒たちが市民としての新しい役割を学び、心にとどめるよう後押しするような類の模倣、同調圧力、仲間との競争、そしてプロの教え手による授業が促進された。コモンスクール制度の発明が体現していたのは、最も広い意味での教育――民衆を新しい社会秩序へと導き入れること――は拡張していく国家の責任である、というホイッグ派の考えであった。

コモンスクール運動が学校システムに対して多大なる影響を与えた、と主張するのは比較的たやすい。しかしこの活動が、改革をそもそも生じさせた社会問題の解決に効果的だったと立証するのは、もしかするとより難しいかもしれない。結局のところこの運動には、市民の教育を通じて新しい社会秩序を打ち立てるという、図抜けて野心的な目標があったのだ。このような努力の成果を測るのは難しく、またその成果をある特定の制度的発明に結びつけるのはさらに困難である。しかし私は、この改革が自らが掲げた目標の多くを達成したことを示す、抗いがたい証拠があると考えている。

南北戦争以前の時代に、新しい社会秩序が古いものに取って代わった。この新しい秩序が、かつての社会・経済を組織していたものが突然崩壊し去ったあとの空白を埋め、それによって一八二〇年代の危機を解決した。これこそが、コモンスクールの改革者がめざしていたことに他ならない。もちろん単なる偶然であったかもしれず、コモンスクール制度とは関係がなかったかもしれない。しかしこの新しい社会秩序はホイッグ派がめざした方向性に正確にそう形で組織されたものであり、コモンスクールをはじめ、それに関係する南北戦争前期の諸制度新設運動のバックにいたのがホイッグ派だった。それは市場と共和国の間に偉大なる妥協を成立させ、急速に拡大する市場経済を保持したまま、共和主義的コミュニティを救済した。

競合する利害の均衡をこうして保つ際の核となったのは、共和国には新しい市民を、教会には新しい魂を、そして社会には新しい良心をつくる必要性を訴えたホイッグ派の思想だった。新しい社会秩序の中にそれが実現されるにつれ、この思想のおかげで人びとは、プロテスタントの共和制国家としての米国を維持するのに必要とされる政治・宗教・道徳的統制を内面化したという確証を得て、事業主や労働者として市場経済に参加が可能になった。コモンスクールだけが、この見事な社会の立て直しに対して賞賛を受けることはできない。この思惑を前に進めるにあたっては、他の多くの革新的制度も寄与したからである。しかしこれら新制度はすべて共通の形式と機能をもっており、それらはすべてコモンスクールが打ち立てた教育モデルにならってつくられたものだった。ゆえにコモンスクール運動が初期共和国の社会的大危機に解決策をもたらした栄誉を否定するのは、かなりに困難である。

もしこれがコモンスクールの成果であったとすれば、それは何を、アメリカの教育システムとアメリカ人の生活に残したのだろうか？　第一にコモンスクール制度は、一九世紀初めの要求には完璧に調和した構造をもっていたが、その後二〇〇年にわたり進化したアメリカ社会に必ずしもよく適応していたわけではなかった。来るべき改革運動は、この古い制度を新しい社会的使命に合わせようとする問題と苦闘することになるだろう。

第二にコモンスクール運動は、最も根が深く困難なものを含む社会問題を解決する極めて有効な手段として公立学校を世に提示し、危険で実行不可能とも言える先例となってしまった。結果として、南北戦争以前のホイッグ派の経験を別の状況に転用し、社会の修復と人づくりに学校を利用しようとする後世の改革運動を生み出した。しかしのちの時代には、新奇性という利点ははるか前に消失していた。すっかり固まってしまった学校組織は、コモンスクールの時代に対処したものとは大きく様相が異なる〔社会〕問題にまた立ち向かえという命令に背を向けた。

第三に、コモンスクール制度は学校教育を、アメリカ人の経験の焦点として確立した。学校はすべてのコミュニティの中心であり、地方政府にとって最大の支出項目であり、すべての市民にとって成長の主要な場となった。それゆえ、大小さまざまな社会的な問題に取り組むときには自然と学校に目がいくようになり、そうした社会改良の努力がうまくいかないときには自ずと学校がスケープゴートになった。

第四に、コモンスクール制度は学習経験よりも学校経験を優先すべきものとした。学校で学ぶ機会を得ることは個々の消費者にとって鍵となっており、教育的成功は教科内容の修得よりもむしろ、修学年数で測られるようになった。これらの条件下で二〇世紀の親にとっての重要な問いは、以下のようになった。うちの子は他の子どもよりどれぐらい長く〔あるいは短く〕学校に通うのだろうか？

（1） Lockridge (1974), p. 13.
（2） Lockridge (1974), p. 77.
（3） Cremin (1970), p. 181.
（4） Tyack and Cuban (1995).
（5） Tyack (1967), p. 102.〔ジェファーソン他、真野宮雄他訳、『アメリカ独立期教育論』明治図書、一九七三年、五

〇頁〕

(6) Tyack(1967), p. 105.〔ジェファーソン他、真野宮雄他訳、『アメリカ独立期教育論』明治図書、一九七三年、五四頁〕

(7) Tyack(1967), p. 109.〔ジェファーソン他、真野宮雄他訳、『アメリカ独立期教育論』明治図書、一九七三年、九頁〕

(8) Tyack(1967), p. 109.

(9) 「市場革命」という用語はアメリカの歴史学者の間で論争の種になってきた。チャールズ・セラーズはこの標題の影響力のある本を一九九一年に書いた。その中で彼は、市場革命は一九世紀前半のアメリカにおける、すべての問題がこれを軸に展開するほどに重要な、画期となる出来事だったと述べている。その見解によれば、市場経済の登場は社会の最富裕層を除くほぼすべての者に破壊的影響を及ぼし、それはジャクソン大統領による民主治政の勃興によってのみ抑えることができたという。多くの歴史家がこの解釈に批判的に反応したが、その一人にダニエル・ウォーカー・ハウがいる。彼は二〇〇七年に刊行した著書『神がなし給うたこと』の中で、この時代をめぐる別の説明を展開した。そこで彼が主張したのは、市場はアメリカ人の生活の中でつねに一つの要素として存在しており、一八二〇年代に突然市場革命が発生したわけではなかったこと、この時期に生じた経済・社会的変動は概してポジティブなものであり、社会の大半の成員からおおむね歓迎されるものだったということである。私がここで追求している市場革命への見方は、この時代の両極端の歴史の間のどこかに位置づくものである。セラーズと同様に私は、一八二〇年代の変化は漸進的なものでなく急激な変動だったとみている。しかし私はハウと同様にこの変化には、たとえその行く末に人びとが恐れおののいたとしても、他方で社会のすべての成員が歓迎するようなポジティブな性質がそこに含まれていたと考えている。もし私の物語に主人公がいるとしたら、それは資本家でも労働者でもジャクソン大統領による民主治政の信奉者でもなく、ホイッグ派の改革者である。かれらが設計した制度や機関が、共和主義的コミュニティと市場経済が共存していくことを可能にしたのだ。偶然だが、この議論を展開していく上で私が依拠したのは、ハウの書いたずっと古い本『アメリカのホイッグ派の政治文化』(一九七九年)であった。

(10) Johnson(1978).

(11) 資本主義以前の社会における労働の社会的組織化に関する古典的な解説として、Thompson(1967)を見よ。

(12) この分析は、マイケル・カッツの論文「公教育の起源」(一九八七年)から着想を得ている。

(13) Katz(1987).

(14) 私がここで依拠しているのは、ハウ(Howe 1979)による洞察に満ちたホイッグ現象の解説である。そこで彼はその現象をホイッグ党構成員に限定するのでなく、南北戦争前のアメリカ人の生活における文化的力として広くとらえて描いている。

(15) Kaestle and Vinovskis (1980).

(16) Dunlop (1851). 強調は原著による。

(17) 集権化が、改革目標の実現とまではいかずとも、学校改革の開始を容易にすることを私に指摘してくれた、同僚のミッチェル・スティーヴンスに感謝する。

(18) NPR, http://www.npr.org/templates/story/story.php?storyId=5178603（二〇〇八年一〇月三〇日アクセス）.

第3章　進歩主義運動による学校制度改変の試み

コモンスクール運動が南北戦争以前にアメリカの初等教育制度をつくり上げたとき、それが起動させた教育事業には、際立った特徴をもつ構造と理論的根拠が備わっていた。新制度が責任をもって引き受けたのは、アメリカというリベラル共和制国家が存続のために必要とした類の人びと、高い道徳心を備えた市民的経済人を教育することだった。しかし一たび制度が確立し組織として力をもつにつれ、それはまた改革者の気をそそる対象にもなり始めた。学校が取り組める社会問題がほかに沢山あるのに、なぜ信仰と共和国の維持に機能を限定するのか？　一たびコモンスクール制度が完成し運用が始まりその成功が明白になったとき、それに新しい役割と使命が求められたのはごく自然なように思われた。制度の設計・計画はハードな仕事だっただろう。今や必要なのは、ただこの教育機構の新しい使い方を考え出すことだ。以降の章で見ていくように、制度を改革し方向づけし直すのは、印象よりもはるかに大変なことだった。しかし、学校改革によって社会の改善をはかれという強い声は、次第に抗いがたいものになっていった。そして一連の改革運動はやっきになって、それぞれの目的を遂げるべく学校制度に手を伸ばしていった。本章では、二〇世紀前半の米国における進歩主義教育運動を検証する。これはホイッグ派が定着させた学校制度を改革しようとする、最初の大きな運動だった。

教育における進歩主義の成果と失敗を考えるとき、前二章で浮上してきた点、すなわち学校改革《スクールリフォーム》と学校の変化《スクールチェンジ》とは別ものだという点を心に留めておくのが大切である。改革者は、かれらが学校と社会に関して思い描いている姿に即したある特定の方向へ学校を変革していこうとするが、それはしばしば失敗に終わる。そして学校の変化は、改革運動とは無関係な要因の作用によってひき起こされる場合もある。当然ながら改革は組織化された変革運動であり、その目的を明示し目標達成に資するような組織構造がつくり出される。しかし変化は課題リストや流動的な組織の意にそわない形で生じることもある。

本書で私は、改革(運動)に基盤をおかずに教育に変化をひき起こす力として、教育市場あるいは教育消費者の存在に言及する。市場を基盤とし消費者に突き動かされた社会的プロセスにおいては、個人の動機は集団の影響力とは無関係であり、市場の見えざる手によって個々のアクターが意図していない方向に物事が進んでいくこともある。この視点に立つと、教育消費主義とは、より高レベルの学校教育を受けそれにともなう学歴資格を手に入れることで獲得する社会的・経済的便益に基づいて行われる、個々の親や子による教育選択の集積体である。これらのアクターのねらいは集団的利益でなく個人的利益であるため、かれらは教育を私的財として扱う。そこでは教育の便益は社会全体に行き渡らず、学歴資格保持者がすべてを独り占めにしてしまう。

それと対照的に、第1章でみてきたようにアメリカの学校改革運動は長い間、教育をもっぱら公共財として、すなわちそれがもたらす便益は社会全体のものになる前提で扱ってきた。これが二〇世紀半ばになり、消費主義が学校改革の明確なテーマとして登場したときから変わり始めたのだ。それは公民権運動時に始まり、標準化運動と学校選択運動においても継続していった。しかしこれ以前から消費者圧力は、米国の学校改革運動における静かなパートナー(あるいは競合相手)として、物議をかもすことなく、強い影響力を学校システムに対して及ぼしていた。

植民地時代において改革は、学校教育の宗教上の目的を定義した。しかし消費者は学校にもっと実用的な目的を与えた。市場経済の中でぬかりなく自己利益を追求できるよう備えさせる、という目的である。その意味は仲間たちよりも多くの教育を受けるということであり、当時それはグラマースクールを修了しハイスクールに通うことによって達成できた。ハイスクールは（公立ハイスクール制度への支持取りつけのため）政治上の目的を掲げる一方で、学校教育の門戸開放と優位性をめぐる競争へと消費者たちを焚きつけた。本章では、物語を進歩主義の時代へと進める。

進歩主義運動を駆動させたのは、一九世紀末の米国が直面していた社会的・経済的・政治的危機であった。この危機は学校制度に対して、二種類の圧力をもたらした。一つは大規模な改革運動――教育的進歩主義勢力の中に支配的一翼を占めていた管理行政的進歩主義――に由来するものだった。この勢力は社会的効率を軸に新しい社会・経済秩序を打ち立てることをめざしており、特にハイスクールに強い関心を注いでいた。もう一つの圧力は、教育消費者――学齢期近辺の子どもをもつ家族――から来るものだった。かれらもまた社会的危機に反応する中でハイスクールに目をつけ、この最も包摂的で価値ある校種において、民主的平等への要求と社会移動に対する要求との葛藤を調停しようとした。労働階級は門戸をさらに開くよう声をあげ、中産階級はかれらが長く享受してきた優位性を保つため、ハイスクールの入学枠を独占すべく躍起になった。

改革者と消費者からのこうした圧力の交差の結果、相反する教育観の間に偉大なる妥協をはかる形で学校システムが再構築されることになった。そしてこの妥協を最も十全に体現した教育機関が、新設の総合《コンプリヘンシブ》制ハイスクールである。これはコミュニティ内の全生徒が通うことが可能な学校で、かつ（入学後に）生徒たちは、学力と将来の社会的役割に応じて異なるプログラムに振り分けられていった。一つの学校組織の中で別個の目標間のバランスを取ろうとするこの運動は、二一世紀まで続くアメリカの学校モデルを確立した。

進歩主義運動の起源

進歩主義教育の運動は一九世紀末の米国に登場し、二〇世紀最初の一〇年間、隆盛を極め、その後も五〇年間にわたり続いた。進歩主義運動史研究の第一人者であるローレンス・クレミンは、「進歩主義教育協会」がついに解散した一九五五年をもってその終焉を規定した。この運動は極めて大規模で長く続いたものだったので、それが一体何であったのかを定めるのは歴史家にとって厄介な作業だった。出された結論の大勢は、それが単一の運動ではなく、ある言葉遣いを共有し合った関連する複数の運動の集合体だということだった。[1]これらに基づき進歩主義を理解するおそらく最上の方法は、我々がコモンスクール運動に対して用いたアプローチと同じく、その起源を考察することである。というのも、私が第2章で示したように主要な社会改革が社会的危機の申し子であったとすれば、進歩主義教育運動の本質を理解しようとする際の第一歩は、そのきっかけとなった危機の性質を解明することだからである。進歩主義教育はどのような問題に対する解決策として見なされたのだろうか?

コモンスクール運動が一九世紀初期に、ホイッグ派による広範な政治・社会改革プログラムの延長として登場したのと同様に、進歩主義教育運動は一九世紀の終わり頃、幅広く政治や社会の改革を志向した革新主義運動から生まれた。ホイッグ派と革新主義運動はともに、アメリカの経済・社会構造の劇的転換に対する政治的応答であり、両者とも、古くからある政治的目標と新たな社会経済的現実との間に均衡を保つことをめざした。ホイッグ派にとっての問題は、全国市場の出現であり、革新主義運動にとっては、企業主体の産業経済の登場が問題だった。どちらの動きも米国の発展にとって転換点だった。それと時を同じくして一連の変化が集中して起こり、それがこの国の社会や生産力に対して急激な変化を——交通、通信、組織面での新技術がそれを加速させた――もたらした。

それぞれの変動は、深刻な政治的難問を突きつけた。二〇世紀初頭、市場経済の爆発〔的拡大〕は改革者たちを、貪欲な個人主義の猛威から共和的価値を守るとともに市場で自活しえない者に対する援助システムを提供できるような、新たな一連の社会制度の創出へと突き進ませていく。同世紀の後半になると、企業主体の産業経済の爆発〔的拡大〕は改革者たちを突き動かして、裕福で強大な企業独占を前にして民主的政府が自己主張できるようにし、かつ人びとが新しい社会秩序に適応する助けとなる何らかの手立てを講じることを可能にするような政治的・社会的制度を発展させる方向へと進ませていった。

企業産業経済の勃興　一九世紀末期における企業産業革命は、一八二〇年代と三〇年代の市場革命に端を発する変化の継続と加速化として開始された。運河と高速道路に始まる交通と通信の急速な発達は、一八四〇年代になると汽船、鉄道、電信の相次ぐ発明を受けてさらに勢いを増した。これら発明が合わさることで時空間の飛躍的な短縮がはかられ、農産物と工業製品の真の全国市場がそこに生まれた。エリー運河と同じようにこれらの発展は、人びとが交易を通して巨万の富を得るチャンスを大きく拡げ、また競争を激化させた。農場経営者も工業経営者も、新たに拡大した市場の中で対抗すべく価格を下げるため、コスト削減と生産性向上の圧力を一層強く感じるようになった。成功は巨万の富を意味した。失敗とは、破産して誰かのところで雇ってもらうことだった。

競争圧力は、人件費を抑えるためのさまざまな労働のリストラ努力を発生させた。その一つは、肉体労働を凌駕する新たな動力源の開発であった。最初に利用されたのが水力で、ニューイングランドに初めて建設された織物工場で織機の動力になった。次に開発されたのが蒸気機関である。それによって蒸気船が河川を往来し、蒸気機関車が走り、工業施設の機械が動くようになり、それが最も効率よく経済を動かす最適のメカニズムであることが瞬く間に天下に示された。人件費抑制と代替的動力源利用のために工場主たちは、職人工房から大規模工場での生産へと移行していった。今度はそのことが、大規模な資本蓄積とますます複雑化する工程を管理する力を要請するようになった。

勃興してきたこの工場生産システムは、資本と経営をもう一つの要素、すなわち分業の急激な高まりへと結びつけた。この要素は、操業にかかる経費を抑え競争力をアップする点で大きなメリットを与えた。(2) 初期の工業システムにおける分業とは、靴屋が人間用の靴をつくり、蹄鉄工が馬用の靴(馬蹄)をつくるといった具合に、製造業者はそれぞれ異なる製品に特化した状態だった。各業者の中で仕事は、徒弟・職人・親方に至るまで技能レベルに応じて分割され、各人はキャリアを積む中でこの役割の階梯を上がっていくことが可能だった。親方の職人は製品全体をつくり上げることができ、しばしば実際にそうしていた。

一九世紀初めの市場革命で親方と職人との間の亀裂は大きくなり始めたが、工場において分業は一段と顕著になり、技能レベル間の壁を超えるのは一層難しくなった。大規模機械の到来前にも工場主たちは、生産労働を一連の断片的作業に細分化し、それぞれを熟練度の低い労働者に担わせるほうが有利と分かっていた。かれらはこうした仕事に従事する大量の労働者を低賃金で雇うことが可能であり、それゆえ工程の最後で種々の生産物を組み立てるだけだった。ここで重要なのは計画と遂行の分離であった。技師が工程をデザインし、管理職がそれを監督し、労働者たちが実際の行程を担った。労働者は、完成品を製作する仕事全体のうち、ほんのわずかな部分にしか習熟することがなかったため、賃上げや昇進を要求する力に乏しかった。蒸気で稼働する機械の導入は、労働と管理経営との溝を一層大きくしただけだった。工場での労働者の仕事の大半は単純な肉体労働の繰り返しと化してしまい、作業全体を学ぶ機会が全くなかったからである。

それゆえ一九世紀中頃までに、交通・通信手段の向上、全国市場での競争の激化、蒸気動力の発展、そして工場システムの発達などが相重なって、北東部や中西部諸州にまたがる形で高い生産力を誇る工業拠点が打ち立てられた。その力は、南北戦争時にほぼ農業地帯だった南部に対する北部の勝利の原動力となって証明された。戦後ここを基盤に、目を見張る一連の発明を活力源として経済の高度成長が生じていった。一八五〇年代におけるベッセマー転炉の導入は鉄の大量生産を可能にし、製鉄業は南北戦争後急激に成長した。一八七〇年代には電話、蓄音機、路面電車の発明が続いた。一八八〇年代に入ると電灯、ガソリンエンジン、自動車が登場した。

一八九〇年代までに米国は世界第一の工業国にのし上がった。生産規模は世紀半ば以来増大し、工場規模もそれに応じて巨大化していった。しかしこの段階で新たに見られたのは、生産システムの規模が単に大きくなっただけでなく、その管理方法に変革が生じたことである。一九世紀の初め自分の店を経営していた職人店主は姿を消し、世紀半ばには工場主へと道を譲った。やがてそれは世紀末には、多くの工場を管理経営する企業に取って代わられた。

企業の台頭という新たな事態が表象したのは、事業主による個人的な管理から管理専門職のグループによる制度的管理へのシフトである。管理専門職は、遠く離れて分散している株主たちに対して責任を負っていた。分業は今や管理部門にまで及び、職階が精巧な階層構造の中に組織されるようになった。工場の中で生じた変化と同様に、事務員や秘書といったホワイトカラーの役割についても、かつては将来の事業主の見習いとして機能していたのが、今や脱技能化され従属的な地位へと転落した。かれらには仕事を覚えていく道は閉ざされ、上への出世の展望もなくなってしまった。企業は多くの工場の仕事を組織化したばかりでなく、その生産過程も組織化した。経費削減および収益増への圧力の増大にうながされ、企業は、原料の確保から生産の全工程、市場調査、流通に至るまでの全過程に対して合理的に構造化された管理を行き渡らせようとし出した。そして一八九〇年代までに各企業はトラストを結成し、産業全体をコントロールし、それによって自社を競争相手から守ろうと画策するようになった。

一九世紀末の企業主導の産業経済の登場はアメリカ人の生活に大きな社会的混乱をもたらした。一つは移民の波が急激に押し寄せたことである。これは新経済の非熟練労働に対する飽くなき需要が、膨大な移民を工場や鉱山で働かせるために引き寄せたからだった。米国への移住の最初の高揚は市場革命の勃興の中で発生し、ドイツ、アイルランド、イングランドから労働者が渡ってきた。第二の波は一八九〇年から(連邦法が門戸を閉じた)一九二四年までであり、はるかに大規模な、何百万もの移民が南東欧からやってきた。もう一つの大きな変化は急激な都市化である。外国からの移民に加え国内の田舎からの移住者が、工業の仕事がたくさんある主要都市へと流れ込んできた。

都市へとやってきた人びとは、アメリカの新経済が浮き沈みの激しいものだということを知った。一九世紀後期には深刻な大不況が二度にわたってこの国を襲った。一八七三年の恐慌はジェイ・クック商会の破綻によって引き起こされ、一八七〇年代終わりまで続く景気の停滞をもたらした。そして一八九三年の恐慌は鉄道の過剰建設によってもたらされ、それによる不景気は一九〇〇年まで続いた。

これらの諸条件——賃金と技能の低下、昇進機会の消滅、激流に翻弄される経済——は労働紛争が発生する土壌をつくり出した。労働組合が結成され、新たに台頭した企業経営に対抗して労働者の権利を主張するようになった。そしてこれが、米国史上最も醜悪な二つの労働争議をひき起こした。一八九二年、ピッツバーグ近くにあるカーネギー製鋼会社ホームステッド製鋼工場でストライキが発生した。発端は組合を結成しようとした労働者の締め出しを会社がはかったことであり、それがついにスト参加者と、会社に雇われたピンカートン警備会社の者との衝突に発展した。ピンカートン側が折れて労働者に工場を明け渡したのち、州知事は州兵を配備しストに対して襲いかかり、組合を弾圧した。一八九四年にはプルマン社が恐慌を理由に二五パーセントの賃下げを行ったため、ストライキが発生した。労働者たちはストに参加し、全米の一〇万人を超える鉄道労働者が支援した。連邦政府はストの指導者であるユージーン・デブスを逮捕し、投獄した。

一八九〇年代の状況は多くの点で一八二〇年代のそれに類似していたが、異なる部分もあった。革新主義時代の社会的危機は深刻であり悩ましいものだったが、一九世紀初めにホイッグ派とコモンスクール運動を惹起した市場革命に比べると、国家と社会に与えた脅威は控え目なものだった。国家は崩壊の危機に瀕したわけではなく、ただ企業の強力な台頭を前にして国家という存在の意味が拡散し、重みが失われてしまっただけであった。当時米国は世界における工業経済の盟主として頭角を現わしてきており、一八九八年の米西戦争勝利後は帝国としても台頭してきていた。政府と社会は明らかに改革を必要としていたが、その状況は、〔かつて〕できたばかりの脆弱な国家と経済が置かれていたほどには絶体絶命ではなかった。だから革新主義者たちは改革運動を始める上で強固な綱領をもってはいたが、それほど危機的な状況にいたわけではなかったため、反対論を蹴散らして改革目標を完全に実現できるような立場にはなかった。

政治的革新主義の高揚　政治運動としての革新主義は、一九世紀末期における企業産業革命が引き起こした社会的危機に応答する形で発生した。それは多くのねらいを掲げた緩やかに組織された運動であったが、そこに一貫していたのは、革新主義の歴史研究の第一人者ロバート・ウィーブが呼ぶところの「秩序の探求」(3)を軸に展開したことである。とりわけ革新主義者がめざしたのは、時代に適合し、当時の社会的危機に有効に対処できるような新しいタイプの政治・社会的秩序の確立であった。一九世紀初めのホイッグ派と同様に革新主義者は、古くからの政治・道徳的価値と新しい経済現実との間に新しい均衡を打ち立てることを欲した。かれらが立てた問いは以下のようなものだった。米国において発展をみたような企業中心の工業社会、また都市化され多文化的でもある社会の中で民主主義とは何を意味するのだろうか。政府は経済にどのように介入すれば、それが引き起こした混乱を、新経済の富を生み出し生活水準を向上させる巨大な力を削ぐことなく、解決することができるだろうか。そしてもし我々が台頭する大企業の威力に伍していくために、より強力で介入主義的な政府を必要とするのなら、この政府はいかにして真の意味で市民に応える政府であり続けることができるだろうか。

これらの問題に対する解決をもたらすような新しい秩序の確立は、多面的な政治運動を必要とした。一つめの要素は新しいタイプの民主主義の創出に焦点を合わせた。共和主義的コミュニティの理念は、古代ローマやルネサンス期フィレンツェのような都市国家にはよくマッチしたが、世紀転換期におけるアメリカの工業都市の政治的現実にはあまりそぐわなかった。市民は、拡大する政府に対するかれらの統制を主張できるような手段を必要とした。そのため革新主義者は、〔住民の〕議案提出権や国民投票や解任権などの手続きを定める立法を積極的に推し進め、これによって市民が、しばしば企業トラストの肩をもっているように思える立法府を脇に追いやってでも、重要議題に対して直接行動をとることができるようにした。

政治運動の第二の要素の焦点は、社会正義に合わされた。具体的には、新経済が社会に及ぼす影響に対処するさまざまな機関を発展させることだった。セツルメントハウスの設立や貧困者に介入するソーシャルワーカーの配置、非行少年を扱う特別な法廷の整備、児童労働規制法の制定、労働日数の制限、組合結成容認などがそれであった。第三の要素の焦点は規制である。すなわち巨大ビジネスに対して強大な政府をつくりバランスをとることであり、巨大トラストを解体させ、経済に介入する政府機関を設立することだった。たとえば州間通商委員会、連邦準備委員会（銀行）、州公共事業委員会などである。第四の要素の焦点は社会的効率にあった。たとえばそれは政府の腐敗一掃であり、区単位の都市の政治組織《マシーン》を駆逐しエリートによる政治体制に置き換え、公的機関を専門職管理行政官の手にゆだね、社会・経済の働きの効率性の大幅な向上を促進することだった。

教育的進歩主義の登場

進歩主義教育運動は、米国におけるより広範な革新主義運動の文脈の中で起こった[4]。ローレンス・クレミンが述べたように、進歩主義教育は一つの運動ではなく複数のものだった。なぜならば「この運動は開始当初から、多元的でしばしば相矛盾するような性格によって特徴づけられており」、すなわち「その歴史を通して進歩主義教育がもつ意味は、人それぞれ全く異なるものだった[5]」からであった。この運動の中にあった異なる諸傾向をどう呼ぶかという点において、歴史家の見解は異なる。ハーバート・クリーバードが考えたのは、社会的効率、子どもの発達の重要性、社会改造《ソーシャルリコンストラクション》と呼ぶ三つだった[6]。ロバート・チャーチとマイケル・セドラックは、保守とリベラルという二つの形態に分けてとらえている[7]。デイヴィッド・タイヤックはこれらを管理行政的（進歩主義）と教授学的《ペダゴジカル》（進歩主義）と呼んでいる[8]。タイヤックの用語が最も内容に即したものであるが、「教授学的」という言葉は口触りが悪いので、私はこれら二つを「管理行政的」と「子ども中心主義的」と呼ぶことにする。

進歩主義教育運動のこの二つの流れは、アメリカの学校教育制度に対して非常に異なる影響をもたらした。エレン・レージュマンによると、「二〇世紀のアメリカ教育史は、エドワード・L・ソーンダイクが勝利しジョン・デューイが敗北したという認識に立たない限り、理解することはできない」。続けて、「デューイが教育者の間で崇められ、その思想が学問の世界に大きな影響を与えてきたのに対し、ソーンダイクの考えは教育の内部により大きな影響を及ぼしてきた」[9]。

デューイと子ども中心主義的進歩主義は学校の構造再編をめぐる闘争に敗れたとはいえ、教育レトリックに対しては大きな影響を与え続けてきた。対照的にソーンダイクや管理行政的進歩主義は、学校教育のレトリックと構造形態の両方に永続的な変化を起こそうと努めてきたが、授業と学習という中核部分に対して与えた影響は限定的なものに過ぎなかった[10]。二つの改革運動の違いとその限界を明らかにするため、進歩主義教育運動のこの二つの潮流それぞれのねらいを検討してみよう。

この二つの潮流はいくつかの志向性を共有しており、ゆえに同じ名前をそれらに冠する根拠の一部になり、ゆえに同じ部類の改革運動として一つにまとめられてきた。一つは、子どもの発達の重要性に関する理念を共有していたことである。両者とも、異なる知的・社会的発達段階ごとに生徒の必要と能力《ケイパビリティーズ》に応じて設計された教育システムを打ち立てることをめざしていた。しかし両者を結びつけた最も強い絆は、伝統的な学問カリキュラムに対する敵意であった。両者とも、学問ディシプリンに基づいた教科を学校で教えることをひどく嫌い、これらを現実の生活の実践的ニーズに適合させることを主張した。しかしながらこれら二つの進歩主義の流れは、以上みた二つの共通する志向性を、非常に異なる方向へと発展させていった。

子ども中心主義的進歩主義者は、伝統的カリキュラムを拒絶し、生徒個々人の興味と能力《アビリティーズ》を結びつけ、参加型で自発的な学習を促すような教室実践を賞賛する根拠を発達中心主義《デベロップメンタリズム》に見出していた。この形態の進歩主義を貫くのはロマン主義の太い潮流であった。この思想は学習を自然な過程としてとらえ、学校やカリキュラムといった人工装置が子どもの自然な学習欲を妨げないとき、それが最もうまく発生すると考えていた[11]。子ども中心主義的進歩主義者が伝統的カリキュラムを憎んでいたのは、子どもには〔自身の〕子どもらしさを探求し独自の学習スタイルを確立する自由が必要とされるのに、伝統的カリキュラムはそこに大人のような考え方と大人役割を押しつけようと企んでいると考えたからである。かれらはカリキュラムを学ぶことよりも、子どもたちに学び方を学ばせるほうに強い関心をもっていた。かれらの考えでは、理想の学校では生徒の自発性と探究が軸となって展開し、知識の教示よりも発見に焦点がおかれ、教科書の受け身の暗唱よりも活発で参加型の学習のほうが重視され、生徒の関心に準拠し諸領域からの知識・技能を総合したプロジェクト型研究が組織される。そして大人社会の正義と協働の価値に倣った民主的共同体としての学校が創造されるのだ。デューイ以外の子ども中心主義的進歩主義の主役たちには、ウィリアム・ヒアード・キルパトリック、ハロルド・ラッグ、ボイド・ボードなどがいる。

管理行政的進歩主義者には、子ども中心主義者のようなロマン主義思想が抜け落ちているかわりに、実務的な功利主義思想を強くもっていた。デューイが自然主義的な教授と学習に焦点を合わせたのに対して、かれらの焦点は学校統治、専門職的管理行政、そして科学的に設計された公式カリキュラムなどに置かれる傾向にあった。管理行政的な進歩主義改革の二つの主要原理は、社会的効率と分化である。社会的効率が意味したのは、管理行政の専門職を養成・後押しして学校システムの運営に当たらせ、素人ばかりで構成された学校委員会《スクールボード》による放縦に代え、生産性が高い労働者かつ有能な社会構成員という将来役割に卒業生を備えさせる教育システムを組織することだった。さらにカリキュラムを主要教科中心から職業教育向けへと変え、カリキュラムと学校生活全体を徹底的に分化させ、学校を実社会の仕事や生活の異なるパターンを反映したものにし、生徒の能力を熱心に測定し、適正な科目やその科目の正しい能力レベルにかれらを配置できるようにすることだった。ソーンダイク以外の管理行政的進歩主義者として、デイヴィッド・スネッデン、エルウッド・P・カバリー、チャールズ・H・ジャド、そしてジョン・フランクリン・ボビットらがいる。

この二つの教育的進歩主義のちがいを理解するもう一つの手段は、より大きな政治的革新主義運動の文脈における中心テーマとの関係でそれらを位置づけることである。両者は革新主義の課題リストの異なった部分に焦点を置いていた。子ども中心主義的進歩主義者は、革新主義の中の理想主義的な側面、とりわけ民主主義と社会正義を重視する傾向にあった。かれらは自分たちが教室内に民主的な共同体をつくり出し、正義や公正といった共同体の価値を推進し、生徒たちを圧制的なカリキュラムのくびきから解放するのだと考えていた。かれらは管理行政的進歩主義者たちの実用一辺倒の関心を軽蔑した。一方で管理行政的進歩主義者は、教育に対する実用主義的アプローチにひたっていた。そこで特に強調されたのが社会的効率と規制であった。かれらは教師としてよりは管理行政官として学校に接近し、学校制度がより効率的に働くよう規制を熱心に行使し、同時にアメリカの社会・経済生活のより効率的な機能に寄与するよう学校を用いることに熱中した。かれらは、教育者たちのロマン主義を軽蔑した。

管理行政的進歩主義者は一九世紀末の社会危機に応えるという点で、かれらの分身〔子ども中心主義的進歩主義者〕よりも影響力をもった[12]。結局のところ改革者に期待されているのはこのこと、つまり物事を解決することなのだ。教育的な視点からみると、この危機は学校改革が解決するべき問題を二つ示した。アメリカの教育を長きにわたって駆動させてきた古くからの政治的教育目標の点からみると、一つは社会的効率にまつわる問題であり、もう一つは民主的平等と社会移動との間のバランスの問題である。第一の問題は教育の製作者《プロデューサー》たちに影響を与え、学校改革者からの反応をひき起こした。第二の問題は教育消費者に影響し、かれらの反応を惹起した。消費者からの反応が先にやって来た。

学校消費者の危機への応答

学校教育の消費者たち――学校を出世あるいは優位性維持の手段と見なす家族や生徒――にとって前世紀の危機がひき起こした問題は、のちの進歩主義改革者が直面する社会的効率の問題に比べて、より複雑で見えにくいものだった。改革の言い回しによって明瞭な表現で語られた課題があった一方、表立っては語られなかったトピックもある、という植民地時代以来のパターンを思い出してほしい。二〇世紀中葉まで、教育消費者にとっての(よい人生と高い生活水準に至る道を確保するという)個人的利益は表立っては語られない傾向にあったが、だからといってそれは教育の変化を呼び込む上で重要性の低い要素ではなかった。コモンスクール制度の創設以来学校は、二つの相矛盾する方法で消費者に対して奉仕してきた。一つは全白人に対して教育機会への門戸を開放することによって(民主的平等)であり、もう一つは他人より高いレベルの教育を受けた者に対して、教育を事由とする優位性を与える源泉となることによって(社会移動)である。

平等なアクセスと不平等な結果とのこの緊張関係は、学校制度の創設当初からあったもので、一九世紀を通じて大きくなっていく。生徒たちが公立学校に集められるようになり、かれらの通学年数も年々長期化していったため、下級段階の学校はだんだんと行くのが当然となった。一つの推計によれば、平均的なアメリカ人の生涯通学日数は一八〇〇年で二一〇日、一八五〇年で四五〇日、一九〇〇年で一〇五〇日であった⑬。これをそのまま通学年数に換算するのは、年間通学日数がまちまちであるため誤解を招くもとであるが、国勢調査からの推計によれば一九一〇年時点で、二五歳以上の平均的アメリカ人が学校に通った年数はおよそ八年間であった⑭。つまり世紀転換期までにアメリカではおおむね、第八学年まで学校に行くのが普通になった。これ以上就学を拡張する余地があるとすれば、それはハイスクールしかない。フィラデルフィアのセントラル高校のようなハイスクールは長い間エリートの教育機関であり、そこにいるのはアメリカの学校制度全体の生徒数のうちごく一握りの割合に過ぎなかった(一八八〇年時点でハイスクールの生徒数は、米国の公立学校在籍者のうちわずか一・一パーセントを占めるだけだった[15]。

しかし公立の教育機関をこのように排他的なものとして維持するのは、ハイスクール教育を受ける可能性をもつ消費者が投票箱を通じてその願望を示すことが可能な民主主義社会においては、端的に言って続かないものだ。一八七〇年代の長い不況期を通じて、門戸開放を求める圧力は強大なものになっていった。この時代、家族はわが子を職業世界に送り出すための新たな手段を探し求めており、ティーンエージャーたちは仕事が見つからないがゆえにハイスクール通学が可能な状態にあった。一八七〇年代のフィラデルフィアの記録は、依然として市で唯一の男子向けハイスクールであったセントラル高校への門戸開放を求める大衆の声の高まりを伝えている。最終的に一八八〇年代になって、門戸開放を求める圧力に押し切られ、フィラデルフィアや全米の他の都会の学区は要求に応えるべく、いくつかの新しい中等教育機関の開設に着手する。その結果ハイスクール進学者は、一八八〇年から一九三〇年の間、一〇年ごとに倍増する伸びを見せ、当初の一〇万人が四五〇万人にまで達するといった著しい拡大をみせた[16]。

労働階級にとってハイスクールの拡張は、それまでエリートレベルのものだった教育を獲得する機会を提供するものだった。それによってかれらの子どもたちは、成長著しいホワイトカラー労働力の一角に食い込む資格を得る可能性もあった。この拡張は工場労働が明らかに先の展望のない仕事になりつつあったちょうどそのとき、希少だったハイスクール卒業資格とよい仕事につながる道をもたらすものだった。しかし、ハイスクールの教室の顔ぶれの大部分を長らく独占してきた中産階級にとっては、この教育機関への扉を開くことは、かれらが一九世紀の間享受してきた優位性を弱めるおそれがあった。この同じ家族が、新興の企業経済からの締め上げに直面し、社会的地位をその子どもに相続させる道が破壊されようとしていた。中産階級であることはかつて、店舗を所有することを意味し、親たちはその店を子に継がせ、その収入と社会的地位を守ってきた。しかし新経済のもとでは、製造業だけでなく小売業においても、小規模な事業は大企業との競争に太刀打ちできなくなっていた(この時代は百貨店がブームとなったときでもあった)。そのため中産階級家族は子どもに人生の幸先よいスタートをきらせてやるため、別の手段を探さねばならなかった。

一九世紀の間、ハイスクールは中産階級の家族に対する解決案であった。なぜならハイスクール教育を得ることでかれらの子どもたちは明らかに、グラマースクールしか出ていない他の大多数の子どもから抜きん出ることができたからだ。新社会秩序の中で階級を滑り落ちる恐怖に陥った家族に対して、ハイスクールはある種の錬金術を提供してくれた。それは経済的・社会的資本を学校教育という形態の中で文化資本に変換することを約束した。わずかな財産と地位しかもたない者がその子どものために、希少な学歴証明——高校の卒業資格——を獲得させることが可能になり、今度はその学歴が子どもたちによい仕事への優先的アクセスをもたらす。財産相続によるのでなく学歴証明によって優位性を子どもたちに受け継がせるやり方は、中産階級家族に対してさらなる利益をもたらした。父親から商売を相続するのはただ、よい家系に生まれたことを示すに過ぎなかった。一方、学位はあなたの聡明さを——自身の能力によってあまたのよい職に就く資格をもつことを——示すものだった。

進歩主義改革者の危機への応答

これらの変動はすべて、進歩主義教育運動が一九〇〇年以降にスタートする以前から始まっていた。世紀転換期といえば、デイヴィッド・スネッデン、エドワード・ソーンダイク、そしてエルウッド・カバリーたち管理行政的進歩主義者がまさに教育研究の仕事を開始し、改革を求める主張を始めたばかりのときだった。そしてこの運動の主要な改革文書である『中等教育の根本原理』が刊行されるのはそれから一八年も先のことだった。一八九〇年代の企業産業革命に応えて、この新しい改革運動は、より大きな革新主義運動の二つの主要関心事、すなわち社会的効率と規制に焦点化した一連の教育改革を発展させていった。これらはともに新社会秩序を打ち立てる運動の中心的位置を占めるものだった。

この枠組みの中で管理行政的進歩主義者は、関連するいくつかの目標を追求した。第一にかれらは、専門職が学校システムを管理運営する体制を確立した。一九世紀の学校長は、単に学校における主席教師を縮めただけの称号に過ぎなかった。ところが新たな学校秩序においては、ちょうど工場や企業人事管理においてそうだったように、管理者と教員スタッフとの間で分業体制をとることが求められるようになった。

第二に、まとまりなくバラバラで各々が自律性をもった学校の集合体を前世紀から引き継いだかれらは、それをより大きな学区へと統廃合し、学区内の学校を段階的階層構造の中へと組織した。これによって生徒は、初等学校に始まり中学校《ジュニアハイスクール》（進歩主義による発明品）、ハイスクールから可能な場合はカレッジにまで至る、一連の学校階梯にそって進んでいくようになった。この階梯は労働における職階構造を髣髴《ほうふつ》させるものだった。生徒が各段階の学校への入学許可を得るのは、かれらがその前段階で所定の課程をきちんと修め、それを証明する卒業証書を得た場合に限られた。改革者たちは一年次からカレッジに至るまでシステム全体に及ぶ合理的工程の構築によって制度を一本化し、その構造をより明確にし、生徒の上の段階への移行を容易にした。この工程の一環として進歩主義者は、いわゆるカーネギーユニットと呼ばれた、一連の進学準備コースの必須化を推し進めた。これはカレッジに進む要件としてハイスクール在学中の履修が生徒に求められたコースで、カーネギー教育振興財団が一九〇六年に創設したものである。

第三に、進歩主義者は、教育の強調点を職業訓練に移そうとも試みた。それは『中等教育の根本原理』の文言に見ることができたが、職業への重心移動は実質的なものというより、多分に象徴的なものだった。最近の研究が示すところでは、進歩主義の影響力が最高潮だった時点において生徒の全履修コースのうち職業コースが占める割合が二〇パーセントを超えることはなく、主要教科が六割を切ることもなかったのである[17]。それに加えて二〇世紀の職業教育は、よく知られているように職業訓練面での効果が低かった。その理由は、それが(職種横断的に仕事をこなせる能力が求められているのに)訓練を一つの役割に限って行う傾向にあったのと、多くの場合、一時代前の古い仕事しか訓練しなかったからである。しかし社会的効率と職業準備を学校教育の第一の目的へと引き上げることで、管理行政的進歩主義者は学校教育に対する一般の人びとの考え方を変容させ、レトリック上の強調点はコモンスクール期の共和国から、進歩主義時代の経済へと推移していった。

最後に、進歩主義者は階層トラックへの振り分け(トラッキング)を導入した。かれらはかつてハイスクールで共通だったカリキュラムを取り上げ、一連の異なるプログラム――そこにそれぞれ別個に履修すべき科目群が揃えられた――に分割した。管理行政官たちは次に生徒たちを、テストで測られたその能力や動機、将来就く可能性がある職業などに基づき、ふさわしいプログラムへと仕分けていった。将来の職業を占う最上の指標は、当時も今も変わらず、かれらの社会的地位だった。この新しいカリキュラム構造は、将来就くであろう職業役割をうまくこなすのに必要な個別技能を生徒に与えるものと期待された。この過程を科学的に確証されたものとするため進歩主義者は標準能力テストを導入し、カリキュラムを構成する際の諸原則を発展させていった。

偉大なる妥協を構築する――総合制ハイスクール

進歩主義時代のアメリカの教育における最も重要な変化は、進歩主義運動の社会的効率の改革と、教育消費者からの社会移動の要求との相互作用から発生した。二〇世紀の最初の一〇年間までにハイスクール在籍者数は既に急伸しており、この生徒の流入をどうさばくかをめぐって大論争が起きた。その一方の極にいたのはスネッデンのような熱烈な職業教育主義者であり、職業進路ごとに独立した〔職業〕ハイスクールをおくことを望んでいた。そしてこの一〇年間は、かれらの見解を反映した種類のハイスクール——工業ハイスクール、機械ハイスクール、商業ハイスクール、進学校のハイスクールなど——が増えていたのである。もう一方の極にいたのがジョン・デューイのようなリベラルな進歩主義者と労働組合の指導者たちだった。このように分化した教育形態は階級間の差異を強め機会を制限する、とかれらは主張した。そしてかれらは、コモンスクールの自然な延長であり、地域全体を一つにまとめてくれるであろう総合制ハイスクールを推した。

一九一〇年までに、この論争に対する一つの答えが浮上した。それは二つの立場の間の偉大なる妥協という形をとった。そして、私がここで語っているこの物語にとってより重要なことは、それが同時に管理行政的進歩主義者の改革目標と、教育消費者たちの要求との間の偉大なる妥協でもあったということである。前者は社会的効率を欲していた。後者は平等な門戸開放(民主的平等)と優位性(社会移動)の両方を望んでいた。これら三つの目標すべてを、葛藤を内に秘めながらも体現する制度的発明——進歩主義時代の輝かしい産物——が、階層トラックを備えた総合制ハイスクールである。

この解決法は、二つの相互に密接に結びついた部分から成り立っていた。一つに、この新しい教育機関は、ハイスクールが新しく押し寄せる生徒の波に扉を開くことを確実にするものだった。そのことは伝統的に中産階級が独占してきたハイスクール学位の価値を低くする可能性のあるものだった。しかしそれは、新規参入の生徒たちをハイスクールのカリキュラムの下位トラック、とりわけ工業技術、機械、商業コースへと振り分けた一方で、大半の中産階級の生徒を、進学用《アカデミック》と銘打たれた上級トラックへと導いた。この進学コースはかつての排他的なハイスクールと同じような機能を果たした。そこには同質な者ばかりが在籍したが、それはちょうど、これほど多くが通うようになる前のハイスクールの姿と同じだった。しかし同時に、過去、ハイスクール教育を受ける機会を拒まれてきた多くの生徒が、それを得る道を与えられたのであった。

階層トラックを備えた総合制ハイスクールはこのようにして、社会的効率、民主的平等、社会移動の三者の間である種の均衡を保つことに成功した。すべての者がハイスクールにアクセスできるようになったが、ハイスクール内部では集団ごとに異なる教育が経験され、それがやがては異なる結果となって現れる。この制度は平等と優位性と効率性のすべてを同時に、同一の機関の中で部分的に供給するものであったが、それはアメリカの教育制度全体が参照すべき目標融合の範例となった。米国人は、我々のすべての必要に応えてくれる機関《インスティチューション》を好む——たとえその必要が互いに矛盾するものであり、一つの場でそれらすべてを満たすのがどんなに困難であったとしても。我々の学校システムは、新たな社会目標を吸収しそれらを融合させるというこの天才ぶりを発揮し続けている。

二〇世紀初め、教育的進歩主義者と消費者との相互作用の中から現れてきた解決法の第二の構成要素は、第一のそれと密接に結びついたものだった。新たな総合制ハイスクール内で上級トラックに行き着いた生徒は優位を保つことができた。だがこのポジションのメリットは、次の上級段階の教育、つまり大学に対して特権的なアクセスが与えられるということだった。これはかつてのパターンを踏襲していた。コモンスクールがすべての者に初等教育の道を開いたとき、競争において一歩先んじるため中産階級がハイスクールに殺到し始めた。そして今度は、進歩主義者が一九世紀末にハイスクールを誰の手にも届くところにおいたとき、中産階級はかれらの子どもをカレッジへと送り込み始めた。これはアメリカの教育システムがその歴史全般を通じて踏襲してきたモデルである。民主的政治は、我々がすべての者に教育を開くことを求める。そしてそれが今度はより優位に立つ教育消費者を動かし、一つ上の教育を追求させる。これが遂には、その新しい教育段階への門戸を広げようという要求に火をつけ、さらにそれが利を求める家族を刺激し、一段と上級レベルの教育を子どもに受けさせようとする。一八四〇年時点ではこの二つは初等学校とハイスクールだった。一九〇〇年にはハイスクールとカレッジだった。（高等教育段階への進学が普通のこととなった）一九七〇年代には、それはカレッジと大学院になっていた。

進歩主義時代の学校の変化がもつ意味

コモンスクール運動の第一の貢献は、公的に統制されたコミュニティを基盤とし、明確な政治的理想を掲げた初等学校の制度を打ち立てたことだった。進歩主義教育運動の第一の貢献は、社会的効率の思想にそう形でこの制度を再構築し、総合制ハイスクールを確立したことである。各々の変革がアメリカの学校制度、そしてアメリカ社会にとってどんな含意をもつのかを検討してみよう。

学校教育の目標の急激な拡大　社会的効率の理念にそった形で学校を再構築することで、進歩主義者はある面では学校教育の原理を、コモンスクール時代の共和主義的使命から、革新主義時代の経済的使命へと転換させていった。これが意味したのは、共和主義的コミュニティの建設という仕事から学校を切り離し、生産性が高く効率的に組織された経済を打ち立てることに学校を向かわせるということだった。しかし米国における学校改革という物語にとって、この変化はより大きな意味を含みもった。社会的効率への旋回は焦点が変化しただけでなく、学校教育の使命の急激な拡大でもあった。第1章においてみたように社会的効率とは、コモンスクール制度の当初の構想においてまだ明確ではなかったような種々の公教育の目標を包み込む包括的概念であった。『中等教育の根本原理』において七つもの目標──「1健康、2基礎的学習過程の熟達、3立派な家庭人、4職業、5シティズンシップ、6余暇の有効な活用、7倫理的人格」[18]──が明記されていたことを想起してもらいたい。これら七つの目標はどれも、社会的効率の大きな文脈の中に配置されたものであり、そこでの何より重要な学校教育のねらいは、子どもを社会の有用な構成員に形成することだと考えられていた。そして目標2、5、7(基礎的学習過程、市民性、人格)だけが、一九世紀初めの学校制度創設者たちの目標にそったものだった。それ以外は新機軸であり、それぞれが新しい社会問題を表象していた。学校こそがこれらの問題の解決手段であると提唱したのが『根本原理』であった。

お粗末な公衆衛生は、社会の担い手たる大人たちの社会的効用を脅威にさらす問題とされた。なぜならそれは社会構成員の経済的生産能力を阻害し、やがては公的負担へと転化するものだからだ。その解答は、健康教育の授業を設け、スクールナースをやとい、登校者に予防接種を義務化するといったことだった。立派な家庭人を育成する努力は、家庭科プログラム(の充実)という形をとっていった。そこでは将来良妻賢母になるために必要となる料理、裁縫、掃除の腕を女子に確実に身につけさせることがめざされた。これらの家事能力が欠如していると家庭は機能不全に陥り、そこからは栄養がよく摂れしっかり社会化された市民や生産性の高い労働者を輩出することができないだろう。健康の悪化に関していえば、健康を害した家族がもたらす脅威は特に、移民や下層階級に対して抱かれていた懸念であった。

職業のための学校教育は職業教育プログラムの発展を意味し、そこには木材加工から機械製図、タイピング、即席の自動車修理、本の装丁から美容師まで、あらゆるものが含まれていた。余暇の有効活用は、生徒が労働時間外に、より重要な社会的役割に資するよう建設的に過ごすため訓練するプログラムに対応していた。これらの目標の延長上に出てくる鍵となる目標は、良好な健康を保つことだった。これはすべての学校段階に保健体育のクラスを設置することにつながっていった。

コモンスクール運動はアメリカの学校システムに対して、非常に野心的な課題リストを提示した。つまりそれは、新しい社会秩序を――市民を育成し、すすんで道徳的に行動する者を育て、共和主義的コミュニティを建設することによって――つくることを、学校に託したのだった。進歩主義運動もまた学校に対して野心的な課題リストをもっていた。企業主体の産業時代に合った新たな社会秩序の創出を求めたのである。しかしそれは、コモンスクールの推進者たちが付与した政治的・道徳的ねらいを遥かに凌駕するいくつもの社会目標を、学校に押しつけてしまった。そうすることで、増え続ける数々の社会問題に対して新しい学校プログラムをもって解決策として対処するという先例を、未来の改革者に与えてしまった。最も差し迫った喫緊の課題の解決を学校に求めるという我々の行動パターンが、今やしっかりとできあがった。

改革者と消費者、門戸開放と優位性、形式と内容　総合制ハイスクールという進歩主義の産物――そこでは開放性と階層的振り分け、平等と不平等、門戸開放と優位性、社会的効用と個人的効用とが混じり合っている――は、二〇世紀の教育モデルを打ち立て、それは今日なお我々の教育システムの中にしっかり姿をとどめている。両極端の間でバランスをとるのは、アメリカの学校がつねに得意としてきたことである。そのことがもたらしたのは、効率的とはほど遠い制度だ。なぜならそれが目標の一つを達成しようとするとき、他の目標を犠牲にすることなしには達成まで走りきることができないからだ。しかしながら、リベラル民主主義の矛盾を体現したものとして、この学校教育のモデルは比肩すべきものをもたない。これらの変化は進歩主義時代に起こった。そして進歩主義教育運動はそれをもたらす上である程度の役割を果たした。しかし改革――特定の社会的目標の実現を意図した政治的運動――はこの物語の、ほんの一部分でしかなかった。

これらの変化をつくり出したもう一つの原動力は消費者である。かれらは学校を改革しようとは試みず、そのかわりに一九世紀末に出現した新たな社会秩序の中で人に先んじようと、また優位を保とうとした。かれらは政治を通じて、つまり有力政治家に対して圧力をかけてハイスクールへの門戸を広げさせることによってその意思を表現し、また市場を通して、新規に開校したハイスクールに突進し、新しく開発された階層的カリキュラムにおける進路選択によっても意思を示した。

つまり進歩主義教育運動が影響力をもったのは、消費者の圧力と結合したからである。それは二〇世紀初期において新社会秩序を発展させる過程に重要な役割を果たし、政治的開放性、経済的効率、そして個人的利益の三者間での新たな均衡に基づく妥協を形成するのに寄与した。総合制ハイスクールはこのバランスの象徴であり、また同時に、実社会の中でこのバランスを実行していく際の重要な媒介でもあった。しかし教育的進歩主義者は社会に大きな影響を行使した一方で、かれらの教育に対する影響はずっと周縁的なものに限られていた。第4章で私は、学校改革の影響を制限する組織上の要因を検討する大きな作業の一環として、進歩主義の事例に立ち帰り、この改革運動がなぜ、そしていかにして、学校構造というレベルを超えて学校に大きな影響を与えることができなかったかを示したい。とりわけそれは、教師の教え方、生徒の学び方を変革することに全く成功しなかった。これらの要素は教育の中核的なものであるゆえ、これは学校改革のための運動を自称するあらゆる社会運動にとって、実際のところ深刻な限界である。

しかしながら私が主張しているのは、学校改革が必ずしも意味ある教育上の効果を生まなくとも、大きな社会的影響をもたらしうること、そして改革は教育の内容よりも形式を変革するのに優れているかもしれないこと、以上の二つである。改革者と消費者の双方にとって、学校教育の形式を変えることによってかれらの目的が達成可能なのであれば、学習内容の変革は、学校を通じて自身の目的を遂げるのには不必要なことかもしれない。つまり、社会生活への介入、そして社会問題への対応としての学校改革は、教室の学習を変えようとするよりも、学校システムを手直しするほうが見合うということである。私はこの考えを第7章で発展させようと考えている。だが今は、次のような逆説をもって結論とさせてもらいたい。主要教科の学習は学校システムにとって副次的な効能に過ぎず、学校《スクーリング》することこそが主要な効能なのかもしれない。

(1) Cremin (1961); Rodgers (1982); and Kliebard (1986).
(2) Braverman (1974).
(3) Wiebe (1967).
(4) この部分は Kliebard (1986) に依拠している。またより詳細な説明は Labaree (2004, chapter 7) を参照のこと。
(5) Cremin (1961), p. x.
(6) Kliebard (1986).
(7) Church and Sedlak (1976).
(8) Tyack (1974).
(9) Lagemann (1989), p. 185.
(10) 私はこの二種類の進歩主義が学校システムの諸相に対して与えた、異なった影響について第4章で論じる予定である。
(11) Hirsch (1996).
(12) 第4章で私は、管理行政的進歩主義がなぜ学校システム形成の上でも、より影響力が強かったかを探究している。
(13) Fishlow (1966), cited in Rury (2005), p. 64.
(14) NCES (1993), 表 5.
(15) NCES (1993), 表 8.
(16) NCES (1993), 表 8.
(17) Angus and Mirel (1999), 表 A. 2, A. 5, and B. 11.
(18) Commission on the Reorganization of Secondary Education (1918), p. 5.

第4章　改革に対する組織的抵抗

学校改革者たちをやる気にさせるのは民主的平等、社会的効率、社会移動のような差し迫った社会的目標を達成したいという欲求である。かれらは学校教育という手段を通して社会問題を解決したいのだ。次世代形成のために設計された制度として、学校システムはこれらの課題を引き受けるのにうってつけに思える。そして公的に管理され公的な資金でまかなわれる事業として、それは政治的要求に対して敏感である。そのため長年にわたり、学校は新たな社会的使命を熱心に引き受けるようになった。ただ、これらの使命を実行するのがうまくいかないだけであった。

初等・中等教育制度における教育改革運動が主に影響を与えたのは概して、学校システムの周縁部分であり、中心部分ではなかった。改革者は教育のレトリックには重要な影響を与え、最も効果的な改革運動は学校教育の構造形態をつくり上げた。だが学校システムの核となる機能――教師の教え方や生徒の学び方にまつわるもの――への影響はおおむね乏しかった。前章の終わりに示唆した通り、たとえ教育的機能を再構築できなくても、学校システムの構造形態をつくることにより、改革は社会的な影響を及ぼせるのだ。本書ではのちほどさらにこの点について考察するが、改革者たち自身は、この議論を受け入れないだろう。かれらは、生徒の学校での学びを変革しえたときに、自分たちは社会を変革したと言えると考える。しかしながら、学習が改革の目的であるならば、学習過程の変革が困難を極めてきたのはなぜなのだろうか？　この問いについて、本章および次章で探究したい。

本章では、アメリカの学校システムの組織モデルを提示する。それにより、教室での教えと学びという核心部分にまで学校改革の手が及ぶことの困難性がよく理解できるだろう。次に二〇世紀前半のアメリカ合州国における進歩主義教育運動を、改革の組織上の限界を理解するための事例として考察する。この改革運動の主要な二陣営〔子ども中心主義的進歩主義と管理行政的進歩主義〕を別個に見ることで、子ども中心の進歩主義が教育のレトリックを形づくったが決してその影響が浸透することはなかった一方で、管理行政的進歩主義はレトリックの変革ならびに学校教育の構造形態のつくり替えに成功したものの、教室での教授・学習実践の形成には失敗したことを示す。本章の最終節では、アメリカの改革運動が概して、教育内容よりも学校教育の形式面の変革により大きな成功を収めてきた組織上の理由を考察する。次章では、組織的理由から教育的理由へと目を転じていく。そこでは、教授実践および学習という問題の特定の局面に焦点を絞る。それが、アメリカだけでなく、世界中の教室レベルの改革を困難にしているのである。

学校改革が困難な理由の一つは、大規模な社会的プログラムの変革は何であれ難しいということにある。多くの社会的プログラムを評価してきたピーター・ロッシはその論考「評価の鉄則——社会的プログラムの総合的評価は無意味である」の冒頭で、その困難を次のようにまとめた。社会的プログラムを評価する際は、それが与える影響が分かると期待してはいけない。そしてこれは、評価の方法論に欠陥があるからではない。その正反対なのだ。「社会的プログラムの影響評価法がうまく設計されていればいるほど、正味の影響の査定結果はゼロに近づく」。別のところではこうも言う。「ある社会的プログラムが、個人を変えようとして設計されていればいるほど、プログラムの正味の影響はゼロに近づく」(1)。このプログラムの失敗の履歴と影響の小ささは、社会的プログラムの複雑性、ならびにその結果プログラムの働きの全体を誰も把握できず、適切な介入プランをつくれず、それをうまく実行に移せないことに起因するのだ、と。

社会改革全般に言えることは、とりわけ教育についてよく当てはまる。社会的複雑性が高く、改善の測定には困難がともない、人を変えることが主な任務である。学校がしんどい場所なのは、社会が生徒に獲得を望む一連のさまざまな価値やスキル、知識を、かれらに身につけさせようとする場だからだ。そして学校改革はさらに大変だ。なぜならそれは、何百万人もの管理職、教員、生徒に、改革者が身につけてほしいと望む態度やふるまいを身につけさせようと欲するからだ。

教育改革者であり教育研究者でもあるマイケル・フランは、著書『教育変革の新しい意味』の中で、学校改革問題に関する調査を行っている。フランはこうまとめる。「教育の変革は、技術的には単純だが社会的には複雑だ。……教育的変革の問題において、教条主義的な抵抗や悪意が問題となる部分は（両者とも多少はみられるにせよ）小さく、それより大きい問題は、大勢の人間が関わる多層的な社会プロセスを計画、コーディネートすることにまつわる困難さである」[2]。フランはその分析において、学校システムに属し事態を複雑化させている主なアクターたち――生徒、教師、校長、学区の行政官、コンサルタント、保護者、コミュニティ、政府――に一章ずつを割いている。これらすべてのアクターを同じ方向へ動かそうとするのは非常に難しい。フランは著書の後半を費やしてそれをどう実現するかを論じている。そこで彼は、変革を追求できるだけのアクターの力量を育てること、そして、特定の改革目標へのプレッシャーを維持させるような説明責任の方法を確立することを主張している。

また別に改革を研究したラリー・キューバンは、学校改革問題の重要な要素に的を絞って議論している。そこで彼は、教育変革の成功の見込みは、改革の努力が学校教育の中心的機能の変革をどの程度踏み込んで目的としているかに左右されると論じている。彼曰く、学校教育の中心にあるのは、普通の子どもを教育するための主要教科のプログラムである。そして周縁にあるのは、中心的プログラムになじめず、かわりに職業教育や特殊教育、英才教育に向いている生徒のためのプログラムである。改革者たちは長年、学校教育の中心よりも周縁において大きな変化をもたらしてきた可能性が高いと彼は述べている(3)。

同じくこの問題について調査してきたリチャード・エルモア、ミルブレー・マクラフリンは、学校改革の問題を組織という視点からとらえ、改革の成功と失敗を分ける鍵は、意図された変革が学校ヒエラルキーのいくつもの次元を横断して進んでいけるかにかかっていると主張する。かれらは特に、教育システムの三つの次元を指摘している。それは政策立案者、学校管理職、教師である。これらのアクターは改革の過程の重要な部分を占めている。理論上、第一のアクター〔政策立案者〕が改革運動を形づくって開始し、第二のアクター〔学校管理職〕が組織化して促進し、教師がそれを採り入れ実行することになっている。だが各アクターは別個の社会的、文化的に異なる世界で生きており、境界を越えたコミュニケーションには問題がともなう。これらの相違は、改革運動があるレベルから次のレベルへと進展するのを難しくしており、それはほとんどの改革が、学校管理職や教員の手前で立ち往生していることを意味している(4)。

学校システムにおける四つの次元《レベル》

まとめると、これらの著者は改革プロセスにおける困難を描いている。そこでは教育の組織上の複雑さを扱うのに苦労し、教育の中心的機能の変革に対する抵抗に苦しみ、改革を現場レベルに降ろし教室に浸透させるのに苦心している。これらの見識を踏まえて私は、エルモアやマクラフリンが行ったように、学校教育の複雑性を組織的ヒエラルキーの問題としてモデル化するだけでなく、さらにそれを広げ、ヒエラルキーの最下層に位置するキューバンが言うところの学校の中心的機能までふくめた四次元で考えるのが有益だと考える。[5]各レベルにはそれぞれ特定のアクターたちがいて、かれらは各々独自の言語、表現メディア、ツール、組織的インセンティブをもち、実践上の問題を抱え、独自の生態環境を生きている。この視点から見ると、改革者にとっての試練とは、改革を、妨げられたり、逸らされたり、弱められたりすることなく、システムの中心レベルまで降ろしていくことだ。キューバンは、このシステムが改革を失敗させるやり口を次のように簡潔に表現している。「組織というものは、改革者を迎え撃つ策をもっている」[6]。

システムの最上位の次元にあるのはレトリックであり、これが事業全体に理論的根拠を与えている。ほとんどの改革運動がこのレベルから開始される（そしてここで終わることも少なくない）。原理原則、教育ビジョン、変革の理論、変革の枠組み、再構築された教育実践の基準などの言明がこのレベルでつくられる。このレベルにいるアクターは、政策立案者、立法者、大学教授、裁判官、教育指導者などである。そしてかれらの主な表現媒体は、改革報告書、スピーチ、政策文書、学術論文、法律文、判決文などである。このレトリカルなレベルは改革運動に対して、最もオープンである。なぜならアクターたちは同じ言説コミュニティに属しており、このレトリックの中を軽やかに泳いでいるからである。

システムの次の次元が構造形態である。改革のレトリックはこのレベルにおいて、学区レベルにある学校教育の組織構造の鍵となる構成要素、たとえば教育政策、組織の単位、カリキュラムの枠組み、使用する教科書、専門家育成のワークショップなどへと変換されなければならない。このレベルのアクターには、学校管理職、学校委員会メンバー、カリキュラム開発者、教科書会社、ワークショップの指導者などがいる。このレベルに対して改革者が影響を及ぼすのは、より難しい。なぜならそのような働きかけは、国レベルの改革原理を、米国にある一万四〇〇〇もの既存の学区——それぞれが固有の組織構造をもち、政治事情を抱え、独自の物事の進め方をもっている——の中でうまく機能するものへと変換することを意味するからだ。

三番目の次元は教授実践である。もし改革のアイデアが学区の組織をほぼ無傷で通過しおおせたとしても、それはこのレベルにおいて、自己完結した教室のドアをくぐり抜ける必要がある。ここでのアクターは教師であり、ここでの重要な問題は、これら教師が自分たちの教育内容とプロセスを、どこまで改革レトリックの理念と改革を実行に移す際の現場のやり方の双方に適合させるかである。私たちはこのレベルで、教育という営みの中核部分である授業というものにたどり着く。そして改革の成否は、(現在の米国の数字によると)九万五〇〇〇校ある公立学校の三〇〇万人の教師たちの、改革の課題リストを引き受け教室で実践する力量とやる気にかかっている。教室レベルの改革の問題については、のちに詳しく考察する。だが一瞥しただけでも、これらの教師や教室数の多さ、多様性、地理的な分散から、このレベルでの改革遂行がいかに困難かがうかがい知れる。

最後の次元は、生徒の学習である。たとえ、ある改革運動が学校教育のレトリックをつくり上げ、ある学区の構造変更を巧みになし遂げ、教室での教師の実践にそれを見事に浸透させたとしても、それが成功とされるためになお必要なのは、生徒たちが教室での経験から得る学習を変革することである。ここでの鍵となるアクターは生徒であり、かれらは改革にとって最後の障壁である。この障壁は、米国の学校に特有な教えと学びの状況下では、ことさら手ごわいものかもしれない。

したがって学校改革の問題とは、改革がこの四つのレベルすべてを突破し、レトリックという周縁から教室での教授と学習という核心まで達することができるかどうか、ということだ。果たして改革に、レトリックレベルで教育界のオピニオンリーダーたちを説き伏せ、学区レベルで学校教育の構造形態を再編し、各教室での教師実践をつくり替え、そしてそこでの生徒の学習を再構築することができるだろうか? たとえ教室での教授と学習のレベルだけが教育改革で本当に問題となる部分であるように見えても、アメリカ教育史の研究から分かるのは、教育の中心部分を再構築するためにシステムの最深部へ達することに改革運動はおおむね挫折してきたということである。比較的成功した部類のものは、学校教育の構造形態をどうにか変革できた――それ以上には進めなかったとしても。失敗に終わったものはレトリックのレベル以上には進むことができなかった。

それでは進歩主義運動に戻ろう。この有益なケースの検討により、長きにわたり教室レベルの改革がなぜ非常に難しいものであったのかを明らかにしたい。

管理行政的進歩主義の影響を評価する

二〇世紀前半、管理行政的進歩主義はレトリックのレベルにおいて多大な影響を与えた。特に、教育の主目的は人的資本の生産と社会的効率の促進だという考えに信ぴょう性を与えた。この運動の最も顕著なレトリカルな表現に『中等教育の根本原理』（一九一八年）があるが、この報告書の冒頭の頁は次のように、これらの点を指摘している。

ここ数十年、アメリカ人の生活には、個人の活動に深く影響する変化が生じた。ひとは市民として、地域生活、州政府・連邦政府、国際関係の問題に広く、直接に対処しなくてはならない。また労働者として、複雑な経済秩序に適応しなければならない。さらに相対的に自由度の高い一個の人格として、多くの余暇をもっている。これら生活の三つの主要局面で起こる問題は密接に関連しており、すべて市民に対してある程度の知性と効率を要求する。これは初等教育だけでは保証できず、教育の射程が広げられなければ中等教育さえも保証できないものである。(7)

社会的効率のビジョンは、進歩主義の時代に勝利を収め、アメリカ教育のポリティクスの中心的テーマとして二〇世紀後半まで存在し続けた。それはコモンスクール運動のレトリックとは好対照であった。コモンスクール運動は、一九世紀の第2四半期にアメリカ公立学校制度をつくり、進歩主義の登場までアメリカ教育のレトリカルな論調を整える役目を果たした。コモンスクールのリーダーは、公的学校教育に対して純粋に政治的根拠を与えた。学校は、共和的コミュニティの促進と有能な市民創出のための装置として語られた。第1章で見たように運動の最も有力なリーダーであったホーレス・マンは、これらの学校が職業的スキルの提供や経済的繁栄の促進にも役立つという主張を軽蔑した。しかし二〇世紀初頭に管理行政的進歩主義は、アメリカの教育の目的に関するレトリックの強調点を、民主的平等から社会的効率へとどうにかシフトさせていった。ダイアン・ラヴィッチはその管理行政的進歩主義に関する著書（『学校改革抗争の一〇〇年――二〇世紀アメリカ教育史』）の中で、こう主張している。運動の思想は教育のディスコースをつくり替えたが、そのやり方は「職業訓練、社会計画、政治改革、社会的選別、パーソナリティの調整、社会的効率」に焦点づけることを優先し、教育の知的側面の目的を減じさせた(8)。

今日、教育と教育改革をめぐる言葉遣いには学校教育に関する実用主義的なビジョンが浸透しているが、これはもともと管理行政的進歩主義が推進したものである。教育問題に関するほとんどすべての改革声明や改革文書、政治スピーチの冒頭や中心に我々が目にするのが、国家経済に対して教育の果たす重要な役割への丁重な挨拶である。この主題を扱った歴史研究の書名においてノートン・グラブとマーヴィン・ラザソンは、学校教育が経済に及ぼす影響力への信仰を「教育福音《エデュケーションゴスペル》」と名づけている。経済学者たちがこのテーマを取り上げ始めたのは一九五〇年代のことだった。かれらは、人びとの生産スキルを「人的資本」と規定するアダム・スミスに依拠しつつ、学校教育の拡大を通じてどの社会も人的資本への投資を行っており、その投資はやがて経済成長という大きな配当を生む賢明なものだという議論を展開した。この見方はあらゆる教育政策の根底をなすようになり、今や立場を問わずどの改革者、政策立案者、政治家も、公教育に関するビジョンをこの人的資本の言い回しで塗り固めている。言葉遣いのレベルでは、管理行政的進歩主義は大成功を収めたのである。

しかし管理行政的進歩主義改革はまた、レトリックのレベルを突き抜け、学校システムの構造的レベルにも相当な影響を及ぼした。そこで特に強調されたのは、学校システムの組織とカリキュラムの構造だった。とりわけ都市部の学校システムにおいて学校管理の専門職化とともに、エリートで構成された小規模な教育委員会の手に統治を一元化することに成功した。地方においては瞠目すべき学校統廃合プロセスを開始し、一九三〇年代だけでも学区数を一万にまで削減した[9]。

カリキュラムへの影響も、そこまで劇的ではなかったものの重要だった。管理行政的進歩主義は教授内容を伝統的な主要教科から拡大して、学問ディシプリンの準備に限定されたものから、仕事や人生への広範な準備へと〔学校の目的を〕シフトさせようとした。この点で最も成功したのは歴史のかわりに社会科を採用したことだが、ほかに教養数学《ジェネラルマス》や教養理科《ジェネラルサイエンス》のコースも導入した。さらに、生徒に事務仕事や技術労働、工場労働に向けた準備をさせることを明確な目的とした職業訓練コースをそこに追加し、「生活適応」を目的とする家庭科や保健体育のようなコースも加えた。しかし、かれらがなした最も重要な変革は、階層トラック状にコースを組織し、分化したカリキュラムの創出である。そこでは、テストによって測定された生徒のアカデミックな能力レベルや、生徒が将来つくと予想される職業的役割によって、各トラックでコースが分けられていた。進歩主義教育運動に関する包括的な歴史研究書の中でローレンス・クレミンが、学校に与えた進歩主義の影響の代表として挙げている変革は、管理行政的進歩主義者の目的が反映され、学校教育の構造形態に主に影響を与えたものである。そのリストは、中学校の導入、カリキュラムの非主要教科分野への拡大、課外活動の拡大、職業的進路に応じたコースの分化、生徒の能力別集団編成、学校管理の専門職化などである[10]。

デイヴィット・アンガスとジェフリー・ミレルは、二〇世紀の米国ハイスクールのカリキュラムの体系的研究で、管理行政的進歩主義の影響の大きさと限界の両方を示している。かれらは、能力レベルや将来の職業、ジェンダーや社会階級に応じたカリキュラム分化の急激な拡大を明らかにした。また職業訓練や生活適応の授業が相当増加し、主要教科のコースが相対的に減少したことも発見している。しかし後者の変化は、分化の進行ほどは劇的ではなかった。既に述べたように、職業訓練の授業は決してカリキュラム全体の二〇パーセントを超えることはなく、主要教科が六〇パーセントを下回ることもなかった。非主要教科の中で最も拡大した分野は、職業教育ではなく体育であり、主要教科中、最も減少したのは中心的な主要教科ではなく外国語だった。一九五〇年代までには、二〇世紀初頭よりもはるかにカリキュラムの分化が進んでいたが、学校教育の大半はそれでもなお国語、数学、理科、社会科に重きをおき、社会科はそのほとんどが歴史に費やされていた。ハイスクールの教師はまだ、職業中心主義や生活適応という新しい進歩主義的ラベルよりも、学問的専門性を自己認識の源としていた[11]。

管理行政的進歩主義がアメリカの学校教育にレトリックのレベルおよび構造レベルで大きな影響を与えたことの証拠は強固である。しかし、教室での教授と学習のレベルへの影響がはるかに小さいことも示唆している。しかしながら学校教育の構造形態の成功は、教師の教授法や生徒の学習内容に対していくらかの変化をもたらした。カリキュラムのアウトラインが定められ、教科書(教材)の焦点や内容が規定されることにより、教室でのなりゆきに制約が課された。また学校システムの行政構造改革の構想は、新たなカリキュラムの実施に役立った。新体制ではその新カリキュラムを実施する授業の担当が教師に義務づけられ、使用された教科書・教材の内容は、教師の教授上の裁量に影響を与えた。結果として生徒たちは、ある特定の内容に多く触れることになった。このような知識に対するアクセスのちがいは、ある特定の学習が行われる可能性を高めるものだった。

しかしこれらの制約は、公に言われるほどには教授実践に対して制限的に働いたり決定的影響を与えたわけではなかった。長年にわたりアメリカの教育行政官は、学校の管理行政的部分に対しては強い影響力をもってきたが、教師が教室のドアの向こうで教えるやり方に影響を与えるのに必要なツールはもち合わせていなかった。それが今度はアメリカの教師たちは、教授内容を学ぶ気を生徒に起こさせるのが難しい状況に陥ってしまった。カリキュラムと管理体制の再編は当初思うほどには、学校で中心的な教える仕事に対して強い介入にはならないのである。教室での教授と学習に対する社会的効率重視の改革におけるこれらの限界については、本章の後半と次章で議論したい。しかし管理行政的進歩主義による改革へのアプローチのある側面は、教室での教授・学習を形成する力の元々の弱さを再び際立たせることになってしまった。その主目標は別のところにあったのだ。

これは学校教育の構造形態をターゲットにした運動であり、教育の中心を狙ったものではなかった。そのリーダーの多くは教育長であり、改革の主要ターゲットは他の〔学区の〕教育長たちだった。その焦点は、学校システムの運営方法とカリキュラムの構成方法の変更にあり、どちらの目標も達成できた。その理由の一つは、かれらが自分たちの野望を抑えそして学校管理者が最も直接的に支配下におく学校教育の要素に限って標的にしたからである。『根本原理』や、管理行政的進歩主義の正典的な他の重要文書をよく読んでも、教師に関する言及はほとんど見られない。教師は行政側とカリキュラムが望む通りに動くことがそこでは前提とされていたが、教授行為を行政側の期待にどうやってそわせるかという問題に実際に取り組む努力は見られなかった。

生徒の学習は、管理行政的進歩主義者たちが改革プロセスの中心として引き受けたが推進はしなかったものの一つでもある。進歩主義運動のこの部分は、学習の大部分は転移しないとするソーンダイクの学習理論に基づいていた。つまり、ギリシャ語やラテン語のようなつぶしの利かない科目の反復練習による古典語力の鍛錬に、カリキュラムは焦点化すべきでない。この〔古典語重視の〕アプローチは、能力心理学として知られるかつて支配的だった学習理論の流れから派生したものである。そこでは古典語の学習は、将来あらゆる分野で通用する学習の知性の基盤となるものと見なされていた。能力心理学アプローチとは対照的にソーンダイクは、生徒の学習はかれらが出合う内容の特性により大きく左右されると主張した。すなわち、学校には科学的見地から分化されたカリキュラムが必要であり、しかもそのカリキュラムは、将来生徒に労働者、市民、親として必要となるあらゆる領域の実践知に対応していなければならない。この理論の特長は、カリキュラムを御者としたことだった。生徒が必要とする全知識を網羅した、注意深く設計されたカリキュラムをひとたび設定すれば、学習は自ずと発生するというわけだ。教師はカリキュラムを伝えるためにそこにいるだけで、〔真の〕教え手はカリキュラムだったのだ。

重要なのは、生徒たちを正しいカリキュラムトラックにおくことだった。ここにテストが入り込んできた。管理行政的進歩主義はテストに強い関心を示し、標準学力テストの学校への大規模導入に意欲的だった。しかしかれらが強調したテストは知能テストだった。それは生徒たちを、各自の能力レベルに応じて正しいトラックに配置することを可能にするものだった。しかしながら、生徒たちが接したカリキュラムをどの程度真に学んだかを評価することには重きをおかなかった。学習成果測定テストの発明者は、二〇世紀末のアメリカの主要な改革運動である標準化運動である。この運動の推進者たちは管理行政的進歩主義の失敗から学び、カリキュラム履修が生徒の望ましい学習をもたらすことを保証するためにテストを使用している。

子ども中心主義的進歩主義の影響を評価する

二〇世紀の前半、子ども中心主義的進歩主義は、構造形態のレベルで学校教育に影響を与えることにはほとんど成功しなかった。その最適の証拠は、同じレベルにおける管理行政的進歩主義の相対的成功である。というのも、後者〔管理行政的進歩主義〕が主になし遂げたことは、子ども中心主義陣営が忌み嫌うようなことだったからだ。一方にとっての成功は他方にとっての失敗を表わしていた。この時代に管理行政的進歩主義改革のカリキュラムに対する焦点づけは、それ自体が大問題だった。なぜならそれは、子ども中心進歩主義による努力、すなわち子どもの興味や自発性に教授法を合わせていこうとする努力の正反対を行くものだったからだ。社会的効率重視のカリキュラムは、社会経済的利益のため、改革者が進むべき道と考える方向へと子どもたちを水路づけるべく、子どもに対して慎重に課せられるものとして設計された。これに対して子ども中心主義の教授法では、カリキュラムを生徒に合わせることが想定されていた。そして改革によってつくられたカリキュラムで前提とされた形態は、かれらにとってとりわけ忌まわしいものだった。精巧なカリキュラムトラック構造の創出を強調し、このトラック内部に限定した形でだけ学校教育を経験するよう生徒を割り当てることは、学校教育を硬直したものにし、かれらが思い描く自然で生徒主導の学びを追求し達成することを不可能にするものだった。

社会的効率重視のカリキュラムの背後にある学習理論はまた、教育者たちの学習理論とも反対の方向を指向していた。管理行政的進歩主義は学習を、学ばれる特定領域に限定したものとして考えていたが、デューイに傾倒する進歩主義者たちは学習転移説を支持していた。前者にとってカリキュラムはすべてであり、学習の目的であった。後者にとってカリキュラムは学習が生じるための媒介、目的達成のための手段であり、その手段は多様であった。事実、子ども中心主義の進歩主義者に言わせれば、管理行政的進歩主義が科学的にトラックに振り分けた生徒に対して押しつけた、行き止まり型の特化したカリキュラムに縛りつけることは、学習を阻害するものだった。これはまさしく、デューイが『子どもとカリキュラム』で発していた警句、「子どもから遠くかけ離れた立場や態度において考案・創出され、子どもの動機を無視して開発された、外からのお仕着せの教材」の類のカリキュラムであった(12)。

子ども中心主義的進歩主義は、教室での教授実践や生徒の学習のレベルにその改革を導入することに関しても、運から見放されていた。しかし管理職とちがって、これはかれらの努力が足りないせいではなかった。管理行政的進歩主義は管理体制と定型カリキュラムを重視しており、適切な教授と学習は自然についてくると考えていた。しかし子ども中心主義的進歩主義は構造レベルを無視し、個々の教室での教授と学習の過程だけに取り組んだ。構造レベルで教育管理職が成功した要因の一つは、この一点にエネルギーを集中させたこと、およびこの一点においてかれらの主たる支持者である管理職仲間をうまく巻き込んだことである。他方で構造レベルにおける子ども中心主義的進歩主義の失敗要因の一つに、かれらがこのレベルの重要性を軽視し、より下位のレベルを重視したことが考えられる。それでもかれらは情熱を教授と学習に注ぎ込んだが、そのレベルでもかれらは失敗を余儀なくされた。このことが、かれらの中心〔深層〕レベルにおける失敗に悲劇的な色彩を与えた。デューイ主義者たちは、二〇世紀第2四半世紀以来ずっとかれらの運命をかこっている。まさにこの時期から、かれらの失敗の次元が明らかになり始めたのだ。

二人の歴史家、アーサー・ジルバースミットとラリー・キューバンは、子ども中心主義的進歩主義の教授実践に対する影響を考察し、両者ともこの影響はあまり大きくなく一時的なものであったと結論づけた[13]。キューバンはさまざまな資料(写真、学区研究、訪問者の報告、教室の見取り図)を用いて、子ども中心主義の授業実践が二〇世紀の第2四半期において、ニューヨーク、ワシントンDC、デンバーの各地で実際にどの程度行われていたかを調べた。キューバンは、教室が次の五項目のうちいくつかで進歩主義的な特徴を示していた場合に、教室が子ども中心的だと分類した。その五つとは、教室の配置(机・椅子の配置が列でなく班形式である)、集団化(生徒が小グループで学んでいる)、発言(生徒がよく話し、授業中に主導権をとっている)、活動(プロジェクト、小グループ、自由研究)、動き(生徒が自由に席を離れられる)である。子ども中心主義教育に対するこうしたざっくりした代理指標(これらはどれもデューイ主義の進歩主義教育の精神を本気で実践せずとも採用可能だった)を用いても、影響を与えたという証拠はわずかしか見出せなかった。たとえばニューヨーク市で一九二〇年から一九四〇年の間に、「広い意味での進歩主義教育を採り入れ、程度の差はあれ教室で用いたのは小学校教師の四人に一人程度に過ぎず、高校レベルではさらにその割合は低かった」ことをキューバンは発見した[14]。教室に現れる可能性が最も高かった要素は、活動と動きであった。

ジルバースミットは、一九三〇年代と四〇年代のシカゴ地域における教室の子ども中心主義教育に関する資料を検証した。彼の結論は次の通りだった。

一九二〇年代、三〇年代の進歩主義教育に関する熱烈な議論に反して、またいくつかの学区にみられた際立った進歩主義や、州の教育当局や教員養成大学において進歩主義思想の重要性が高まったにもかかわらず、一九四〇年代までに、進歩主義教育がアメリカの教育の型を著しく変えることがなかったのは明白だ。子ども中心主義の学校を求める声の大部分は無視されたのである[15]。

こうした結果に関する彼の説明はこうだ。「究極の失敗は、進歩主義の明らかな成功の大部分がレトリック上のものだったことだ。学校や個々の教師の中には、より子ども中心主義的な学校の必要性を説くデューイの声に耳を傾けた者もいたが、大半は旧来のやり方を続けながら、これらの考えにリップサービスを送るだけだった[16]」。こうした歴史家たちが述べてきたパターンとは、社会的効率主義の進歩主義が公立学校システムにおいて支配的となった一方で、子ども中心主義的進歩主義は概して一握りの私立学校に限られていた、ということである[17]。

子ども中心主義的進歩主義は、その主要目的、すなわち子ども中心主義教育の原則にそって公立学校の教室における教授と学習をつくり替えることにおおむね失敗したが、かれらは教育システムのあるレベルの改革に影響を及ぼすことには成功した。ジルバースミットの指摘通り、それはレトリックのレベルであった。この成功は小さいものではなかった。二〇世紀中葉における進歩主義プロジェクトを要約した際にクレミンが指摘する通り、アメリカの教育者はその頃までに皆、子ども中心主義的進歩主義の言葉遣いを使って教育を語るようになっていたのだ。

ジョン・ケネス・ガルブレイスの言葉を借りれば、経済学と同様、教育においても「世間一般の通念」というものがあり、第二次世界大戦の終わりまでに進歩主義は、その世間一般の通念になっていた。教育政策の議論には、「個人のちがいを認識する」「パーソナリティの発達」「子ども丸ごと」「社会的・情緒的発達」「創造的自己表現」「学習者のニーズ」「本来備わっている動機」「持続的な生活状況」「家庭・学校間の架橋」「教科ではなく子どもを教える」「学校を子どもに合わせる」「本当の生活経験」「教師―児童関係」「職員計画」のようなフレーズによって、リベラルなスパイスが加えられた。このようなフレーズはたしかに、教育者たちの合い言葉、おざなりな標語であったが、それ以上のものでもあった。というのも、進歩主義教育がついにはよい教育として受け入れられる日が来るだろうというデューイの予測が今や現実のものになったことを、それは意味したからである[18]。

最後の文でクレミンは、このレトリック上の成果をより実質的なものへ広げようと試みている。しかし本段落の重要性が強く示唆するのは――さらにそこに、教授と学習についての子ども中心主義的進歩主義の影響に関する証拠がもつ重みを加味して考えれば――その影響は主に、アメリカの教育者たちが学校教育を実践する方法でなく、それを語るときの方法に限定されていたということである[19]。結果として私たちは、発見、関わり、探求といった子ども中心主義の用語を、学校教育の構造、教授実践、学習プロセスといった階層化と人的資本形成という社会的効率原則に深く根ざしたテーマについて語る際にも、使うようになった。

管理行政主義的進歩主義が構造的レベルにどうにか到達したのと時を同じくして、子ども中心主義的進歩主義者がレトリックレベルを超えてその改革を進展させるのに失敗したことを、我々はどう理解すればいいのだろうか？　既に指摘した通り、一つの理由は、管理行政的進歩主義が、教育管理職として現実的に影響可能なレベルに注力したためである。これは、子ども中心主義的進歩主義者たちが、ひときわ変革が困難な教授と学習のレベルを変化させようとしたこと、それも敵対者たちの手中にある構造形態やカリキュラムに対しては特段の影響力ももたないまま、それをやろうとしたことと対照的である。もう一つのより根本的な理由は、教育改革へのロマンティックな訴求力は、功利主義の訴求力に比べて概して効果が低いということである。教育は巨大な事業であり、大きな社会的成果を生み出すためには巨額の公共投資を必要とする。このような条件のもとでは、経済成長の促進やニーズの高い職業スキルの提供といった現実的目標を掲げるほうが、楽しい学校教育や深い学習の促進といったロマンティックな目標を掲げるよりも、投資の正統性を獲得しやすいのである。

学校組織は、改革が教室に到達するのを困難にしている

二〇世紀前半の進歩主義改革の事例は、教育改革が学校システムに根本的な変化をもたらすのには困難が付きまとってきたことを示している。レトリックのレベルで変化を起こすのは、学校改革者たちにとって比較的容易であった。構造レベルでの変革はより困難であったが、限られた形であれ、恵まれた立場の改革者にはそれも可能だった。しかし、教師の個々の教室での教授法を変えるのははるかに難しく、さらに教室での生徒の学習内容および方法の変革がすべての改革目標の中で群を抜いて難しいことが分かってきた。

本章の最終節では、教授・学習が行われている学校システムの中心レベルでの改革を非常に困難なものにしているいくつかの構造的要素について考察する。アメリカの学校システムの最深層レベルでの変革を困難にしている組織的特徴に、特に次の二つがあることをここで論じる。緩やかな連結と行政的統制の弱さ、これである。

緩やかな連結　アメリカの学校組織は、緩やかに連結した組織である[20]。原子力発電所や石油精製施設のように密に連結したシステムでは、ある箇所での変更やアクションはすぐに他の部分に伝わる。しかしアメリカの学校はそうではない。システムの各パーツは統合された単一の全体の構成要素ではなく、半自律的な部

分として作用している。(21) 歴史的に見ても、合州国では州の学校教育制度はかなり独立して運営されており、連邦政府との接点はごくわずかでしかない。同様に学区は独自の統治構造、資金源、政治的地盤、人事制度、そして組織文化を有していて、それらは州当局の介入からおおむね守られてきた。他学区の影響からも隔てられてきた。学区内では、それぞれの学校が互いに同程度の独立性を保っている。それらはシステムの自己完結的な構成要素であったが、互いに緊密に関係することなく併存している。そしてこれらの学校は、学区事務所から物理的に離れていることや、ある特定のコミュニティに対して自力で教育を提供する力をもつことによって、学区行政当局の干渉から守られてもいる。

学校内でも、それぞれの教室は別個の教育上の単位《モジュール》として機能し、互いに独立している。それは独自の機能(校長が学校経営に注力するのに対して、教えるという明確な機能をもつ)と物理的な孤立(壁に囲まれた閉鎖的な場所)によって、校長の目からも遠ざけられている。そして教室内では、それぞれの生徒が教授と学習の独立した単位として機能し、各自が異なる能力や動機を学習プロセスにもち込む。それゆえ教師から見ればどの生徒も、他の誰とも異なる独自の課題を抱えている。連邦政府から各州が、州政府から学区が、学区から学校が、校長室から教室が、そして教師から生徒が相対的に独立していることが、教師と生徒の双方に、組織構造の上位層に対する機能上の半自律性を与えている。

アメリカの学校組織の六層それぞれは、似通った構造をしている。併存し互換性のある組織セグメント(生徒、教室、学校、学区、州)が、教育サービスを届けるために半ば独立的に機能し、それらは、同様のセグメント構造をもつ上位レベルのユニット(教室、学校、学区、州、連邦政府)の中に緩やかに埋め込まれている。生徒個々人はこの入れ子構造の基礎となる建築ブロックであり、それが段階的に積み上げられ、教室、学校、学区、州制度、そして最終的には国家制度へと至る。つまり私たちがアメリカの学校システムについて話すとき、それが実際に指しているのは、元をたどれば五〇〇〇〇万人の生徒の教授と学習にまで行き着き、それがおよそ三〇〇万の教室の中で起こり、それが九万五〇〇〇校の学校、一万四〇〇〇の学区、五〇の州の中にそれぞれはまっている一連の入れ子構造のことなのだ[22](合州国が学区に関するデータを取り始めた初年である一九三八年には、これらの数字は、生徒数が二五〇〇万、教室数九〇万、学校数二五万、学区数一二万、州の数は四八であった[23])。この条件下で、学校改革の努力がシステムの最下層まで垂直に突き進み、水平方向にはそれぞれの層のすべてのセグメントに広がり、ついには教室や生徒に到達するのに悪戦苦闘していることは驚くにあたらない。学区のレベルで管理行政的進歩主義がなし遂げたような影響を与えることは、この視点から見ると、かなりの偉業であった。

二〇世紀終わりの米国で起きた標準化運動は、ある意味で、改革者の枷《かせ》となったこのシステムの限界から学び、より緊密に結びついた制度を意図的につくろうとした運動である。その発端は、共通のカリキュラム基準の必要性を唱える連邦レベルのレトリックだった(一九八三年の報告書『危機に立つ国家』、その改訂版としての二〇〇二年の落ちこぼれ防止法)。それは結果的に、標準学力テストによって強化された州のカリキュラム基準の設定につながった。その中で、成績基準を満たせなかった学区、学校、先生、生徒に対してはそれぞれ制裁が課せられ影響が及んだ。そして今度はそれが、強権的な学区や学校や教室が、学区レベルの定型カリキュラムや教室レベルで教員が実際に使用しているカリキュラムを、州・連邦政府のガイドラインに従わせるのに一役買った。標準化運動において、緊密な組織をめざす動きを後押ししたもう一つの要素は、学校財政の変化であった。教育予算の財源を地方財産税(学区の自律性を強化する傾向のある)から州・連邦予算(学区の自律性への介入となる)へと移行させる傾向が、この時期に生じたのであった。

教授行為に対する行政的統制の弱さ

　アメリカの学校教育のもう一つの顕著な組織的特徴は、教育管理職が教授法に対して及ぼす統制が比較的弱いことである(24)。もちろんこの管理の脆弱さはある部分、緩やかな連結がもたらした結果である。緩やかな連結という組織特性のため、学区と州、学校と学区事務所、教員と校長室、生徒と教員の間の壁が管理職にとって越えづらいものになり、変革が一つの学区からその外へ、ある学校から他校へ、同じ学校のある教室から別の教室へ、同じ教室内の一人の生徒から他の生徒へと広がりづらくなっている。しかし教育管理職の教授法に対する影響を弱める要素は、これだけではない。大半の職場で雇用主がもっているような、被雇用者を自らの意にそうよう動機づける根本的な力が、アメリカの教育職の構造的特性の中では、学校の管理行政職に昔からずっと欠けていたのである。大抵の職業には、被雇用者を確実に意のままに動かすことができる仕組みが二つあり、雇用主はそれらを適宜組み合わせて操る。恐怖と渇望《グリード》である。

　恐怖は最も初歩的なレベルで作用する。すなわち、私の言う通りにしなさい、さもなければクビにするぞ、というわけだ。より洗練されたやり方に、雇用主の期待にそわないことに対して、解雇まではいかないが各種の懲罰をちらつかせるという方法がある。降格、懲戒、いやな部署や窓際ポストへの異動、役職特典のカット、昇進の妨害などである。

　しかしアメリカの校長は昔から、教員を脅すことに及び腰だった。二〇世紀初期に出現し、第二次世界大戦後の教員組合の強化とともに強固なものとなった現在のパターンについて考察しよう。〔現在のアメリカでは〕教員組合との契約の結果、三年程度の試用期間を過ぎた後の教員の解雇は非常に困難になっている。大学教授の終身雇用《テニュア》の権利に比べれば劣るが、アメリカの教師は他のどんな職業よりもはるかに安定度の高い雇用保証を享受している。雇用保証権《テニュア》を既に得ている教師を解雇するには文書の準備、法的手続き、組合との闘いなどが必要とされ、非常に厄介であるため、ほとんどの校長は挑戦もしない。だから残されたわずかな罰はどれも、教師の注意を引くような力のないものばかりである。校長に可能なのはたとえば、低い評価をつける、特別な依頼を拒絶する、手当をつけない、他の学校に異動させる、希望していないクラスに割り当てる、などである(ニューヨーク市の学校システムでは、教育行政府の建物内に「隔離部屋」と呼ばれる部屋がある。原因があって教室から排除されたが解雇できない教員たちを対象とし、かれらはここで給与を全額もらいつつクロスワードパズルに興じている)[25]。しかし解雇という大砲を欠いた現状で、これらの罰は、教師にカリキュラムをこちらの望む通り教えさせるという現在進行中の戦闘の武器としてはいかにも弱々しい。

恐怖が雇用主にとって鞭であるならば、渇望はニンジンだ。その仕組みは同じくらい単純で、私が言う通りにしなさい、そうすればご褒美をあげるよ、ということだ。大抵の大きな組織において、雇用主の目に顕著な働きぶりをみせる被雇用者に対してはよく考えられた何パターンかの褒賞が用意されている。その主な二つは金銭的報酬と昇進である。管理職は、従業員の仕事ぶりが管理職の期待にどの程度そっているかを根拠に、昇給や昇進の可否を決める。給与、賞与、またその他の経済的インセンティブは、被雇用者のふるまいに褒賞を与える、非常に柔軟なメカニズムである。昇進もまた、真面目な従業員に対して恩恵を与えるための、同じようにバラエティに富むさまざまな手段を用意している。高い職階、威信の高い称号、広いオフィス、窓、気前のいい福利、あるいは社用車などがそれである。

しかしアメリカの公立学校においては、第二次大戦以後、教育管理職は給与や昇進の差配には実質的に全く裁量権をもってこなかった。給与水準は教員組合との契約によって設定されており、それは昔からたった二つの基準、すなわち勤続年数と学位や学歴のみに基づいて設定されてきた。改革者たちは繰り返し能力給への移行を提案し、学区とその組合の中には、そうしたプランを実験的に行うところもあった。しかしこれら一部の例外を除いて、学校の教育管理職は一般に、特定の教育目標を満たすと見なされた成果に基づいて教師を昇給させる権能を欠いていた。またかれらには教師を昇進させることもできなかった。教師は水平的な職業であり、法律事務所の弁護士や大学教授のような垂直方向のキャリアパスが存在しない。学科主任《チェア》がいるハイスクールを除いては、教師の野心を引きつけるようなより高いレベルのポジションはない。教職に就いた者は、一年目に職場で教師という役割を引き受け、退職するまで同じ役割を続ける。昇進が起こるのはふつう、教員から管理職に移るときだけである。これもまた、より高い階層（上級教員《リードティーチャー》、職業的専門家《キャリアプロフェッショナル》、教育委員会認定教員）をつくろうという提案がなされてきたが、職業構造に組み入れられるには至っていない。(26)

これが米国における教師の終身雇用、給与、昇進の現在のパターンである。しかし、二〇世紀前半、進歩主義教育運動が全盛であった頃の状況はどのようだったのだろうか？　教員組合は二〇世紀の最初の二〇年間に、アメリカ教員連盟（一九一二年設立）の傘下に入ってアメリカの大都市で大きな影響を及ぼし始めた。これらの運動は一九二〇年代に勢いをなくしたが、一九三〇年代と一九四〇年代に息を吹き返す。(27)正式な教員契約書は、一九世紀の後半以降の公立学校では標準となっている。当初、これらの契約書のほとんどは契約解除に値する理由のリストから成り立っていたが、これらは教育に関する行動ではなく性的な行動（付き添いなしで独身女性が男性と同伴すること）に主に関係していた。しかし一九二〇年代の教員不足により、全米中の学区が必要な教師集めと確保のため、終身雇用資格を与えざるを得なくなった。(28)終身雇用資格に加えて、一九二〇年代の教員契約では給与条件も変わり始めた。それ以前の契約は男性に対して高額給与を与える体系になっており、上級学年の教員のほうが給与が高い仕組みになってもいた。これは教員にとっては事実上、年功序列に基づいた昇進制度をつくり出しており、教員が徐々に学年とともに給与表を上がっていくのを奨励していた。しかし一九二〇年代に起きた教員不足や組合の圧力により、昇給や単一基準の給与表を求める声に対して譲歩せざるを得なくなり、男女間や学年による賃金格差がなくなった。結果として、年功序列の報酬パターンは残ったものの、昔の昇進の階梯は急速に姿を消した。これにより教員の終身雇用、年功序列の賃金、昇進なしという構造が残った。それは現在のアメリカのパターンに近い。

まとめると、二〇世紀のほとんどの期間、アメリカの教育管理職は教員を解雇も昇進もさせる力がなく、賃金設定する力もなかった。他の職場の管理職が、管理方針にそって被雇用者を働かせ続けるために使える武器が、かれらには何もなかったのだ。改革者が学校システムの第二のレベルを突破するのに特に難儀した理由が、このことによって一部解き明かされる。管理行政的進歩主義のように改革者が学校システムの構造形態を変革するのに一部成功したときであっても、かれらは依然として教室のドアに遮られているように感じていた。そして、この第三のレベルである教室での授業こそが、システム全体の中心部分を構成しているのだ。

改革への抵抗が、よいことである可能性があるのはなぜか

ある教育改革が成功か失敗かを決定する一つの方法は、その改革がどれぐらい深くその教育システムのレベルを下りて、その最深部の授業に到達したのかを検証することである。改革者は私たちの学校をめぐる語り方を変えることにより、レトリックのレベルではシステム変革に大きな成功を収めた。そしてかれらは、優れた人材とよい計画案を得たおかげで、カリキュラムと管理体制を変革し(中学校のような)新しい学校段階を加え、テストの導入により、構造形態のレベルでもシステムの構成要素をつくり直すことができた。しかし改革者は、教室での教授や生徒の学習というレベルでは、重要な変化を起こすのにはるかに大きな困難を経験していた。

二〇世紀初頭アメリカの進歩主義的教育運動はこの点で、示唆に富む例であった。運動の一方の陣営〔管理行政的進歩主義〕はレトリックの変革と学区の構造改革に成功し、他方の陣営〔子ども中心主義的進歩主義〕はレトリックのレベルに限った影響を与えた。しかし両者ともおおむね、教室での教授と生徒の学習を大きく変え得なかった。進歩主義はこの時代の教育における主要な改革運動であり、綺羅星のような一群の教育管理職、大学教授、理論家、政策立案者たちから支援を受けた。それでもなお、学校教育の中心部への影響力は軽微なものだった。私が示してきたのは、この相対的失敗がアメリカの学校システムに特有の特徴、すなわち組織の緩やかな連結および教授の構造という特性に起因しているということだった。前者は上部から降りてくる変化から学校と教室を守るものだった。また後者は、教員の終身雇用、給与、昇進に対する学校管理職の統制を拒むもので、ゆえに教師の教え方を変革しようとする管理職の策略から教師を守った。

しかし、改革運動の目標達成の失敗は学校や社会にとってそう悪いことではなく、その成功はかえって事態を悪化させたかもしれないということを、ここで心に留めておこう。言いたいのは、たとえば、もしスネッデン、キングスレー、その他の管理行政的進歩主義者たちが、社会的効率というアジェンダをアメリカの学校システムの構造に課するのに失敗していたら、アメリカの学校はもっとましなものになっていただろう、ということだ。かれらは教室の教授や学習を変化させることに成功しなかったが、実際には、階級ごとに効率的に生徒を振り分けるカリキュラムトラックの開発によって、また学校教育を職業準備に旋回させ、広い社会的・政治的使命を削り落とさせたことで、十分なダメージを与えた。この視点から見ると、有害な改革を妨害することは、ためになる改革を実施するのと同じぐらい積極的な成果である。もちろん、改革に関して何が有害で何が有益なのかの判断には議論の余地がある。なぜなら、それはどの教育目標をその人が最も重視するかによるからだ。スネッデンは職業教育中心主義を最上のものと考えた。デューイはそれを最低のものと考えた。すなわち、スネッデンにとっての成功はデューイにとっては失敗なのだ。

改革問題をこのように考えると、学校教育という組織を、それが教授と学習の改革を妨害しているという理由だけで解決が必要な問題だと考えるのには、慎重でなければならないと言える。一九八〇年代に登場し二一世紀初頭まで続いている標準化運動は、間違いなく、このシステムの組織を問題ととらえている。進歩主義者たちの失敗の轍を踏まないために、この運動のリーダーたちはシステムの連結を緊密化し、教師が管理職により強い説明責任を負うメカニズムを導入するよう努めてきた。かれらは標準学力テスト制度をつくり上げ、それを州のカリキュラム要領に関連づけ、そして、各学校がどれぐらいスコアを上げ、目標を達成しているかを示す成績表を開発した。かれらは教員の実績、地位、給与を、学力テストのスコアの上昇への貢献と連動させることを推進している。

標準化運動の効果は、かれらがどの程度、より緊密な連結とより強い説明責任を学校システムに課すことを達成できたかによって測定可能だ。学校改革は米国を経済的生産性のより高い国に、そしてより公正な国にすることを重視すべきであるという標準化運動2・0の目標に人びとが同意するのであれば、そして、学力基準の向上がこれらの目標達成の手助けとなると人びとが考えるのであれば、この改革の成功は望ましい。しかし、標準化運動の公正性に関する主張が、教育の経済的目標を社会的・政治的目標——本来こちらのほうが重要なのに——よりも優先させるアジェンダの単なる隠れ蓑に過ぎないように思えるならば、これらの変化に抵抗する教育システムを応援するだろう。後者の視点から見ると、緩やかな連結と教師の自律性は、改革者が無意味な目的のために学校システムを乗っ取るのを防ぐ安全装置の役割を果たしている。

社会学者のチャールズ・ペローは、緩やかな連結が組織にとっていかにして利点になりうるかをテーマに『ノーマル・アクシデント——高危険度技術とともに生きる』という本を書いた。彼をこの分析に駆り立てたのは、ペンシルヴァニア州ハリスバーグ近くのスリーマイル島で一九七九年に発生した原子炉の部分的メルトダウンである[29]。このケースに類似した事故のいくつかは、ある特定の組織構造から起こりうる類のものだったという意味で「通常」のものだというのが彼の結論だった。原子力発電所は緊密に連結したシステムである。そこには、システムのすべての部分を結びつける連続的なプロセスが含みこまれているのだ。これはすなわち、ある一カ所で起きた問題が即システムの他のパーツにも伝播するということである。そしてその相互作用は極めて複雑なため、すべての偶発性を考慮に入れた安全装置はない。実のところ、安全装置が次から次へと起きる相互作用を先導し、事態を悪化させる可能性もある。

そのため、緊密に連結したシステムでは、孤立した失敗が、時間が経つにつれてシステム全体の致命的な失敗をひき起こすよう作用することが避けがたい（ある特定のアプリケーションの奇癖がコンピュータの故障を起こさせることを思い出してほしい）。それに比べて学校のように緩やかに連結したシステムは、このような致命的な失敗から守られている。ある教室での教え方がまずくても、それが同じ学校の他の教室に必ずしも影響しないし、ある学校の成績が悪くても、それが周囲の学校に必ず及ぶわけではない。有害な改革は、全体としてシステムに影響する可能性は低い。なぜなら、これらの改革は全身的というよりもまだらであるからだ。州から学区へ、そして学校へ、最後に教室へと駒を進めるのに苦労するのは、よいアイデアも悪いものも同じだ。なぜならその過程の各段階にある緩衝地帯は影響を小さくしたり、局部化したりするからだ。緩やかに連結されたシステムであるゆえ、アメリカの学校システムは改革を伝播する媒体としてはお粗末なものだが、同時にそれは、教授や学習への有害なアプローチの拡大に対しては防波堤となる。

この特徴を肯定的にとらえるか否定的に思うかは、学校改革を通じた社会改善の可能性について楽観的か悲観的かによるところが大きい。学校改革者とは生来、楽観主義者である。学校がやり方を変えさえすれば、重要な社会問題を処理することができると確信している。結果として、学校システムの構造をひどく嫌う。なぜなら改革目標にそって教授や学習をもたらそうとするかれらの最大限の努力を、それが歪めてしまうからだ。しかし、もしあなたが私のような悲観主義者で、社会問題を解決する学校の力について懐疑的なら、改革に抵抗する力が学校システムにあることは慰めとなるだろう。改革者にとって、学校システムが目下の社会問題を引き受ける必要性は非常に大きく、現在の姿のままの学校がその解決に失敗することは社会にとって大きな損失である。だから、学校の抜本的な改革は必須なのだ。このように無残な状況下でも、致命的な失敗――教育界で原発のメルトダウンに匹敵するようなこと――の片棒を担いでしまうのではないかという恐れはない。なぜなら、学校改革者の目には学校システムは、これ以上悪くなりようがないからである。ほとんどいかなる変化も、ないよりはましだ。そのモットーは「ただつっ立っていてはだめだ、何かをしろ」である。

しかし私のような悲観主義者にとっては、さらに事態が悪化する可能性も同じぐらいある。学校改革の歴史は、意図せざる結果と失敗の連続の憂鬱な物語である。学校改革を「常時稼働中」にする一つの要因は、すべての改革運動が問題をつくり出し、そして今度はそれが解決のためのさらなる改革運動を生むという構図である。(30) 標準化運動は、管理行政的進歩主義の改革がひき起こした問題、すなわちカリキュラムの断片化や社会の分断を解決しようとしている。その答えは、主要教科の共通コア部分について成績の最低ラインの底上げを図ることに注力するというものだ。次に何が起きるかは分からないが、確信をもって言えるのは、標準化運動によって発生した問題を解決するために、別の改革運動がどこかの時点で生じるだろうということだ。

懐疑主義者のモットーは、ヒポクラテスから来ている。「まず害のあることをするな」である。教育改革で何かをすると害あって益なしということは、歴史的にも示されている。だから、用心深くすること、よく意味を考えること、初日からシステム全体の改革を始めるのではなく、実験的に試してみることはためになる。この視点から見ると、問題を抱えていて、教育に対する熱狂的態度が伝染病のように広まることに抵抗する学校システムをもつのは有益なことだ(31)。

（1）Rossi (1987), pp. 4–5.
（2）Fullan (2001), p. 69.
（3）Cuban (1988).
（4）Elmore and McLaughlin (1988).
（5）このモデルは、私と他の研究者が他の場所で使用したカリキュラム改革モデルを一般化したものである。そのスキームでは四つのレベルとは、レトリックレベルのカリキュラム、定型カリキュラム、使用されているカリキュラム、受容されたカリキュラムのことである(Labaree 2007a, chapter 7)。Cuban (1992) は後半の三つのレベルを、意図されたカリキュラム、教えられたカリキュラム、学ばれたカリキュラムと呼んでいる。
（6）Cuban (1988), p. 101.
（7）Commission on the Reorganization of Secondary Education (1918), p. 1.
（8）Ravitch (2000), p. 459.
（9）U.S. Bureau of the Census (1975), 表 H412.
（10）Cremin (1961), pp. 306–308.
（11）Angus and Mirel (1999), 表 A. 2, A. 5, B. 11.
（12）Dewey (1902/1990), p. 205
（13）Zilversmit (1993); Cuban (1993). ダイアン・ラヴィッチはこの評価に同意している。「キューバンとジルバースミットは、進歩主義教育とは、デューイが提唱したような、子ども中心的で、社会的な意識をもち、知的な刺激に富んだ環境のことであると認識していた。彼らは、進歩主義のこの理想的な形はアメリカの公立学校で制度化されてこなかったと、正確に結論づけた」。Ravitch (2000), p. 525, fn. 6.〔ラヴィッチ、末藤美津子・宮本健市郎・佐藤隆之訳『学校改革抗争の一〇〇年——二〇世紀アメリカ教育史』東信堂、二〇〇八年、五七二頁〕
（14）Cuban (1993), p. 75.
（15）Zilversmit (1993), p. 34.
（16）Zilversmit (1993), p. 168.
（17）Semel (2006), p. 13.
（18）Cremin (1961), p. 328. 強調は原文のまま。
（19）クレミンが二〇世紀前半の進歩主義の具体的影響を詳

しく述べるとき、彼のリストは管理行政的管理主義のアジェンダを反映している。子ども中心主義的進歩主義からの影響だと彼が見なすのは、生徒のプロジェクトと活動の二つだけである(Cremin 1961, pp. 308-310)。

(20) Weick(1976); Bidwell(1965).

(21) Perrow(1999).

(22) NCES(2007),表 3, 4, 5, 83.

(23) NCES(1993).『アメリカ教育の一二〇年』表 14, 20.

(24) Lortie(1975).

(25) Brill(2009).

(26) Carnegie Task Force(1986); Holmes Group(1986).

(27) Urban(1989).

(28) Sedlak(1989), p. 272.

(29) Perrow(1984).

(30) Elmore and McLaughlin(1988).

(31) 意図せざる結果に関するこの懸念は、改革の懐疑論者のもう一つの特徴により強調されている。その特徴とは、社会の最重要課題解決のために用いられる手段の中で、学校はとりわけ脆弱なものであるという確信である。これが第6章の主題である。

第５章　教室レベルでの改革への抵抗

学校改革者が生徒の学習に影響をもたらすことに苦戦する一つの理由は、学校システム組織のあり方ゆえに改革者が入口を突破して教室の中に入っていくのが困難だからである。しかしもう一つの理由がある。教室それ自体の中においてさえ、教師本人が受け持つ生徒たちに学習させるのに悪戦苦闘している、というのがそれである。たとえ教師が改革の課題リストを丸ごと受け入れ、それを実施するよう努力する破目になったとしても、かれらが大成功を収める可能性は低い。なぜなら教えることと学ぶこととの関係はせいぜい間接的なものにとどまるからだ。(1)

生徒の学習が発生するためには、教師はまず個々の生徒との間に特別な人間関係を築かねばならない。このような関係性抜きには、生徒たちは学校がかれらに学んでほしいことを学ばないだろう。そして教師たちはそのために必要な自由裁量をする余地を与えられた場合にのみ、そうした教授法上の効果のある関係性を築くことができるのである。個々の生徒にとって最善の、そしてその都度の特別な状況に応じた最善の行動をとるためには、教師にはこうした自由裁量が必要なのである。

だから、もし改革者がその影響力をレトリックレベル、もしくはシステムの構造レベルに限るのでなく、学校教育の核心である授業面にまで及ぼそうとするのであれば、かれらは教室での教師の教え方を変革する必要がある。しかし教師に対してこのように介入することは、効果的な学習を促進するのに不可欠な教師の自由裁量の余地を脅かすおそれがある。これが学校改革の中心的ディレンマである。[2] 教職は、マイケル・リプスキーが言うところの「第一線職員《ストリートレベルビューロクラット》」という職業カテゴリーに当てはまる。[3] 行政サービスに携わる職員で、その顧客が自発的でなく、増え続ける需要と貧弱な資源の板挟みに遭いながら働き、その目標は曖昧であるか葛藤に引き裂かれていて、目標に照らした成果の測定が困難である――以上のような特徴を第一線職員は備えている。こうした（警察官、ソーシャルワーカー、教師などの）場合、官僚組織は第一線職員に対して、かれらが抱えている多種多様な事例に基本方針をどう適用するかについて、相当量の裁量を認めるほか手段がないのである。したがってこの視点からすると、教室レベルの学校改革は単に困難なだけではなく、非生産的なものであるかもしれない。そして教師たちがしばしば改革に抵抗するのは、かれらがうまくいっていると思える教授・学習形態を守ろうとし、またうまくいきそうにない新奇なやり方を避けようとするためだろう。[4]

教えることの本質と改革という問題

それでは、教師と生徒の関係性の中で、教室レベルの改革を阻む障壁を作り出す鍵となる要素をいくつか説明していこう。

顧客からの協力の必要　教師が直面する困難の中核にあるものについて、デイヴィッド・コーエンは教えることの本質に関する素晴らしいエッセイの中で次のように書いている。「教えることは対人援助の実践である。それは生徒の知的成長、社会的学習、よりよき仕事、そして洗練された判断能力を請け合う」[5]。この点では〔教職は〕心理療法、コンサルティング、ソーシャルワークなどと同じ範疇におさまる。そのような実践の中で発生する一つの大きな問題は、「実践家はいかなる成果を出すときにも、その顧客の力を借りねばならない」ということである。「実践家がどれほど懸命に努力しようと、あるいはどれほど仕事が巧みであっても、単独ではいかなる結果も生み出すことができない。その顧客が成功したときにのみ、かれらもまた成功できるのである[6]」。

外科医は、患者が手術中眠っていていてくれることでその病気を治すことができ、弁護士は依頼人が法廷において黙秘を貫いてくれることでその弁護を成功させることができる。しかし教師にとっての成功は、生徒の積極的な協力に強く依存している[7]。生徒は、教師が教えていることをすすんで学ぼうとしていなければならない。この意図通りに学習が起こらない場合、教師は失敗である。デューイが次のように書いたとき彼の念頭にあったのは、教師―生徒関係のこの相互的な概念であった。「教えることと学ぶことの間には、売ることと買うことの間にあるのと同様の、正確な対等性がある[8]」。つまり、誰か買い手がいなければ優秀な売り手にはなれないし、誰かが学習してくれなければよい教師にはなりえないのだ。

このことが、教師をはじめ対人援助を試みようとする実践家たちの仕事をどれほど困難なものにしているか、考えてほしい。かれらは顧客に協力を動機づける仕事に多大なスキルと労力を傾けるが、得られる結果は十分にはほど遠い。相手はもしかすると、実践家による善処の申し出を鼻であしらうという選択肢を――無気力、惰性、主義主張、腹いせ、無関心、気まぐれなどから――選ぶかもしれない。このような領域では成功率は低くなりがちであり、実践家の行為と顧客にもたらされる結果との関係性はせいぜい間接的なものにとどまることが多い。それゆえ、実践家の影響力を打ち立てるのは困難になっている。

我々は医学の分野において、この相互性の問題がもたらす帰結をいくらか観察することができる。医師たちは多くの身体的病（たとえば急性虫垂炎や細菌感染）に対して、医療行為や投薬による働きかけを患者の身体に直接行うことによって高い成功率で治療することができる。しかし、健康を害する行動を患者に止めてもらわなければならないような、肥満や神経症といった症状の治療において、かれらの発揮する力はずっと限られたものとなる。その結果医学は、うまくいきそうな治療に対してはしっかり手綱を握っている一方で、こうした手間暇のかかる治療は、カウンセラーのような対人援助職の手に押しつける傾向にある。教師にはこんな贅沢は許されない。人間を変えることがその仕事なのだから。

強制されている顧客という問題

教師が生徒に言うことを聞かせるのは難しい仕事だが、それを教師にとって一層困難にさせるのは、生徒が強制の力のみによって教室にいるからである。学校生活の核心的事実とは、もしいろいろな選択肢を与えられたなら生徒たちは、代数や地理や文学や生物の勉強とはちがう別のことを行うだろうということ、これである。強制の一部は法律に発する。合州国の大半の州は生徒に対して、望むと望まざるとにかかわらず、一六歳になるまで学校に在籍することを求めている。

しかしながら法の重々しい手であっても、生徒をして学校に出席させる第一の要素ではない。生徒たちがより直接的な出席への圧力を感じるのは、その親からであり(親は学校が日中かれらの子どもの世話を焼き、人より秀でるよう指導してくれることを望み、子どもを教育することまで欲する)、市場からであり(よい仕事を得るために卒業証明を必要不可欠なものとしたのは市場である)、そしてかれら自身の社交欲求からである(学校とは友達に会える場所である)。しかし法的拘束力という不気味な存在は、生徒にとっても教師にとっても小さな問題ではない。そしてそのことがたしかに、教室が、対人援助か否かを問わず、どんな専門家の実践現場とも一線を画した特別な場となることに与《あずか》っている。結局のところ、患者がカウンセラーや歯医者の予約を取りたくてもとれない一方で、いったい怠学取締官がどれほど頻繁に家のドアをノックすることか。加えて、子どもを学校に行かせるインセンティブは法的かそれ以外かを問わずどれもが、生徒に学びではなく学校への出席を奨励するものである。生徒は学校にいなければならないし、かれらはそこにいたいと願ってさえいるかもしれない。だがかれらは必ずしも学びのために、少なくともカリキュラムを学ぶためにそこにいるわけではない。もしかれらが学校に来ている間、教科を学んでいるとしたら、それは教師が旺盛に働きかけてきたからである。

私がこれまで書いてきたように、教えることに成功するために生徒自らの学習が必要であるとしたら、生徒はそこにいることを強制されているのだから、成功にたどり着くのはいたって困難である。どんな心理療法家も首肯するように、自由意思をもつ者を対人援助過程に参加するよう動機づけるのは大変難しい。だが無理やり来させられた者を動機づけるのは、それとは全く異質な仕事である。そして教師が毎日教室で顔を合わせているのはそういう者たちである。

教師と生徒にとって自発的でない学習の結末を誰よりも深く、怒りをこめて書いたのがウィラード・ウォーラーの古典的作品『教えることの社会学』〔邦訳『学校集団——その構造と指導の生態』〕である。教師—生徒関係は、制度化された支配・服従の形態の一つである。教師と生徒は、根本的な欲求の対立を抱えたまま学校で相まみえる。そしてその対立の程度がどれほど軽減されようと、またどれだけ隠蔽されようと、対立は依然として残る。教師は大人集団を代表する存在であり、それは子どもという集団の自由気ままな生活にとって、永遠の敵なのだ。教師はカリキュラムの体現者で、その関心はこのカリキュラムを課題という形で子どもたちに押しつけることにある。〔一方で〕生徒たちは教師がかれらにあてがわねばならない無味乾燥な大人の生活の断片よりも、子どもたち自身の世界での生活のほうにずっと興味がある。(9)

ウォーラーによればそれゆえ、教師が直面する中心問題は〔生徒の〕統制にある。初めて教室に足を踏み入れた新米たちはきっとこれに同意することだろう。教員養成プログラムの学生にちょっと聞いてみるとよい。かれらはこう答える。カリキュラムと教授法の理論については十分過ぎるほど学んだが、学級運営《クラスルームマネジメント》については何も教わってこなかった、と。このことが、果たして自分に教えられるのかという不安をかれらに抱かせる最たるものである。実際この問題は、フィリップ・キュジックが『教育システム』において論じているように、時と経験が積み重なっても解消するものではない。「統制は、教師―生徒関係のいつも中心にある主要問題である。秩序正しい行動を期待することはできない。統制はつねに問題含みであり、いつも注意が必要だ(10)」。

教師はもちろん、統制をめぐるこの闘争において強い立場にある。かれらには制度に裏打ちされた権威があり、知識において優越し、親からの承認もある。そしてかれらは大抵〔生徒より〕体も大きい。しかし生徒たちにも固有の武器がある。再びウォーラーをひく。「生徒は教師がどんな規則を課したところで、それを無意味にしてしまう性向がある。ただ機械的に服従したり、教師なんか「笑いとばして」しまったり、世の中で先生ほどいやなものはないといったり、とうてい教師などの手の届かぬところへ自分勝手な遊びを求めて逃避したり、とにかくそんなことをして、生徒は教師の束縛など意味のないものにしてしまうのだ(11)」。

ここでの鍵は教師の規則を無意味にしてしまう生徒の能力である。教師にとって統制の目的が学習の促進にあるのだとしたら、生徒が強制された教育《コンパルソリー・エデュケーション》に効果的に一矢を報いる最上の方法は、ただ教師による統制という現実に形だけ恭順するが、実際には何も学ばないことで実質的には服従を拒否するというものである。その結果生じるのが一つの妥協、すなわち生徒は教師の統制を認める一方で、教師はこの統制の行使に手を抜き、生徒の学習に関しては控え目な要求しか行わない、というものである。教室におけるこの種の調節をある論者は「取引」と呼ぶ(12)。また別の論者は「協定」の策定と呼んでいる(13)。私は前著においてこれを「本当に学ぶことなくいかに学校で成功を収めるか」のゲームと呼んだ(14)。

ウォーラーは学級運営のために直接的な統制法に頼る古いタイプの教師に焦点を合わせ、それを戯画化しさえする（典型的な警句調で彼はこう論じる。「教師は皆やかましく生徒に課題をやるように言うが、そんな人間は威張り屋にきまっている」(15)と）。しかし子ども中心主義的進歩主義派の教師でも、教室の中で統制を行うことがある。ちがいは、かれら（進歩主義教師）はその行使を間接的に、見えない形で、それゆえウォーラーの描く課題の押しつけ屋《タスクマスターズ》よりも巧妙に行うことにある。それはたとえば、生徒の興味を取り込みそれをカリキュラムに付加する方法を編みだすことによって、また正しい振る舞いを厳命によって押しつけるよりも間接的に促し模倣させることによって、そして生徒との間に情緒的絆を築き、それを用いて教室における秩序の遵守と学習過程へと動機づけることによって、行われるのである。生徒はこのよりソフトな学級運営アプローチを、伝統的なアプローチにおける頑迷固陋《ころう》な権力行使よりも、やさしく親しみやすいものとして経験することだろう。それは生徒を動機づける方法として、概してより効果的なものでさえあるかもしれない。だがそれは生徒の行動を統制するメカニズム以上のものではない。

米国以外の国々では、生徒の学習を操縦する教師の力が教育の仕組みによって――たとえば学校段階間など重要な移行時の標準学力テストを中心に教育を組織することで――強化されている場合がある。生徒は最も人気のある高校や大学に入るためには、学校で学んだことから出題される緻密で包括的な試験に合格しなければならない。このことの興味深い副作用は、それによって生徒にカリキュラムの学習を強制する責任が教師の手から離れ、かれらが手出しすることができない試験へと移行していくことである。アメリカの教室のように、カリキュラムを教えることと生徒の学習到達の評価の両方の責任を教師が負っている場合には、教師は次のように生徒に言わなければならないという点で不利な立場に立たされている。すなわち「私が言ったようにこれを学べ」(これは生徒の反発を引き起こす)、あるいは「いつか必要になるからこれを学べ」(そうした日ははるか先のことに思えるのでこれは生徒に疑念をもたらす)、これである。

一方、外部試験によって駆動しているシステムにおいて教師は、クラスの中で課題の押しつけ屋ではなく、生徒への同盟者として自己演出することが可能である。このような条件のもと、教師は生徒にこう言うことができる――「これを学ばなければならないのは、今度の試験のためだ。この試験の結果は君の人生に大きな影響を与えるだろう。私は君の合格を全力で支援する」。このアプローチは、生徒の学習に対する抵抗と無気力をいくらか低減させるのに役立つが、それは強制が教師に突きつける問題を解消してはくれない。実際のところ一発勝負型テストはせいぜい、学習を強要されているという感覚――そして学習そのものをウォーラーの言う「無味乾燥な大人の生活の断片」の吸収と見なす感覚――を生徒の間に蔓延させるのが関の山だろう。そのことに対する非難のいくらかは、教師以外のどこかに逸らされはするだろうけれど[16]。今日、標準化運動が米国をこの方向に引きずっていけばいくほど、この国もまた一発勝負型テストの教育上のコストと便益に直面することになるだろう。

感情を管理する必要性　教えることを困難にするもう一つの特質は、教師が生徒との間に情緒的関係を確立し、積極的にそれを操縦していく必要に迫られる点にある。対人援助職を含む大半の専門職を律する規範と著しく異なっているのがこの点である。そこでまずは、専門職におけるプロトタイプ的対人関係のいくつかの特徴を検討しよう。その次に、それと比べたときの教師―生徒関係の明らかなちがいから浮かび上がる、教職にとっての意味を考察しよう。

まず、専門職実践家たちは一般に、自身と顧客との間に明白な情緒的距離を保つことを許されているし、距離を置くよう求められてさえいる。かれらは、感情的中立を保つという規範を軸にその役割関係をつくっている。専門家の提供するサービスが顧客のニーズに最も効果的に応えることができるのは、専門家が客観的なスタンスから問題に接近することができるときである、という解釈にそれは基づくものだ。この視点からすると、顧客への情緒的肩入れは生産的ではない。なぜならばそれは、顧客の利益に資する上で最も大切な、分析的もしくは技能上のスキルを備えることから専門家を遠ざけるからだ。

専門職と顧客の関係性のうち、情緒的な距離をとるという規範を強めている第二の特徴は、その関係の極立った狭さである。すなわち、専門家はまずもって、顧客に援助を求めるよう仕向けた特定の問題に焦点を絞るのであって、両者間の相互作用を友達関係としてつくり上げようとするわけではない。医者は顧客の発熱に、会計士は顧客の負債に、セラピストは顧客の強迫行動に集中する。親友のごとく極めて熱烈かつ全人格的な態度で関わるのは、そもそも顧客が専門家のもとに来るきっかけとなった問題への対処にとっては非生産的なことだろう。そしてそれゆえ、専門家にあるまじき振る舞いと断じられるだろう。

専門家と顧客との関係を規定する第三の特徴は、達成志向である。その関係は仕事上の達成のためのものであり、顧客はその成否を、専門家の助力をあおぐきっかけとなった問題が専門家の力でどれだけ首尾よく解決されたかによって測ることになる。第四の特徴は関係者の利己性である。かれらは自身の目的を追求する独立した行為主体として出合うのであって、目的を共有した集団の一員としてではない。第五の特徴は、それが個別的でなく普遍的な規則によって律されるのが前提とされていることである。つまり、いかなる顧客も贔屓《ひいき》したり差別したりせず、どの関係でも等し並みに同じ手順を踏むということである[17]。

顧客との相互作用のさ中にある専門家はおおむね、これら五つの規範に服していると考えられる。この点でかれらは、社会学者が「二次的役割」と呼ぶ大きな役割カテゴリーに該当する。二次的役割関係には、特定の目的を達するために人びとが関与する、さまざまな限定的で功利主義的なつながり——たとえば雇用と被雇用、客と店員、パイロットと乗客の関係など——が幅広く含まれる。二次的役割関係の目的は、この関係それ自体の外部に拡がる目的の達成である。顧客にとっては問題の解決、専門家にとっては報酬を受け取ることがそれである。関係性それ自体から得られる見返りはなく、関係する両者それぞれの別の目的のための手段なのだ。それに対して一次的役割は数が少なく、著しく感情的であり、非常に個別的である。この関係性——たとえば親密な友人、夫婦、両親、ギャング集団内の関係など——は、どこか外にある目的のための手段でなく、それ自体が目的であるようなものと規定される。

実生活の中ではもちろん、〔一次的と二次的という〕この役割の区別は曖昧になりがちである。時によっては社長と社員が友達どうしになり、専門家と顧客が恋に落ちることもある。しかしながらこの区別には依然として意味がある。つまり、専門家が取り結ぶ関係性の特性の多くは感情的中立性、焦点の限定性、達成志向、利己性への収斂、適正な手続きという理念によって有効にとらえられるのである。

典型的な専門家の役割規定が比較的明快であるのに比べ、教師はそれよりはるかに複雑な役割環境におかれていることに気づく。たとえば、教師が生徒から距離を置くことは効果的に教えるかれらの能力を削いでしまいがちである。教師には、生徒を丸ごと——その情緒面から家庭環境、社会的におかれた状況、文化資本、認知能力まで——幅広く理解することが必要とされる。これは、多くの専門家集団がとっている狭く限定されたアプローチを不可能にするものである。焦点を目の前の特定の課業——数学の問題、綴りのリスト、あるいは科学的プロジェクト——に狭く限定してしまうと、教師はある生徒の学習を促進するのに最も効果的なアプローチを決定する上で有益な、その生徒に関する情報を受け取り損ねてしまいがちである。(18)

しかしながらそれは、学習上のニーズと問題を理解するために、生徒との間にどうやって太い関係をつくり上げるか、で終わるような問題ではない。教師が情緒的絆をつくり上げる必要があるのは、そうしなければ学習の過程に積極的に参加するよう生徒を動機づけすることができないからでもある。既に論じたように、生徒を学習するよう動機づけることは簡単ではない。生徒は強制されて教室にいるのであり、その結果として統制を維持しようとする教師の努力はしばしば、生徒の内側からの学習を促すよりも、外側から行動を抑え込むほうに作用する。ここではジョン・デューイの言葉に耳を傾けよう。「子どもたちは、形通りの期待された通りに勉強に集中している振りを演じることに非常なる熟練を示す一方で、かれらの頭の中は、子どもにとってもっと大切だが極めて不適切な主題に関する、活発な空想やイメージや感情でいっぱいである」[19]。つまり、自らすすんで積極的に学習している姿なのか、それとも単に教師の権威に対して形だけ服従している姿なのかを教師は見ただけでは判断できないのだ。そして教師にとって、生徒に学習への参加を促す最も強力なツールは、生徒との間の情緒的絆なのである。

教師は教室の中で、学習につながるような雰囲気をつくり出すのに心を砕き、多大なエネルギーを費やす。授業が忌まわしい経験ではなく楽しいものになるよう、歓迎ムードに包まれ居心地のよい場をつくり出す。それはとりわけ、生徒との間に温かく愛情にみちた関係を築き、この関係を学習を進める梃子《てこ》に利用するということだ。教えることの基本ルールは「私を好きになりなさい、私の科目を好きになりなさい」だ。教師の究極の目標は、生徒が学習に本来備わっている喜びに深く没入しているため教師の存在を忘れていくといった状態である。しかし生徒を最初に学びの過程に引き込むための最も強力な武器は、生徒が教師に対してもつ愛着と、教師が学ぶよう求めた通りに学んだことで先生を喜ばせようという一途さである。だから多くの教師が意識的あるいは無意識的に行う戦略は、生徒との間に密な情緒的絆をまず築き、次に教師への情緒的な肩入れがカリキュラムへの肩入れに転換するというものである。

私はここで、すべての有能な教師が生徒にとってのテディ・ベアだと主張しているわけではないし、嫌いな教師から生徒は何も学ぶことができないと言っているわけでもない。教えるという営みの大きな謎の一つは、教師が生徒との間に情緒的関係を打ち立てようとして繰り出すアプローチの、眩暈《めまい》がするほどの多彩さと深く結びついている。このアプローチは、教師の性別やパーソナリティ、教科の性質や生徒の年齢によって幅広いバリエーションがある。女性と男性、外向きタイプと内向きタイプ、理科の教師と文学の教師、小学校レベルと大学レベル——それぞれが異なった方法で生徒との結びつきをつくり上げるが、かれらの中で最も優れた者は実際、このつながりを何らかの形で築き上げているのである。

教師というペルソナ（仮面）の形成　職に就いた教師たちは、効果的で長続きする情緒的関係を生徒との間に築き上げる手立てを探しまわる。それは、かれらにとって最も有効な教師というペルソナ（仮面）の模索である。このペルソナは、一個の人格としての教師の性格や精神的強さに由来しているという点で自然なものである一方で、それは教室での学習を促す目的に資するために組み上げられたものという意味では構築物である。サミュエル・フリードマンがこのペルソナ形成の過程を、ジェシカ・シーゲルというニューヨークの傑出した英語教師の生き生きとした描写から見せてくれている。

彼女のねらいは生徒たちの気を引き、少しばかりスリルを味わわせることだ。掲示板はその戦略の一つだし、色鮮やかでファンキーな服装も同様だ。今日彼女はイヤリングを四つ付け、銀のリングを左手に二つ、金のリングを右手に三つ、合計五個の指輪をはめている。そして楔形《くさびがた》文字のように角張った、謎めいた青い模様がプリントされた白いコットンのパキスタンの衣装を着ている。……ある生徒が尋ねた。「シーゲル先生、その服に水をやるんですか？」

ジェシカが生徒たちの心を摑もうと努めているときでさえも、彼女は生徒を統制することに努めている——指図するのでも制圧するのでもなく、かと言って権威を捨て去るというのでもない。……まるで作り物っぽくないこうした教室での立ち振る舞いを彼女が身につけるのには、何年もの時間がかかった。なぜなら彼女はもともと聞き役であり、後ろのほうにいつも座り、「そのことについて私はあまり知りません。でも……」が口ぐせの人物だったからだ。

彼女は自身の断片の中から少しずつ、しっかり者《タフ・クッキー》にふさわしいペルソナをつくり上げていった。今朝彼女は右手をヒップにやり、頭を心持ち上にそらし、アーチ状の眉を描いている。いつものようにその口から、ジャージーシティ訛りの言葉が飛び出す。「Gimme a break《ちょっと待ちな》」。彼女は嘘でごまかそうとする遅刻者に言い放つ。生徒は学期の終わりまでに、一〇〇回も彼女が同じことを言うのを耳にするだろう。彼女が“Gimme”のところで激しく歯ぎしりし、不快感のアリアで“break”を伸ばして発音するのを聞くことだろう。[20]

このように生徒との間に情緒的関係を確立せねばならない必要性は、よき教師であることに含まれる困難さをさらに深刻なものにしていくが、そこにはいくつかの特徴がある。第一に、個別の教室の個別の教師たちの誰にでも通用する、関係構築のガイドブックは存在しない。他の対人援助にたずさわる専門職と同じように、教師たちは自分の手で物事を処理していかねばならない。その際かれらは、弁護士や医者や会計士の場合のように、広く受け入れられた専門職の実践基準に逃げこむことができないのだ。

第二に、教えるという営みは——生徒との間に、一部感情に根ざした広範な関係を結ぶ必要性と相まって

——一次的関係と二次的関係の特徴が奇妙な形で融合した、驚くほど複雑な役割に教師を投げ込むことになる。教師の役割とは、情緒的近しさを保ちつつ幅広い相互作用を行わねばならない役割——これらはいずれも一次的役割の特徴である——と、学力向上をはかり（特徴にではなく成果に報いることで）、独立心を育て（自分の技能と知識を伸ばしそれを頼みに生きていくよう生徒を鼓舞することで）、規則を公平に適用（すべての生徒を同じように遇し、同一の基準で評価することで）せねばならない役割——これらはすべて二次的役割の特徴である——とが結合したものである。教師には、生徒との一次的関係から獲得したものを梃子に使って、この一次的絆の外部にあるカリキュラムの教授に役立てることが求められている。端的に言えば、情緒的な絆を築き、次にそれを利用して生徒の学習を促進する。真に教えることに長けるためには、これらの両極の間で創造性あふれる緊張を保ち、教える上での人間関係的手段とカリキュラムの目標の双方を見失わない驚くべき力量をもっていなければならない。

一つの立場にいながらこれら二種類の役割の間でバランスをとるのは、どうやっても至難の業だ。教師がしばしば、何らかの極端な方向に走ることで一次的要素と二次的要素との間の緊張の解消をはかるのは驚くにはあたらない。その解消法とは、誰も学ぶ気のないカリキュラム内容に向けて強行軍でいくか、あるいは居心地はいいのだが誰も学習へと誘われない教室に甘んじるか、そのいずれかである。後者の場合、教師は生徒たちに好かれる必要性に強くとらわれているため、クラスとの間に情緒的絆を築くことの目的を見失ってしまう。そして教師と生徒の関係を、集団内の肯定的感情が目的である単なる一次的結合へと変貌させてしまう。これらの場合、教師は生徒に対する圧力を軽減させて生徒の愛着をかちえようとして、教えるためのロジックは転倒している——「私の教える科目を好きになったら、私のことも好きになる」。教える際の最も難しい部分の一つがこれである。つまり、すぐれた教師は生徒の学習を追求する中で、生徒との関係をすすんで危険にさらすようなこと、すなわち生徒から好かれていることを梃子に、かれらから反感を買うかもしれないレベルの学習達成に向けて指導しなければならないのだ[21]。

第三に教師は、生徒との関係を良好に機能させる教師というペルソナを維持しようとする際に、生徒との情緒的関係の管理にともなう緊張に直面する。教師のペルソナを維持することは消耗する作業、アーリー・ホックシールドが言うところの「感情管理」の仕事である。『管理される心』の中でホックシールドは、さまざまな「感情労働を必要とする職業」について探究している。それらに共通するのは「公衆とのフェイス・トゥー・フェイスの接触が必要とされること」、「他人に対してある感情状態をつくり出すことが労働者に求められること」、そして「被雇用者の感情を伴う活動に対してある程度の支配《コントロール》を行うことが雇用者に認められていること」である[22]。

この研究の中でホックシールドは教師に直接言及せず、その代わりに飛行機の客室乗務員と借金取立人の事例に焦点化している。しかし彼女の分析は教師にも当てはまる。その論によれば、これらの職種がとりわけきつくストレスフルな仕事である理由は、他人に対して望まれる感情状態をつくり出すには、自身の感情を効果的に管理するのが唯一の方法だからである。他の感情労働者と同じように、その職を全うしたいと思ったとき、教師という役割は上っ面だけでつとまるものではない。その目的は生徒の感情に影響を及ぼすことであり、情緒というテーマに関しては、生徒たちは作り物を見破る高性能のアンテナをもっている。教師は役割を演じている。だがかれらはそれを首尾一貫揺るぎない姿勢で演じきり、全き本物として生徒と相まみえる必要がある。ホックシールドはこのことを「ある種の深層演技の必要性」と表現している。「この場合の表現は感情の動きの自然な結果である。行為者は、幸せそうにあるいは悲しそうに〔見えるよう〕努力するのではなく、むしろロシアの演出家コンスタンティン・スタニスラフスキーが熱心に主張したように、自己誘発した感情を自発的に表現するのである」[23]。

つまり、うまい教え方とは深層演技によるものなのだ。すぐれた教師は役柄を深く感じ取り、てらいや手管なしに自然に表現する。メソッド演技を学んだ最上の役者と同じようにかれら教師は、自分自身の感情生活を着想と例示の手がかりとしながら役柄へと没入し、そして真の感情の本物の表現であるところのペルソナを形成していく――たとえこの感情が、ある特定の目的――教室での学習の促進――にそうために意識的に構築された役柄を担うためにかき立てられた感情であったとしても。ジェシカ・シーゲルのペルソナは、彼女が教師としてより力を発揮するために彼女が育て上げた、有用性の高い作品である。だがそれが有効に働くのは彼女が、そのための本物の感情的基盤を彼女自身のパーソナリティの中に見出した場合だけである。そこから出てくる役柄は、簡単に身につけたり手首の動き一つで脱ぎ捨てられるものではなく、教える者の人格の内側からわき上がってきて、教えている間中その人物をとらえて離さないようなものである。

このようなわけで、ウォーラーの「教える行為は教える者に対して何がしかの影響をもたらす」[24]という主張は、極めて的を射たものなのである。この現象を説明しようとする際に彼が最も強調するのが統制の問題、ならびに課題の押しつけ屋としての教師役割が、生徒よりも教師のほうにいかに影響を及ぼすかという問題である。「そもそも服従は、服従する側は自分のパーソナリティのほんの一部でつき従い、これに対して支配する側は、全身全霊をこれに投入するからこそ成立するものである。臣民は自分の時間の一部をさいて臣民になっているだけであるが、君主は全身全霊で君主になっているのだ」[25]。学校教育における統制がもたらす非人間的帰結をこのように強調する点において、ウォーラーは（デイヴィッド・コーエン[26]が指摘したように）徹頭徹尾、自然なものと強いられた学習とのせめぎ合いとして教育をとらえるロマン主義的な見方をとっている。より子ども中心主義的で興味関心に基盤を置いた教え方によって統制の問題は解決し、教師役割を演じることによる悲惨な結末への苦しみから教師を解放するだろう、というものである。

しかしホックシールドが示唆するのはもっと複雑な見方である。子ども中心主義の教師役割――そこには生徒を深く知ること、愛着と興味関心とによって生徒を学習過程に引きつけるべく立ち回ることが含まれる――を演じるとき、教師は、相当高レベルの感情管理が必要となるペルソナを採用している。端的に言って子ども中心主義の教師は、昔ながらの課題の押しつけ屋と同じぐらい強く、教師が演じる役割によってつくり上げられているのだ。ウォーラーの言い方をもじって言えば、生徒は自分の時間の一部と自己のほんの一部をさいて生徒になっているだけだが、教師は全身全霊を込めて教師になっているのだ。

同業者の中での孤立を乗り越えて　囚われの学習者に、何とかやる気を出して学んでもらおうという教師の問題を一層難しくしているのが、職場における構造的孤立という条件である。アメリカの教師はふつう密室の中で、そこにいる専門職は自分一人だけという状況で授業をしている。かれらは二五人か三〇人いる生徒集団の操縦術を自身の才覚で見つけ出し、学ぶことを義務づけられたカリキュラムへと生徒を導いていくほかない。かれらが同僚教師や管理職から助けてもらえることは、昔から稀である。同僚は廊下の先にある自分の受け持ち学級で、生徒たちを何とか手なずけようと奮闘している。管理職は取り組まねばならない問題を抱えており、建物の構造上、教室の中で起こっていることを正確に知るのが難しい位置におり、それゆえ大抵かれらには教師の仕事を援助することは不可能である。昼食中の会話の時間やたまに校長が訪ねてくるときを除いて、教師はたった一人でうまく教える方法を編み出していくしかないのが通常である。

これらの結果、統制というテーマへの教師の焦点づけが強まる。数において生徒より圧倒的に劣勢に立ち、同業者のサポートも得られない状況の中で教師は、デボラ・ブリッツマンが言うところの「教室の日常での[27]

見えない緊張を律する二つのルール」への直面を余儀なくされる。「教師が統制を確立しないならば、そこには学習は生まれないだろう。そしてもし教師が生徒を統制しようとしなければ、生徒が教師を統制することだろう」。統制を確立し維持するという難業に立ち向かうために教師は教室を、自分個人の領地、固有の法と慣習を備えた小王国にしてしまわねばならない。

孤立からはまた、教師になるための学びを個人的な試練[28]ととらえ、教師は独力で一人前になるものだ[29]、とする考え方が生まれる。ここには、教室の垣根を越えて教師たちが専門家の文化をつくり上げる余地が全くない。そしてそれは間違いなく、教員養成プログラムの価値を否定する。教えるということは個人の力で達成すべきこと、そして教師のパーソナリティの自然な発露と見なされるようになる。ブリッツマンによれば、教師は己しか頼るべきでないという考えは「極めて個人主義的な解釈であり、「天性の教師」という像を強化する。どんな他の「神話」にもまして、教師は自力のみで自己を「つくり上げる」べきという支配的な考えは、教員養成教育と教育理論の価値を否定し、価値体系を明確化する過程の価値を減じさせる[30]」。

教えることの常なる不確実性

一九八六年に合州国教育長官ウィリアム・ベネットが『何がうまく機能するのか――教授と学習の研究』と題した小冊子を刊行し、米国中で広く読まれた[31]。ベネットが序文で述べたように、この冊子は「私たちの子どもの教育において、何がうまく機能するのかに関する正確で信頼に足る情報を提供することを意図した[32]」ものだった。しかしながら同書はその刊行意図に反して、効果のある教え方に関して我々が知る知識がいかに明証性と確実性に乏しいものであるかを示してしまった。ここで報告された調査知見は、どうすればうまく教えられるかを規定するのにあまり役立たないことが判明する。中には、単なる同語反復のものもある。「生徒が活発に学習に参加する時間の長さが、到達度に大きく寄与する[33]」

――すなわち、学習に時間を長くかけるほど生徒はたくさん学ぶということだ。また中にはミスリーディングなものもある。「親の関与は子どもがより効果的に学ぶのを助ける」[34]。だが実際は、高い文化資本をもった親の関与がもたらす子どもの教育への恩恵は、必ずしも文化資本が高くない親の関与によるものよりはるかに大きい。そして大半のものは、実践に移すにはあまりに漠然とし過ぎている。「すぐれた校長は、整然とした環境をつくり上げ効果的な授業を支援する方針を打ち出している」[35]。ここからは、整然とした環境とは何か、授業への支援とは何なのかという疑問が頭をもたげる。

教えることをめぐる厄介な真実として、誰が誰を相手にいつ、どこで、それを使っても有効なことが証明された専門的な実践法が存在しない、ということがある。教授技術には何一つ確かなものがなく、教師はつねに不確実さとともに生きていくことを学ばねばならない。それはかれらの職業実践の本質的な要素なのである[36]。その一つの理由は、本書でその概要を描いてきた類の過酷な状況、すなわち教授と学習過程の核心部分に、自他の意思と感情という想定外な要素が加わる状況のもとで仕事をしていかねばならないからである。教師がうまく教えられるのは、生徒が協力に同意した場合だけである。その協力が問題をはらんでいるのは、生徒が強制的に学習状況に押し込められているからだ。協力を得るための鍵は、生徒との間に情緒的関係をつくり、それをカリキュラム習得の目的に利用する教師の能力である。そしてこれらすべてが、生徒の中にどっぷり浸かり、同僚から切り離された状況のもとで行われねばならないのだ。

しかしながら、たとえ教授と学習を形成している予測可能性の高い要素に着目しても、次の理由から、教えることには不確実性が残る。その解消不可能な複雑性である。教えることに関する我々の知識はつねに、教師の行為と生徒の応答の間を媒介する変数群によって左右される。その結果、教え方の処方箋にはいつも付随条項がついている。こうするほうがああするよりうまくいく、ただしすべての条件を同じにしたならば。

こんな具合だ。言い換えれば、すべては場合によるのだ。それは教えるのがどの教科か、どの学年か、どの地域社会かに左右される。また生徒の階級・人種・ジェンダー、そして文化によって異なるし、教師の技能、知識、パーソナリティ、気分などにも左右される。また時間帯、曜日、季節、気圧によっても異なるし、生徒が直近に何を食べたかや、かれらの両親の夫婦仲にも左右される。学校の文化と構造によっても異なるし、教材や昨年どんな先生に教わったかにも影響されるし、卒業後の就職の見通しによっても左右される、など。端的に、学習過程を成り立たせている要素や関わる人間が多すぎるため、特定の教授技術を名指しして、他のあらゆる変数を統制すればこの方法が学習を成功させると主張することは不可能だ。

教えるという仕事の不確実性の三つめの理由は、教師が生徒に対して及ぼす影響の妥当な測定法を我々がもちえていないことである。教師が及ぼす効果について正確に測定できるのは、非常に瑣末なことばかりである。今週教えた単語のスペルのうち、金曜日の小テストである生徒が正解できるのは何問か、授業で教わったばかりの単語問題をどれだけ多く解くことができるか、あるいは最近やった教科書のフランス革命の章から史実をいくつ暗記しているか、などだ。しかし、教師がこれらを教える際に心に抱いているもっと大きくて有意義なねらいに関して、ここから何がわかるだろうか。生徒のリテラシーや文芸への愛を教師がどれだけ高め、実生活の問題を解決するための論理的・数学的手腕をどれだけ生徒に与えるのに成功し、社会変革の新たな方策を理解するためのリソースをどれだけ与えることができたかについて、何を物語ってくれるだろうか。これらの成果を我々はどうやって測定し、かつての生徒たちの生活にもたらされた特定の結果からどのように、個別の教師や特定の授業にまで遡及させようというのだろうか。我々が教育に対して望む結果の中で最も重要なもの——有能で、生産性が高く、社会的対応力のある成人へと準備すること——は、長い年月と他のさまざまな要因によって、いかなる個々の教室での教師と生徒の相互作用からも遠ざけられてしまっている。ある人物の成人期の能力とかれらが過去に教わった個々の教師の教授技術との間に因果関係を打ち立てるのは、無理な話だ。なぜなら多くの他の教師の影響やその人物自身の選択や偶然が及ぼす影響が、重なり合って作用しているからだ。

不確実性の第四の理由は、社会が教育という営み全体に対して課す、複雑でしばしば矛盾に満ちた目的である。我々は教育に対して、有能な市民として役立つ技能と価値観をすべての生徒に与え、民主的平等を促進することを望む。と同時に我々は、異なった職業役割の中で労働者として生産的に働くために必要な高度に分化した技能と知識を生徒たちに与えることで、社会的効率を高めることを教育に対して求めてもいる。そして我々はまた、教育に社会移動の促進を、すなわち社会の中で他人に一歩先んじていくのに必要な種々の文化的、また学歴上の優位性を個々に与えてくれることを望んでもいる。しかし、どのような教授と学習が有効なものであるかは、主たる目標がいずこにあるのか、すなわち市民を育てるのか労働者を育てるのかそれとも社会階層の移動者を育てるのかによって、劇的に異なってくる。これらのうち一つの目的を達成するのに適った教え方は、別の目的達成にとっては好ましくないものかもしれないからだ。たとえば能力別集団編成は、生徒間に差異をつくり出すことによって社会移動という目的には適うかもしれないが、同じ理由から民主的平等を阻害する可能性が高いし、社会的効率という目的に資するかどうかは、異なる集団において生徒がどれだけ有用な職業技能を習得できるかによって左右される(37)。

不確実性の第五の理由は、教師がかれらの顧客にアイデンティティを明確に与えてしまう立場にある点で、対等な存在ではないことにある。第一のレベルにおいて、顧客は生徒である。結局のところ教師が教室で面と向き合うのは生徒たちである。教師の対人援助的努力のすべてが振り向けられる対象が生徒なのである。しかし、生徒は授業というサービス提供に関して教師と契約を結んだわけではない。自らの意思でそこにいるわけではない生徒はこの意味で、専門職の援助を求める顧客ではなく、むしろ教えられる対象でしかない。第二のレベルにおいて、顧客は生徒の親である。親は、自分たちが教師と協力して自分の子どもを社会化し大人の世界に備えさせる一大プロジェクトにあたっていると考えていることが多い。多かれ少なかれ私立学校では——そして各種の学校バウチャーモデルでは——親は、かれらが教育に寄せる願望にそった形で子どもに専門的教育サービスを提供する契約を、学校・教師との間にはっきりと交わしている[38]。

しかし第三のレベルにおいての教師の顧客は、コミュニティ全体である。公立学校においては、教育に対してお金を出し統治を行うのは市民総体であって、学童の親たちだけがそれを行うのではない。そして私立学校の場合も公立学校と同じように、教師の教育サービスの主要な消費者はコミュニティ全体なのである。コミュニティの全成員の生活の質は教育システムが左右する。有能な市民、生産的な労働者をつくる力をもつのは教育システムであり、それゆえたとえ自分の子どもが直接教わらなくても、質の悪い教育は全員に被害を与え、良質な教育は全員に利益を生むのだ。顧客の満足を維持するのはどんな職業においても容易なことではない。しかし、三つの全く異なる顧客の需要を満たすことが、特に三者が何がよい教授・学習なのかをめぐって対立した考えをもちやすい場合に、いかにそれに輪をかけて困難を極めるかということを考えてほしい。

教えることの困難性が、なぜ教師に改革への抵抗を起こさせるのか　概して教師は、共通する実践上の問題に直面している。かれらの職業上の成功は、教師が教えている内容を自発的でない集団たる生徒が学ぶよう動機づけることのできる能力いかんにかかっている。これを実現しようとする努力の中で教師が力を注ぐのが教える者というペルソナの形成であり、これが生徒との間に関係を確立し、生徒を学習へと誘い込むことを可能にするのである。かれらがひとたび壁に囲まれた教室の中で生徒の学習指導の管理にパーソナルな接近法を使うようになると、そのアプローチを用いて授業しようとするかれらのやり方を変えようとする改革者や学校管理職、もしくは他のあらゆる闖入者のどんな試みにも、かれらは猛烈に抵抗することだろう。教え方にまつわる抜本的改革への教師の抵抗の根底には、教える営みへの全人格的没入がある。また、このアプローチを下手にいじくり回されると(カリキュラムを教えるよりも)クラスを巧みに操縦するかれらの能力が脅かされるという感覚がその根底にはある。

教師のペルソナ――親しみやすさと厳しさとの絶妙の組み合わせ――は、簡単に手に入るものでもなければ、たやすく脱ぎ捨てられるものでもない。このペルソナ形成はきつい仕事だ。なぜならジェシカ・シーゲルの場合もそうであったように、職場の同僚から隔離された閉鎖的な教室の壁の中で、やる気のないやんちゃな生徒の群れを教師の才覚一つで御していくしかない状況下で行われるのだから。それはある種のメソッド演技を、芝居をやっている時間だけでなくキャリアの全期間を通して演じ続けるようなものである。そしてそれは単なるある職業上の実践手段ではなく、一つの存在のあり方なのである。その結果として、教師たちがかれらの教え方を変革しようとする改革者の試みに概して抵抗することは、驚くにはあたらない。それはかれらの存在のあり方を変えてしまうことなのだ。

ひとたび教師が教師のペルソナを形成することに成功し、教室にいる気だるげな生徒たちの間で学習の動機づけにそれを効果的に使いこなし始めると、その教師は目新しい改革のレトリックが命じたからといってそれを捨てはしないだろうし、学校行政関係者がカリキュラムの改定を行ったからといってそれを放棄することもないだろう。[39]これは、改革が教師の考え方をさほど変えないことを説明する。そして、改革運動がきっかけで生じた教師の教授法の変革が形式的で、数だけが増えている理由もここから分かる。ここで、二〇世紀における教授法上の進歩主義がアメリカの教師の教え方に及ぼした影響の限定性に関する分析の中でラリー・キューバンが示したこと――すなわち教師たちは子ども中心主義の教え方の本質的な部分よりはむしろ、この運動の形式的な部分（たとえば生徒をグループに分けるとか教室内を自由に歩き回らせるとか）を取り入れる傾向がより強かったこと――を思い起こそう。かれらは教え方を変革するよりも、前からやっていた実践という核に若干の（新しい）要素を付け加えることが多かった。改革を喜んで取り入れるかわりにかれらは、気づいたら「ほどほどに付き合う」傾向にあった[40]。

だから、こと実践が問題になってくると、教職は際立って保守的な職業である[41]。教授法上の変革が教師に対して明白な便益をもたらすことはなく、それは明らかにリスクを押しつける。しかしこの変革への嫌悪は、単なる自己防衛あるいは個人的好みの問題ではない。それはまた潜在的には、教師の効能性の問題でもある。もしかれらが生徒たちの学習を促すのに成功したいと思うのならば、かれらがこれほど命がけで守っている裁量権を必要とするのも無理はない。教育システムにおける第一線職員として、かれらは教室の複雑な学習環境を制御する自分なりのやり方を工夫できる余地を必要としている。一般的なルールは教室においては、たとえそれが高邁な教育目的をともなって改革者からもたらされたとしても、端的に通用しないものだ。

改革者と教師の世界観の相克

教師の教育理解はその心底において、改革者のそれとの間に大きな懸隔がある。そしてこの開きが、教師の教え方に対して改革者がもちうる建設的な影響力に深刻な限界を画することになるのである[42]。本章において見てきたように有能な教師は、学習を促進するための非常に高度な文脈に即した実践知を開発している。かれらにとって教授術はいつでもどこでも適用可能な抽象的なシステムではない。それは特化した一連の専門職的実践であり、目の前の具体的なニーズに対して適用されるものである。よい仕事ができるようになるために教師に必要とされるのは、クラスの生徒たちへの豊かな理解を発展させることである。つまり、かれらの文化、社会の中で置かれた状況、過去の教育経験、勉学上のスキル、教科内容の知識、そして動機に通じるようになることである。よい仕事をしたいと思ったところで、かれらの授業実践に適用可能な標準的技法はどこにもないのだ。「どうすればうまくいくか」に関する教授学上の一般規則を定式化しようとする努力が生み出すのは、分かりきった無用なこと（「より多く勉強するほどよりたくさん学べる」）か、あるいは抽象的すぎて具体的場面のニーズに変換してみなければ意味をなさないようなもの（「批判的理解を奨励せよ」）のどちらかである。そうではなく教師は、自身の教室での臨床的経験の中から、まとまった実践的な専門知を打ち立てていく必要があるのだ。そしてそのために求められているのは、高度に文脈密着的であるだけでなく、高度に個人的なアプローチである。なぜならば効果のある教え方という織物は、教師と生徒の間の個人的な関係という糸によって織り上げられているからだ。

この意味において教室は、森林、サンゴ礁、あるいは一つの村のごときローカルな生態系《エコロジー》になぞらえることが可能である。他のいかなる生態系とも同様に、教室における個々の有機体は、他の状況におけるそれと多くの共通点をもっている。しかしこの生態系を独自のものたらしめているのは、有機体とその環境との間に生成する相互作用パターンである。有能な教師は、その教室に通暁した生態学者である。この生態系はあまりに複雑すぎ教師の目標は広範にわたるため、教授法の手引書に書いてある法則に従うだけで授業者の役割をこなすことは不可能である。ある明敏な授業研究者が記したように、教える仕事とは正しいことを行うのでなく、慢性的な教育的ディレンマをいかに巧みに管理するかということである[43]。私はあの質問に、話が逸れてしまってでも応えたほうがいいのだろうか？　この生徒の間違いを正したほうがいいのだろうか、それとも時間を与えて自身の考えにそって考え続けさせたほうがいいのだろうか？　生徒のジョークに笑ったほうがいいのだろうか、それとも教師面をして教室の秩序を保ったほうがいいのだろうか？　それは授業にとって同程度に重要な、幅広い種々の目標の間でいかにバランスをとるかの問題である。使えるネタなら何でも利用するのかそれとも知的な問題から焦点を逸らさないのか、正確な理解を促すのかそれとも生徒の探求を促すのか、楽しい学習環境を維持するのか、それとも秩序だった学習環境を守るのか——。そこでのねらいは、その瞬間において何が教育上の最優先事項かを理解することである。だから教師として私は掟を適用しているのではなく、せめぎ合ういくつかの掟の中から選択しているのである。そして私の教師としての第一の手腕は、私の判断力である。それは教室という生態系に関する私の知識をどのように使って、目の前のケースに最もふさわしい掟を決定すればよいかを私に示してくれる。

他の社会改革者と同じく、学校改革者はローカルな生態系〔環境〕と相性がよくない。かれらは学校システムの上位レベル、教室からはるかかなたに位置している。ワシントンDCや〔カリフォルニア州州都の〕サクラメントの教育当局、教育長のオフィスや教育学の教授、国家レベルの特命委員会や専門家の団体……こんなところだ。三〇〇万の教室が周縁部に並んでいるかたわらで、改革者たちは自身が学校政策の拠点で活動していると思い込んでいる。この隔たりの大きさゆえ改革者には教室が見えず、教師の動きも見えない。これらの教育環境の各々の固有の特徴を考慮に入れることもできないのである。

教師が教育を顕微鏡で見ているとするなら、改革者は望遠鏡を通して見ている。ジェイムズ・スコットは、政府主導の社会改革の問題点について論じた著書で、この種の改革ビジョンを国家目線《シーング・ライク・ア・ステート》の見方と呼んでいる。[44] 学区・州・国家レベルの学校改革者は、かれらの目的のために教育を目に見えるものにするべく見取り図をつくり上げる必要がある。そしてあらゆる見取り図と同様それは必然的に、対象をひどく単純化した形で表象することになる。それは簡単に集めることができ、目下の課題に適合し、データに準拠し、統計サマリーがしやすいデータに準拠している。それはたとえば、生徒の社会的属性とテストのスコア、教師の経験年数と教員資格、州と学区の予算規模に関するデータのことである。学校教育について理解しようと努めて改革者が作成する見取り図から、たった一つたしかに言える点がある。ほとんどすべてのものがそこから抜け落ちてしまっていることである。教育という環境の複雑さは、統計サマリーの単純な表の中に消滅してしまっている。

そのため教師と改革者の学校教育に対する見方は、極端に異なっている。教師は自分の教室内に特有のものに焦点を合わせているのに対し、改革者は多くの教室に共通な普遍的なものに焦点を当てている。教師は個人的関係に支配された状況で活動しているのに対し、改革者は抽象的な政治的・社会的目標に支配された環境で動いている。教師は臨床的経験に準拠するが、改革者は社会科学の理論に依拠する。教師は教室で起こることの両義性を引き受けるが、改革者は表とグラフの明快さを追求する。教師は専門家としての適応力を優先するのに対し、改革者は実践と結果の画一性を優先する。

これらの見方のちがいは、成功した学校改革をめぐる真正面からの対立となる。教師にとって学校改革の成功は、それが自身の実践に適用された結果、教室での教授と学習過程を高めることができるという場合である。改革者にとっての成功は、それが多くの教室で画一的に実施され、類似した教育的そして社会的な結果を発生させることができた場合である。教師がかれら自身のニーズに合わせて改革努力の一部だけをつまんで適用するとき、改革者はそれを実施の不徹底と見なし、旧来的な実践を墨守し教育の進歩を阻んだとして教師を非難する。その結果、改革者と教師の視点はますます乖離する。前者は教室の現実を無視した抽象論を追い求めていると見なされ、後者は機能不全の教育実践に固執し創造的変革を拒んでいると見なされている。

『国家の目線で見る』でジェイムズ・スコットは、複雑な事情をもつ各地の現場に改革者が全国版の理論を押しつけたために、挫折を余儀なくされた国家主導の社会改革について警句を発している。そこで紹介されているのは、一八世紀から一九世紀にヨーロッパ諸国の政府が、材木を大量生産しようと単一種の促成木を整然と植樹した結果、そこには野生において木を育む複雑な生態系が欠けていたためだんだん木の生長が止まってしまったという逸話である。また、ソビエト政府が農業の集団化によって社会主義の壮大な構想を実現しようと努めたが、それが農村の農作業を破壊し、結果として大規模な飢餓を招いてしまった逸話も紹介されている。さらにはブラジルの新首都〔ブラジリア〕建設の事例も紹介されている。政府は都市設計者の夢の構想をもとに一つの包括的なプランに基づいて首都建設を行おうとしたが、そこではインフォーマルな経済活動や社会関係の網の目が展開する余地をつくり出せなかった。実際にはそれらが都市コミュニティを活性化させるにもかかわらず、である。

これらの改革はどれも、権力の中枢でつくられた理論枠組《グリッド》みをはるか遠方のローカルな環境に当てはめようとする試みであった。枠組みは、どんなタイプの改革者にとっても魅惑的である。それらは誘惑的な美学をもっている。改革で描かれる絵は、自然界の雑然とした印象よりもずっときちんとしてきれいなものだ。それは合理性の具象化であり、もし秩序をもってすれば現実はかくもあらんというビジョンである。それは格子状《グリッド》の都市の街路や農村の土地開発の場合のように、世界を測定し、位置づけ、分割しやすくすることによって有用性をもたらしている。そしてそれは権力を表わしている。自然界には何の線も引かれていないのだから、誰かが意図的にその場に線引きしたのだ。格子線の存在はそのことを誇示する。しかしながら、格子線を自然界や社会に押しつけることで、生態系を機能させている猥雑でインフォーマルな実践がその過程によって破壊されてしまう。

合州国が一九世紀に、格子線を用いて公有地のサーベイ調査と開発の管理を行ったとき何が起こったか。土地はコンパスの測量により、一平方マイルごとの区画に分割された。三六区画（六マイル平方）で一まとまりにされて郡区になり、郡区が一六集まり郡《カウンティ》を構成した。道路は区画の線にそって建設された。一マイルおきに交差点に出る格子状の道路をドライブするという、アメリカの田舎を旅する者にはおなじみのパターンが出現した。だがドライバーはまた、南北に通じる道路を走っていると数マイルごとに出くわすある現象にもなじんでいる――走っている道が他の道路とのT字路に行き当たり、一〇〇フィートほどで左右にガタゴト進み、そしてまた元の方向に戻るのである。スコットは彼の本の表紙に、こうしたジグザグパターンの航空写真を載せている。これが改革のディレンマを示すすぐれたメタファーたりえているからだ。繰り返し発生するこのパターンは、赤道から北上すると緯線が収束していくという地理上の問題を解決するためのものだ。それゆえ格子線は自然の領域には適合しない。なぜならば北をめざす道路は平行に走ることが不可能であり、コンパスによって引かれた南北の区画道路は正方形の区画を描くことができないからだ。だから一マイルの道路間隔を保つためには、数マイルおきに補正することが必要になるのだ。それゆえ格子線は、それがもつありとあらゆる魅力――美しさ、合理性、利便性、権力など――にもかかわらず、修正を施すことなしには自然界において実現可能なモデルにはなりえない。

直線の格子線を球状の世界に押しつける

この地理上のメタファーは学校の世界にも当てはまる。学校改革という直線直角の格子を球状の教室という世界に押しつけようとするとき、改革者は深刻な問題に出くわす。一方を立てれば他方をひっこめねばならない。一つのオプションは、教師が改革プランに手を加えて現場に合うよう調整するのを、たとえこのつぎはぎ状の教育様式が意図とちがうとしても、容認するというものである。これはデイヴィッド・タイヤックとラリー・キューバンお薦めの望ましい選択である。かれらが論じるところでは、学校改革から期待できるのは、よくてつぎはぎ状の改革の産物が関の山なのである。しかし大半の改革者や政策立案者の目にこの種の結果は、学校改革の挫折と現状維持の勝利として映る。もう一つのオプションでは、改革者はあくまで計画通りに改革の実施をごり押しする。それによって教室は変化を強いられ、そこでのデリケートな学習環境が掘り崩されかねない。二〇世紀末から二一世紀初めにかけての標準化運動が望ましいと考える選択肢がこれである。そこでは標準学力テストと州の必須基準カリキュラムを利用して、教授と学習を改革の格子線内に押し込めることが企図されてきた。しかし大半の教師、大学の教育学部にいるその擁護者たち、そして子ども中心主義的進歩主義の支持者にとってこのアプローチは、教室のバランスを壊し、生徒の学習への参加を破壊するものである。

第4章の結末部で述べたように、学校改革者たちは生来の楽観主義者である。かれらは自らの改革モデルの正しさを疑っていないため、たとえそれが学習環境を守るためという名目で起こったとしても、教師による抵抗を受け止められる度量はほとんどない。かれらの改革枠組みは当代最高の思想と最善の価値を体現したものと考えられる。だから古いやり方に固執する実践家に残された道は、発展から取り残されることのみだ。社会問題は切迫している。学校システムは機能していない。我々は問題を解決するためにシステムを変える必要がある。そしてこの行動の必要を前にして、デリケートな学習コミュニティへの懸念など二次的な問題にすぎない、というわけである。

しかし私のような改革懐疑論者にとって、教室の中に自分たちが築き上げた緊密に組織化されたシステムを捨て去ることに教師たちが躊躇するのは、かれらの実践上の問題から考えてもっともなことに思える。そればかりか、学校と社会に有益かもしれないとさえ思えるのだ。システムの組織構造の緩やかな連結と同じように、学習プロセスへの侵入に対する教師たちの抵抗は、システムにとって有用な緩衝地帯の役目を果たしうる。それは有益な改革をゆがめてしまうが、有害な変革から教室を守りもするのだ。そして教育の中核部分において急激な変化を受け入れることに対するシステムの抵抗は、私のように学校システムが社会問題を解決する能力――改革が学校に押しつけようとする力――に懐疑的である者には、とりわけ有益に思えるのである。これが次章のトピックである。

（1）　この議論は主に、私の著書『教員養成機関の困難』(Labaree, 2004) の第3章に由来するものである。そしてそこでの説明は、Willard Waller (1932/1965), Dan Lortie (1975), David Cohen (1988), Richard Elmore and Milbrey McLaughlin (1988) といった独創的な仕事に負っている。
（2）　Elmore and McLaughlin (1988).
（3）　Lipsky (1980).
（4）　マイケル・フランが書いているように、学校教育にとって有害な改革を遮断することは、有益な改革を実行するのに劣らないほどありがたい (helpful) ことである。Fullan (1991), p. 18.
（5）　Cohen (1988), p. 55.
（6）　Cohen (1988), p. 57.
（7）　Fenstermacher (1990).
（8）　Jackson (1986), p. 81 からの重引。
（9）　Waller (1932/1965), pp. 195-196.〔ウィラード・ウォーラー著、石山脩平・橋爪貞雄訳『学校集団――その構造と指導の生態』明治図書出版、一九五七年〕
（10）　Cusick (1992), p. 46.
（11）　Waller (1932/1965), p. 196.〔前掲訳書、二五〇頁。一部訳文を変更〕
（12）　Sedlak et al. (1986).
（13）　Powell, Farrar, and Cohen (1985).
（14）　Labaree (1997).
（15）　Waller (1932/1965), p. 383.〔前掲訳書、四七八頁〕
（16）　外部試験によって突き動かされている教育システムで発生する教師―生徒関係の潜在的なちがいについて私に気づかせてくれたブライアン・ヴァンス氏はじめ、一九九八年秋学期の博士課程セミナー参加者の皆さんに感謝する。

(17) 専門家とその顧客との関係のこれら五つの特徴は、タルコット・パーソンズが開発した「パターン変数」から取ったものである。それは五対の志向性からなり、役割関係の異なるタイプを定義するのに用いることができるものである。彼はそれらを「没情緒対情緒、一点集中対拡散、業績対属性、自己志向対集団志向、普遍主義対個別主義」と名づけた。Parsons (1951).

(18) ゲーリー・フェンスターマーチャーはこれを次のように述べている。「教師はときとして、複雑にもつれ、ときに破壊的であるかれらの生徒の生活から、距離をおきたがるかもしれない。しかしかれらはうまく生徒を教えることができず、生徒の生活の多くの次元を無視してしまう。教えるためには、学習者をできるだけ広くかつ深く理解することが求められる。また授業内容が学習者の生活経験とどのように関連するかをめぐる配慮が必要であり、学習者固有の意志・興味・欲求という文脈の中で学習者とすすんで関わることが求められている。多くの医者が好むような多様な対人距離は、教師が上手に教える能力を妨げるものである」。Fenstermacher (1990), p. 137.

(19) Dewey (1904/1964), p. 319.

(20) Freedman (1990), pp. 29-30.

(21) 教師と生徒の情緒的絆が学習を促進するだけでなく、それを掘り崩す可能性について指摘してくれた、ミシガン州立大学の二名の博士課程セミナー参加者――ジョー・レッサーとダナ・サモンズ――に感謝する。

(22) Hochschild (1983), p. 147.〔アーリー・ホックシールド著、石川准・室伏亜希訳『管理される心――感情が商品になるとき』世界思想社、二〇〇〇年、一七〇頁〕

(23) Hochschild (1983), p. 35.〔前掲訳書、三九～四〇頁〕

(24) Waller (1932/1965), p. 375.

(25) Waller (1932/1965), pp. 383-384.〔ウォーラー前掲訳書、四七八頁、一部訳文変更〕

(26) Cohen (1989).

(27) Britzman (1986), p. 449.

(28) Lortie (1975), p. 74.

(29) Britzman (1986), p. 451.

(30) Britzman (1986), p. 451.

(31) U.S. Dept. of Education (1986).

(32) U.S. Dept. of Education (1986), p. v. 強調は原文のまま。

(33) U.S. Dept. of Education (1986), p. 34.

(34) U.S. Dept. of Education (1986), p. 19.

(35) U.S. Dept. of Education (1986), p. 50.

(36) Lortie (1975); Jackson (1986); Floden and Clark (1988); Cohen (1988).

(37) この系統の議論についてさらに知りたい場合、Labaree (1997) の第1章を見よ。

(38) この点において、教師の事例とパラレルなのは獣医である。そこにおいてペットは患者として、飼い主は顧客として同定される。

（39）一九九〇年代の米国における数学教授法変革の試みの研究においてSteven Mattson (2003) は、教授法を変えるとは宗旨替えするようなものだと結論づけている。それは、宗教的回心によく似た激しい人格的変容を必要とする、というのだ。

（40）Cuban (2007).

（41）Cohen (1988); Lortie (1975); and Britzman (1986).

（42）この部分はScott (1998) に多くを負っている。

（43）Lampert (1985).

（44）Scott (1998).

第6章　社会問題の解決の失敗

アメリカの学校改革が長けていたのは、教室での学習の実質を変革するよりも、学校システムの形式を変えるほうであった。またそれはこの国の社会問題本体の解決よりも、アメリカ人の生活形態を変えることのほうに長けている。このことから、改革は無力で影響力に乏しいと言いたいのではない。ただそれが、我々が託した仕事を遂行する点にかけては、能力的に劣っているだけのことである。じっさい学校改革は、人びとの行動様式を学校に即した物事の処し方にそったものに改変することを通じて、社会の多くの側面に大きな影響を及ぼしてきた。しかしそれと同時に学校改革はその主要な目的、たとえば不平等の縮小や生産性の向上、市民的参加の促進や公衆衛生の改善などの目的の達成に対しては、驚くほどにわずかな貢献しかなしえてこなかったのである。

本章では、学校改革が社会問題の解決に失敗したことの検討を行う。最初に、それが長年にわたり追求してきた中心的目標の実現という点で限られた成功しか収めなかった点をみる。次に個別の学校改革運動のごくささやかな達成をみていく。最後に社会改革の実行主体としてみたときの、学校の失敗のルーツを探っていく。

社会的平等、社会的効率、社会移動に学校改革が及ぼした影響

手始めとして、合州国の教育システムにおいて中心的位置を占めると私が規定した三つの目標——民主的平等、社会的効率、社会移動——の三者に対して改革が及ぼした影響を検討するのがよいだろう。

民主的平等　世界中どこの学校システムも、効率性の向上や機会拡大のミッションよりもまず、政治的な使命を果たすことに力を発揮してきた。ほとんど世界中どこの国でも、国民国家形成期には教育が果たすべき重要な役割をもっているようだ。米国や他の国々の歴史についての多くの研究がこの結論を裏書きしている[1]。この点における学校教育の重要な貢献は、地方民意識しか持たない人びとの寄せ集めから国民《ナショナル・シティズンリー》を形成することへの寄与である。共通文化とナショナル・アイデンティティを備えた国民——〔君主の〕臣民ではなく——から構成される近代国家への脱皮をはかろうとしたとき、各国は相次いで普通教育制度を創出させていった。我々が一九世紀アメリカの事例においてみたように、この転換期における重要課題は、家父長的関係と封建的権威に基づく伝統的社会秩序の残滓から脱皮し、取引関係と法の権威を基盤とする近代的社会秩序を確立することである。公教育制度はこの移行を、共通点がなくバラバラな地域の若者を一つ屋根の下に結集させ、共通のカリキュラムで勉強させ、同一の社会経験をさせることによってなし遂げる。これらは、学校が一貫して得意とする数少ない事柄の一つである。

したがって諸資料が示すところによれば、国家形成期における学校システムは、米国でも他のどの国でも、市民性の育成と新社会秩序の形成に驚くほどの有効性を発揮してきた。これは、学校システム立ち上げ時の莫大な投資に余りあるほどの成功にほかならない。そして学校はこのコミュニティ形成力に立脚する形で、新加入者《ニューカマーズ》編入の機関として重要な役割を果たし続けた。これは米国のような移民社会ではとりわけ重要な働きだった。米国では一九世紀半ばのアイルランド人およびドイツ人から、二一世紀初頭のメキシコ人と南アジア諸国人に至るまで、外国人をアメリカ的生活《アメリカン・エクスペリエンス》に統合する中心的装置が学校であった。

しかし米国の学校教育が民主的平等を増進させる能力は、生徒の学習とはほとんど無関係だった。時とともにその力も希薄になり、不平等へと向かう逆方向の動きによって掘り崩されていった。これらの問題を順に検証していこう。第一に明記しておきたいのが、学校はコミュニティ建設に際して有効な存在であったとしても、そのことはカリキュラム内容や授業の性質とは無関係だったことだ。重要なのは、学校がすべての生徒に対して共通で同一の社会化を行ったということである。かれら全員が学校で同じ教材で教育を受けている限り、かれらが実際に教科の授業から学んでいたことは重要ではなかった。習得の核心は主要教科ではなく文化であった。まさしくこの学校カリキュラムの意味の軽さこそが、この二〇〇年間社会は急激に変化していたのにカリキュラムがごく緩慢にしか変化しなかったわけを説明する重要な要因なのである。〔子ども中心主義と管理行政〕両陣営の進歩主義運動から五〇年にもわたって加えられた伝統的カリキュラムに対する総攻撃の後でも生徒たちは依然として、数学、理科、国語、歴史という主要教科に勉学の時間の大半を費やしていた。共和国アメリカを樹立し守るのに寄与してきたのは学校教育の内容ではなく、形式のほうであった。

第二に、コミュニティ建設における学校教育の重要性は時とともに低下していった。合州国の形成期においてコモンスクール制度は極めて重要な存在であった。しかしいったんこの国の持続性にもはや疑いの余地がなくなった暁には、その政治的役割は重みを失ってしまった。初期のコモンスクールを特徴づけていた危機への介入といった性質に比べると、コミュニティの補強はありきたりの課題に過ぎない。その結果、学校による市民性育成のアプローチは、新しい年代になればなるほど実質から遠ざかり、形式ばったものになっていった。今日この政治的目標がわずかに姿をとどめているのはアメリカ史の授業、学校集会でのスピーチ、感謝祭前後の巡礼始祖行進《ピルグリム・ページェント》の行事、教室の壁の大統領の肖像画、フットボール試合前の国歌斉唱時の直立不動などである。かつてシステムの存在理由であったものが、他の問題にシステムの関心が移り、後景に退いてしまっている。

しかしながら第三に、これが最も重要なのだが、民主的平等を促進する学校の役割が衰退していった理由は、それと並行して、学校がすさまじい勢いで不平等を亢進させてきたからである。平等へと向かおうとするアメリカの学校の動きはことごとく、その逆方向に向かう強い動きによって打ち消されてきたというのが、本書で繰り返し論じているテーマの一つである。一九世紀初めにコモンスクールが創設されたとき、同時にそこには中産階級の生徒をその他と区別するためにハイスクール制度がつくられた。二〇世紀初頭にハイスクールへの門戸を拡大したとき、同時にそこには校内で生徒を振り分けるシステムが発明され、中産階級の生徒にはカレッジ進学の門戸が開かれた。二〇世紀中葉にカレッジへの門戸が広げられたとき、新たな流入者は威信の低いカレッジへと誘導される一方、中産階級の学生は大学院をめざすよう奨励された。アメリカの学校システムは平等の追求と同程度かそれ以上に、社会的差異を生み出すことを指向している。実際、システムが成熟するにつれ、平等の理念はより形式的なものになり、焦点は主にある教育レベルにおける門戸の広がりという概念に絞られていった。その一方で不平等は観念上のものから現実となり、教育上のあるいは社会的な帰結の鮮烈な差異となって現われた。

社会的効率　教育政策の言語においては、社会的効率という目標は健在である。教育は人的資本への価値ある投資として経済成長において中心的役割を果たすという考えは、現代経済学・国際開発・教育政策における根本的信念の一つである。[2] 第1章でみたように、米国における学校改革の言説においてこれは管理行政的進歩主義者に端を発し、その後の二〇世紀の諸改革運動を経るうちにますます、中心的テーマとなるに至った。今日、教育に関する政治的スピーチや改革文書や論説記事の中で、人的資本を発展させ経済成長を促進させるのに教育が果たす重要な役割への賛辞——そして経済の不調を解消するための学校改良の必要性への言及——を全く含まないものを見出すほうが難しい。

教育をめぐる政治動向においてこの議論——ある論者はこれを指して「教育福音」[3]と呼ぶ——はきわめて重要なので、次章でこれに関する議論を広げ、この論点の含みもつ意味と限界を詳細に検討したい。今のところは、アメリカの学校教育が経済成長と経済的機会の伸長の主要な要因であったとの主張に対して、私がきわめて懐疑的であると言っておくので十分だろう。たしかに学校教育は発展のある時点(産業化の開始時点など)において、そして特定の種類の教育(初等教育など)に限定して考えれば重要な経済的効果をもったかもしれない。〔だが〕一般的レベルにおいては、この主張を支持するような根拠は乏しい。諸研究が提示する事態はさらに複雑だ[4]。教育的投資は経済成長を刺激するかもしれないが、社会がさらに重点的に教育に投資し始めるのはもしかして、経済成長の結果ではないだろうか——なぜならそれだけの余裕が生まれるからであり、そうすることはその社会が近代国民国家となりえたことの証しだからだ。だから、学校教育と学校改革が人的資本の発展に対して与えた影響が散発的なものでなく、それ以上のものだったかどうかは不明瞭である。

社会移動　一般にリベラル民主主義国家社会《デモクラシーズ》において、そしてとりわけ米国において、教育機会の拡充が社会移動を促進し社会的不平等を小さくするという希望は尽きることがない。人種隔離撤廃、標準化運動、学校選択運動というアメリカの学校改革運動のレトリックにおける中心的要素がこれであった。しかしこの希望を鼓舞する証拠は端的に言って存在しない。問題はこうだ。社会移動と社会的平等は、学校教育との関係において言えば、ともに社会的地位を表わす純然たる相対的指標である。両者は社会科学者がゼロサムゲーム――A＋B＝０――と呼ぶ場合にあてはまる。もしAが上昇すれば、合計がゼロになるにはBが減少せねばならない。もし社会的階梯においてある者が他者よりも優位に立てば、他者は追い越され陥落する。そして二者間の格差が平等に近づけば、一方にとっての社会的優位性の増大は他方にとってその減少を意味する。どちらの指標にも対称性が埋め込まれている。

社会的平等ががんらい相対的な指標であるのに対し、社会移動のほうは相対的ではなく絶対的な位置の指標として考えることができる。米国では二〇世紀を通じて、農業、製造業、建設業、その他のブルーカラー労働者が占める割合は低下した一方、事務職、管理部門、専門職、サービス業、その他のホワイトカラー労働者の比率が増加した。同時に、初等学校のみの修了者割合が減少し、ハイスクール、カレッジ、大学院卒の割合が上昇した。よって多くの家庭で、ブルーカラーの親の子どもがホワイトカラーであったり、親が低い教育レベルなのに対しその子どもははるかに高学歴であったりという事態を経験した。それゆえ絶対的な意味合いで言えば、この時期におけるブルーカラー労働からホワイトカラー労働への社会移動は本当に起こったものだった。子どもはその親に比べて上層の職業に移動したばかりでなく、より高い賃金報酬と生活水準を手に入れたからである。そしてこの社会移動は、教育程度のかなりの上昇と密接に結びついていた。これは大いなるサクセスストーリーであり、その当事者たちがかれらの社会的達成を教育のおかげと見なすだろうことは十分理解できる。それは多くのアメリカ人にとって、よい仕事を得たければよい教育を受けなさいという格言の正しさを証し立てるように思われた。学校教育は人びとが階梯を昇っていくのを後押しするものだった。

個人レベルではこの認識は極めて妥当なものだった。雇用主が仕事に対して最低学歴資格を課すことは、二〇世紀にはごく当たり前になった。そして職階が上がっていくにつれ、要求される学歴水準は概して上昇していった。これは一般に、入職後の昇進よりも採用時のことで、官僚組織でない民間企業部門では当てはまらなかった（シリコンバレーの企業の新入社員はしばしば、カレッジ中退者で占められている）。しかし全体として、社会的・経済的報酬を得たい若者は、高い教育を受けることに強いインセンティブを有していた。経済学の研究はつねに、子どもに対する教育投資は、ばらつきはあるものの確実に見返りをもたらす点を示している。たとえば一つの推計によれば一九一四年から二〇〇五年の間、カレッジに一年長く在籍するごとに男性の生涯獲得賃金は八〜一四パーセントの範囲で増加したという。[5] これは家庭にとって教育が、株式市場――同期間、年平均で約八パーセントの利益率だった――よりも優れた投資であることを示す。

しかしながら、一部の個人にとっては正しくても、それが必ずしも社会全体に該当するとは限らない。第一に、より高度な教育を積むことは、特定の仕事をめぐる競合に際してある個人に対しては優位をもたらすが、だからと言ってカレッジ卒業者の大幅増が、かれらが就くハイレベルな職業ポスト数の大幅な増加を生むのかどうかは明らかでない。次章では教育と経済との関係――人的資本問題――を詳細に検討するが、ここではただ、教育の強化がさらなる生産性の向上と経済成長を生むという確信を私はもてないでいるとだけ言っておきたい。両者は確実に相関しているが、しかしこの因果関係は逆もまた可なりではないか。つまり経済成長が教育の発展へつながるというのが私の論点である。なぜならそのような社会は教育に多く投資する余力があるからであり、教育の充実は消費者の望みであり、また先進社会ならば当然視されていることだからである。[6]

私にしてみれば、教育と職業との結びつきは、次のように見るほうがより説得力があるように思える――

すなわち、仕事を生み出すのは経済であり、教育はその仕事へと人材を振り分ける手段である、というふうに。高学歴の就職希望者ほど、よりよい仕事を得る要件を満たしている。つまり、ある時点での特定の教育レベルの人員数とそれに対する求人数に左右されて、社会移動は相対的なものになってくるわけだ。希望者数よりも求人数が多いときは、資格保有者は全員よい仕事に就け、さらに一部の要件を欠いた者までおこぼれにあずかれる。しかし求人数が少ない場合、資格要件を満たした応募者の一部はより劣る職種にまわされることになる。つまり教育の経済的価値は、労働市場に応じて変動する。教育が拡大する一方でそれに対応したハイレベルの仕事が増やされない場合、就職市場における卒業資格の価値は下落してしまうだろう。

これは、親子間での社会移動の機会をめぐる一つの問題を提起する。結局のところ子はその親たちと仕事をめぐり競争しているわけでなく、同輩たちと競っているのだ。そして同様に親よりも高学歴な同輩たちと比べてさらに高い学歴を有している場合にのみ、仕事をめぐる競争において優位に立てるのだ。親と比べたときの学歴程度が重要なのではない。結果として、時が経っても教育機会が増えたほどには社会移動の割合は増えなかった。教育システムの拡張程度が高い社会の階層移動率は高くないのである[7]。

レイモンド・ブードンをはじめとする研究者たちが示したのは、教育への門戸拡張がすべての者に影響を与えることの問題性である。それは、これから優位な立場にのし上がろうとしている者、既に優位な立場にある者の双方に影響するのである[8]。二〇世紀の初め頃、労働階級の親の教育は初等学校レベルであった一方、その子たちは、社会でのし上がるためにハイスクールへと流れ込んでいった。しかし同時期に中産階級の親はハイスクール卒の学歴をもっており、その子らはカレッジに進むようになっていた。だから両集団とも教育程度が高まった一方で、その相対的位置関係は変わっていなかったのだ。新たにハイスクールを修了した者は、より高い教育を受けたからといって優位に立つことはなかった。かれらの奮闘の結果は現状を維持するのみだった。新たにカレッジを卒業した者もまた誰もがのし上がれたわけではなかった。ただかれらは何とかして優位を保った。

教育からの恩恵で既に優位に立っている家庭は、かれらより下の社会的地位の者からの圧力に直面して、子どもには是が非でもさらに上位レベルの教育達成をさせねばならないと渇望していた。もし親がそれを実現しなければ、子どもたちは下方向に社会移動してしまうという現実的な恐怖感である。相対的地位は必然的に対称性をともなうゆえ、誰かが上昇すればその分、誰かが下降することで均衡が保たれる。システムの頂上付近にいる者にとっては、上昇の余地は小さいかわりに落ち幅は際限なく大きい。アメリカ人の親子間の階層移動を検討した最近のある研究で、一九六〇年代末時点の親と三〇年後の一九九〇年代末時点のその子どもの間で、収入でみた相対的地位の比較を行った。その結果、最下層の二〇パーセントの家庭（五層区分の最下位）の子どもは五八パーセントの確率で、少なくとも一つ上の階層区分に上昇していた。他方で最上位二〇パーセントの家庭の子どもは五八パーセントの確率で少なくとも一つ下の階層区分に下降し、三四パーセントが二つもしくはそれ以上に下の階層区分に（上から五分の三以下に）下落していた。[9] 教育上の優位から恩恵を受けてきた家庭は、足下に開いた落とし穴を尻目に、子どもが転落しないためにはさらによい教育をめざして闘わなければならないと感じている。

したがって、米国における学校改革は、社会移動の増進や社会的不平等の縮小には失敗してきた。実際、リベラル民主主義という我々のアイデンティティを放棄しない限り、教育の拡大がこれらの変化をひき起こす道は、端的に言ってどこにもなかった。ただ中産階級の生徒と労働階級の生徒との間の教育格差を縮めることができる場合にのみ、学校改革が社会的格差を平等化する可能性が発生する。〔だが〕これはリベラル民主主義のもとでは政治的に不可能だ。というのもそれは、中産階級が子弟のためにより上級のよい教育を追求しようとする能力を制約することを意味するからだ。我々が恵まれた者が教育機会を得ることに制限を設けるのをためらうならば、その機会を恵まれない者のために増やしても何の変化も生じないだろう。両者の教育水準が並行して同じように上がっていく限り、一方の他に対する優位はなくならない。そしてアメリカの学校システムはまさにこの状態なのである。それは改革と市場の間、社会的計画と消費者行動との間の相互作用から生まれた折衷物である。我々は機会を拡大すると同時に既得権を温存している。我々は両方を同時に欲している。この視点から見たときアメリカ教育史における決定的モメントは、進歩主義時代の消費者と改革者の合作とも言うべき階層トラックを備えた総合制ハイスクールの創設であった。これは以降あらゆることで繰り返されるパターンを形成した。それは門戸開放と既得権保守のどちらも可能にする点で驚くほど有用性の高いシステムであるが、改革者はこういうものをつくろうとしていたわけではなかった。実際、このシステムは改革の中心的ねらいの実現に逆行するものである。なぜならそれは社会的効率を阻害し、社会移動を妨げ、民主的平等を制限するものだからである。

　しかしながらこれら三つの目標は、少なくとも次の二つの重要な形態を通じて、アメリカの教育システムの中にその姿を刻印することに成功してきた。第一にそれらは教育のレトリックにおいて目に見える形でその存在を示した。時々の教育情勢はこれらの目標を倦まず学校に対して押しつけ、学校側も同じ目標に対する忠誠を積極的に示す。第二に、学校はこれらの目標の形式を採用して、自らの構造と過程に織り込んできた。民主的平等は、社会科の授業、学校集会、政治的シンボルの展示といった形式の中に生き残ってきた。社会的効率は職業教育クラス、進路を考える特別な日《キャリア・ディズ》、そして標準テストなどの形式の中で生きながらえてきた。社会移動は、生徒が学校システムを進んでいくごとに積み重ねていく級《グレード》、単位《クレジット》、学位といった形式の中に姿をとどめてきた。

主要な学校改革運動の社会的影響

我々はここまで、この二〇〇年間の学校改革がその掲げた種々の目標の達成に概して失敗してきたことをめぐり検討してきた。しかし改革の限界を検討するもう一つのやり方は、個々の改革運動の社会的帰結に目を凝らすことである。以下ではアメリカ教育史における主要な改革運動――コモンスクール運動、進歩主義運動、人種隔離撤廃運動、標準化運動、学校選択運動――のもたらした影響を検証していく。

コモンスクール運動　第2章においてみたように、コモンスクール運動は、アメリカの学校改革に沁みついた法則の例外的存在、実際にうまくいった唯一の改革である。それは市民的責任と経済市場の自由との間で巧みにバランスをとりつつ、リベラル共和国家アメリカの新社会秩序形成にとっての模範的機関として成長を遂げていった。コモンスクールの改革者たちは、外的なコントロールによらず内的なそれを通じて秩序を構築する必要性を考えた。そして白人コミュニティ全体のために共通の社会化を施し、全生徒に市民的公徳心と一連の新たな社会規範への忠誠を教え込むよう設計された学校システムを発展させた。その結果、この国に新たに出現した政治経済生活の中で効果的にふるまえるような、新しいタイプの自己規制的市民・企業家を形成するのに、かれら改革者たちは寄与した。

多くの要素が合わさって、この運動をそれだけの成功へと導いた。第一に、この危機はその意味合いにおいて他を圧しており、のちの学校改革の原因となった他の社会問題の影を薄くしていた。そのため改革者たちの関心は一点に集中し、教育改革と他の改革運動との一体化を生じさせた。これは以後絶えてない現象だった。そのためコモンスクール運動は、刑務所、精神病院、少年更生施設、病院、救貧院といった他の施設建設運動と並行して、相互に活性化し合いながら登場してきた。第二に、進歩主義教育運動の場合と異なり、コモンスクール運動はより大きな改革運動の延長線上のものではなかった。なぜならコモンスクールこそが他の模範となり、全体を駆動させる核となる原理――自己規制的な、新たな個人の社会化――を提供したからである。

第三に、コモンスクール改革が教育に求めたものは、学校という機関に実施可能な範疇のことだった。子どもの社会化が新たな社会秩序の求めていたことであり、それは正しく新たなコモンスクールに提供可能なものだった。実際学校は人びとを一つ屋根の下に結集させ、共通の経験を与え、その過程の中でかれらに習慣と規範と価値を教え込んだ。明記しておきたいのはこの成功が、カリキュラムの特定の内容を生徒が習得したことでもたらされたのでない点である。内容の習得《ラーニング》(公民科は除いてかもしれない)はその使命の中心にはなかった。のちの改革運動において鍵となった問題は、改革者たちが学校に対応を求めた社会問題(たとえば健康、貧困、人種問題、経済成長)が、社会化という学校に提供可能なツールを用いて対処できない性質のものだったことである。また同時にかれらは、生徒にカリキュラム内容を伝達するためのシステムとして学校を考え始めていた。これは学校の創始者たちの念頭にない考えだった。

第四にコモンスクール運動は、他の目的のためにつくられた既存のシステムを順応させるのでなく、アメリカの学校システムを新たに創出するという有利な立場にあった。既存システムの改編は、後代の学校改革者たちに課せられることになった。進歩主義者は、リベラル共和国を支える目的で設計されたシステムと格闘し、それを企業産業社会に適合した器に変えていかねばならなかった。そして二〇世紀末の改革者はこのシステムを、ポスト産業社会のニーズにそうように改編する努力を再びしなければならなかった。

進歩主義運動　第3章と第4章で我々は、進歩主義運動が学校に対して影響を及ぼそうと苦闘するさまを見てきた。その最も大きな影響は、改革のレトリックに対して与えられた。この運動は教育についての私たちの考え方を、どうにか変革した。その眼目はコモンスクールの政治的教育観から離れ、より功利主義的で経済的な見方へと移り変わっていった。社会的効率のための教育という思想は、管理行政的進歩主義の強力な遺産として、今もアメリカの教育政治の最前線にその姿をとどめている。今日我々は、経済を駆動する主要なエンジンの役目を果たしていく人的資本への賢明な投資として教育を見ることなしに、教育について論ずることはできない。このレトリック面での影響に加えて管理行政的進歩主義は、階層化され分化した主要教科カリキュラムを創出したことによって、システムの構造に対してもいくらかの影響を及ぼした。しかしこの運動が教室での教授や学習に対して与えた影響は、驚くほどにわずかなものである。学校システムの教育上の核となる部分は、五〇年に及ぶ改革の月日を経ても、せいぜい表面的な変化をこうむった程度であった。

このように、進歩主義者は学習を変革しなかった。だがかれらは、そもそもこの改革を起動させるきっかけとなったより大きな社会問題の解決に成功したのだろうか？　答えはイエスというよりはノーである。革新主義運動のきっかけをつくった問題とは、企業本位の産業社会の時代に新たな社会秩序を、加速度的に都市化し移民が増大する一方で古い形態の機会が失われていく社会にふさわしい秩序を、つくり上げねばならないことだった。労働階級にとってみれば、徒弟制は朽ちて久しく、労働はますます脱技能化し、上昇移動のチャンスは、製造工程という発想を経営の中心におき、労働者を単に誰かの計画を実行するだけの存在にした工場システムによって閉ざされてしまっていた。中産階級にとってみれば、小規模店舗と自営の小売商は絶滅しつつあり、それは店を譲って親が子にその社会的地位を引き継がせるのが不可能になったことを意味していた。そして経営の領域では、店員から管理職への出世の道が崩れていた。それは双方の階級において、秩序形成が困難に陥り、自分の子どものライフチャンスが脅かされるという重大な危機をまねいた。労働階級にとっては上昇移動の希望が消えかかり、中産階級には下の階級に陥落する未来が現実味を帯びるようになったのだ。

これまで見てきたように進歩主義の時代は、両階級が直面したこの問題に対して驚くべき独創的な制度上の回答を与えた。階層トラックを備えた総合制ハイスクールの創設である。労働階級にとって、ハイスクールへの門戸開放によって子どもたちに、希少で価値ある教育資格を手に入れ事務能力を獲得するチャンスが与えられた。卒業資格と事務能力が合わされば、かれらがホワイトカラーの仕事に参入できる可能性もあったかもしれない。〔一方〕中産階級に対して新しいハイスクールは、その子どもたちを学術科目重視の上級トラックに入れることで、新参者の群れから遠ざけることを約束した。そのトラックはやがてかれらを、排他的教育の新たなゾーンであるカレッジへと振り分けていく。教育消費者の各グループは、それぞれが欲しかったもの――門戸開放と優位性――をこの新しいハイスクールから手に入れた。この妥協の形はそれ以来、アメリカの学校システムのモデルとなった。それは同時代の難題に完璧に適した、驚くべき制度的発明であった。

しかしながら、この発明に対する毀誉《きよ》褒貶《ほうへん》を教育的進歩主義に帰することはできない。たとえばデイヴィッド・スネッデンのように、管理行政的進歩主義の推進者の中にも一部、総合制ハイスクールに強く反対した者がいた。スネッデンは徹底して専門分化した職業ハイスクール群の創設を主張したが、もしそれが実現されていればアメリカの教育は非常に異なった方向に向かったことだろう。彼の構想した「庶民学校」は労働階級に対して明白に、かれらの子どもは労働階級の仕事へと送り返されていくというメッセージを与えたことだろう。[10] そしてこうした階級を理由とする教育隔離《セグリゲーション》はまた中産階級にとっても、総合制ハイスクール内の開かれた競争での業績によって上層〔トラック〕に上り詰めたことに根拠をもつ正統性を、かれらの子どもから奪い取りかねないものだった。一九一八年の報告『中等教育の根本原理』に現れた、いわば妥協的な進歩主義は、総合制ハイスクールをモデルに掲げるものだったが、それは先立つ一〇年の間に総合制ハイスクールが確固たるものになった現実を追認したに過ぎなかった。

第3章で説明したように、進歩主義時代における最も根本的な教育的変革である総合制ハイスクールの設立は、進歩主義的な改革運動と教育資格市場とのせめぎ合いの中から生み出されたものであった。労働階級の消費者は門戸開放を、中産階級の消費者は優位に立つことを求めた。そして進歩主義の改革者はこれらの市場からの圧力に対処するべく、職業ハイスクール創設をその中核枠組みに採用した。したがって、二〇世紀への転換期の社会的危機に対する有効な応答ともなったこの革新的変化について、我々はそれを進歩主義的改革の勝ち取った成果に数えることはできない。そうではなく、消費者がかれらにそれを押しつけたのであり、改革者もそれに従わざるを得なかったのだ。

もし管理行政的進歩主義が、当時の秩序不安に対してもっと杓子定規な対処をしていたならば、かれらが中心ミッションと考えていた社会的効率の野心的な新世界建設の試みにもっと手ひどい失敗を犯していただろう。これまで見てきたように、かれらがなしえたのは仕事のための学校という考えを学校教育制度の中に埋め込んだだけで、それを超えるものではなかった。職業教育コースはカリキュラム全体のわずかな部分を占めたに過ぎず、〔子ども中心主義と管理〔行政的〕〕進歩主義教育の両陣営の長きにわたる攻撃対象であった古くからの主要教科によって大部分が占められ続けていた。そしてこれらの職業コースも、将来の職業役割に向けて生徒を準備させることに重要な役割をよく果たすことができなかった。スネッデンを悩ませた問題はこうだった。つまり端的に学校には、生徒が後年になって特定の職業役割の中で生産的であるために必要な特定の技能や知識をかれらに与えることなど、できやしないのである。

職業教育にとって致命傷となったことの第一の理由は、職業役割のまったき多様性であった。校舎のドアの向こうに待ち構える、何千もの職業の各々に対応した専門的な訓練プログラムを学校が提供することは不可能だった。そこから帰結するカリキュラムの複雑性は、チャールズ・キングスレーのようなより実際的な進歩主義者がついには自ら認めたように、完全に非現実的なものであり、学校システムが提供できるものではなかった。職業教育の息の根を止めた理由の第二は、変動する経済の中で将来の仕事のために特定の技能を生徒に教え込むことは本質的に無駄だ、というものである。卒業生は、在学中には存在もしていなかったかもしれない職業での有能な働き手になり、学生時代には未発明だった技術を使いこなしていく必要に迫られている。職業教育が長らく得意としてきたことの一つは、生徒たちに時代がかった支度を整えてやり、消滅しかけた仕事に必要とされる時代遅れの技能を習得できるようにすることである。だから進歩主義者は最終的に、形式面だけにとどめた職業教育中心主義に落ち着いた。それはただ職業的関連性《レリバンス》をめざすという方向性だけを打ち出し、大真面目にそれを追求するのは避けるというものだった。男子は工芸クラスでネクタイ掛けと灰皿を作り、女子は家庭科の授業で片づけと裁縫を学んだ。

では進歩主義教育が自力でなし遂げたことのうち、そもそもそれを生む原因となった社会危機への対応として成功したと見なせるような事績は何かあるのだろうか？　その一つは、公立学校における移民のアメリカ化であった。移民の流入は二〇世紀初頭においてアメリカ史上ピークに達していた。そしてコモンスクール時代のアングロサクソン系の先行移民と異なり、この時代の新入者の傾向として南欧・東欧出身が多く、この他者外国語と異教（つまり非プロテスタント）がかれらと一緒に入ってきた。アメリカの文化・社会から、この他者の奔流に右往左往しているうちにアイデンティティが失われてしまうのではないかという激しい恐怖が巻き起こった。

しかし学校がその危機を救いにきた。中等教育への門戸拡大によって、またある種の学校教育はよい仕事を得るために役立ちうるという撒き餌《まえ》を使うことによって、進歩主義教育は多くの新移民たちを、拡張した学校経験の中にひき入れることができた。そして今度はそれが新移民たちの英語力を効果的に高め、かれらの中にアメリカ文化への親近感を上首尾に育むことができたのである。もちろんこれは進歩主義の発明ではなく、この種の同化プロセスはコモンスクール運動の中核にも、共和国の新たな市民をつくろうとするその努力の一部分としてあったものだった。そして同化は――学校が委託されてきた多くの事柄とは異なって――機会を与えられれば学校がつねになし遂げることができたことだった。学校はコミュニティづくりを得意とするものである。

人種隔離撤廃運動　人びとを一つに糾合することは、一九五〇年代、六〇年代、七〇年代の人種隔離撤廃運動にとってもまた中心的使命であった。この意味においてこの運動は、一ドル紙幣に書かれたラテン語「e pluribus unum《エ・プルリブス・ウヌム》(多から成る一)」の実現手段としてのアメリカ学校システムの歴史、すなわち社会階級、出身国、文化、言語、宗教――そして今日では人種の――多様性を一つに束ねてコミュニティをつくる長い歴史に連なるものであった。このことはつねに、学校にできうることの範囲内で行われてきた。そしてそれは、コモンスクール運動と進歩主義運動の両方が、その原因たる社会問題に対してなしえた主要な貢献であった。人種隔離撤廃運動をひき起こすことになった社会問題は、人種不平等という米国に長くこびりついていた伝統であった。そのもとで黒人は、資源に乏しく教育機会の面で劣る場合が多い黒人学校への通学を強いられてきた。そのため公民権運動の指導者たちが、公立学校システムを人種間の平等を獲得する闘いの焦点と見なしたことは自然な流れだった。学校は、解決策が求められていた人種平等にとっても鍵となる問題であったし、またアメリカ人の他の生活領域に人種平等の理念を広めていくための媒介としてもふさわしいものだった。はじめは南部がメインターゲットだった。なぜならそこは人種隔離学校が法により強制されていた地域だったからだ。だが運動はのちに北部へと広がる。そこでは人種隔離はむしろ、慣習と居住区域の結果であることが多かった。

つまり隔離撤廃運動は、学校は社会的包摂を通じてコミュニティを建設しうるものだという一〇〇年にも及ぶ理念を採用し、それを人種へと拡張したものだった。この隔離撤廃運動から枝分かれして、包摂をめざす運動の二つの支流が生まれた。一つはアメリカの女子教育を高めようとする運動である。それはカリキュラムの中に女性の経験と視点をより十全に反映させることをめざし、長い間男子の専有物と見なされてきた数学や理科のような領域に女子が進むことを奨励し、性差のステレオタイプに挑戦するような授業コースの設置を進めるものだった。もう一つは、障害をもつ生徒を普通学校や普通学級に包摂しようとする運動であり、それが最高潮に達したのが一九七五年の全障害児教育法の成立だった[11]。この法律は、障害をもつ生徒が必要とする特別な教育サポートを受けられ、制約が最小限な環境での教育へのアクセスが保障されることを規定するものだった。

一九五四年の最高裁によるブラウン判決はアメリカ史上の分岐点となるモメントだった。それは、「分離すれども平等」であれば人種隔離は合憲であると宣言していた、長きにわたる法理を覆すものだった。ある次元において、この判決は深く重い結果をもたらした。なぜならそれは人種の平等という理念に、法による完全な擁護と憲法的価値との完全な一致という後ろ盾を与えるものだったからである。この意味において人種隔離撤廃運動は大いなる成功を収めた。この三〇年ほどの間にアメリカ人は、自分の子どもが多様な人種の生徒のいる学校に通うことになるという考えを、驚くほどすんなり受け入れるようになった。人種統合は普通のことになった。たとえばジェラルド・グラントによる、あるニューヨーク州北部のハイスクールの一九五〇年から八〇年の状況に関する研究が示すところによれば、一九六〇年代にこの学校が白人学校から人種混合学校に転換したときには激しい緊張状態にあったが、その後一九七〇年代半ばまでには、生徒も教員もともに新しい制度規範になじみ、空気は穏やかなものになった[12]。

白人はじょじょに学校の人種統合原則を受け入れるようになった。だがかれらは、マイノリティの生徒が多数派に迫っている学校に子どもを通わせる可能性に対しては、それほど心穏やかではいられなかった。実際こんにちのアメリカの学校はブラウン判決前と比べて、ほんのわずか人種隔離が和らいだに過ぎない。黒人生徒の約七〇パーセントは現在、黒人主体の学校に在籍している。そして三分の一以上が、マイノリティ比率が九〇パーセント以上を占める学校で学んでいる[13]。結果的に、隔離撤廃運動の影響は中身のない形ばかりのものになってしまった。それは学校における人種平等の原則を打ち立てることに寄与したが、依然として実際面では、学校教育において白人と黒人とが分けられ不平等な状態であることが標準である。

人種隔離撤廃運動は困難に逢着し影響力は弱まったが、中でも厄介だったのが政治と市場の問題である。一九七〇年代に改革者たちは、法律上の隔離を終わらせるだけでは学校の人種統合をなし遂げられないことに気づいた。黒人と白人は異なる居住区域に住む傾向にあったため、大抵その子どもたちはいまだ同じ人種の仲間ばかりの学校に通っていた。改革者に加えて一時期連邦裁判所までが、事実としての人種隔離をなくす運動として推進したのが、より完全な人種統合教育を実現するため、生徒をバス輸送して別の地域の学校に通わせることだった。しかしこのやり方は長続きしなかった。それは白人中産階級から強い反発・抵抗を招き、投票行動においても街頭での行動においてもバス輸送に対して圧倒的に反対の民意を示した。バス輸送支持の政治家は白人有権者の激怒を身に沁みて感じるようになり、それを推進した学区では、気がつけば白人家庭の多くが子を私立学校に転校させるか、あるいは郊外に引っ越してしまっていた。

これは、市場が政治との間で作用し合いながら学校の営みを再構築していく、もう一つのケースである。社会移動をめぐるゼロ・サム的な競争の中で、一つの集団のために機会を増やそうとする努力は、別の集団には機会の喪失として経験される。白人たちには、これまで自分の子どもたちを優位に立たせてきた教育形態が失われつつあると感じられた。かれらにとってマイノリティ集団の子どもが沢山いる学校に子を通わせることは、社会的没落というぞっとするような未来像を指し示すものだった。同時に、バス輸送運動は、黒人指導者との関係においても行き詰まりつつあった。かれらは文化的、教育的な理由から、それを誤った方向の運動だと考え始めていた。黒人の子どもは多くの白人生徒と一緒の学校環境においてのみ学業で成功できるという思想は、あたかも白人に周囲を取り囲まれていること自体が社会的向上につながるように聞こえ、〔黒人文化にとっての〕侮蔑だと思えたのだ。それに加えて現実問題として、バス輸送の見通しが暗くなってしまった現状もあり、多くの都市学区にある、ほぼ黒人生徒のみの学校で教育の質の向上をめざすことに照準を合わせるほうが賢明に思われた。

人種隔離撤廃運動は、そのＤＮＡに刻み込まれた二つの限界を抱えていた。第1章でみたようにブラウン判決が改革に対してとったアプローチは、隔離撤廃を消費者の権利の問題としてとらえたものだった。問題は、教育がアメリカ人にとって高価な商品となってしまったことである。すなわち、この商品への平等なアクセスをある集団に対して拒否することは、その集団が社会的にのし上がっていく能力に重大な制限を課す。そのため、この法律上の運動の中で教育は、その所有者に利益をもたらすような私的財として扱われた。このことは、とりわけ運動の焦点が法律上の人種隔離への非難から近隣の学校のあり方へと移っていくにつれ、白人に隔離撤廃を売り込むことを困難にした。というのはそれが、白人の取り分を犠牲にして黒人に利をもたらすことを示唆していたからである。公民権運動全体にとっての平等の位置づけは、憲法上の原則の問題として、すなわち長年アメリカ人が自明の真理の一つととらえてきたものの実現手段としてそれを位置づけるというものだった。もし同様に教育を公共財としてとらえ、その利益は個々の教育消費者でなく社会全体にもたらされると考えていれば、学校の人種統合を実質的に達成すべきだというこの運動の主張を、もっと広めることができたかもしれない。だがブラウン判決はこのような道をとらなかった。

人種隔離撤廃運動に固有のもう一つの限界は、それが人種を個人的な事象として、人種偏見の問題としてとらえ、経済、社会、社会階級の大きな仕組みに埋め込まれた構造的な現象としてはとらえなかったことである。学校改革にとってこのアプローチの一つの利点は、その個人主義的な人種観ゆえに、人種の平等という大きな目標追求の上で教育に主要な役割が与えられたことである。個々人の偏見が問題だとしたら、学校こそが最も有望な存在だ。学校は、異なる集団を一つ屋根の下に集め、互いに調和させるのにうってつけの機関だ。そして学校には、共通の価値を生徒たちに効果的に植えつけてきた長い歴史がある。人種主義解消への取り組みにおいてこれは、偏見に満ちた考えを一掃し、そのかわりにより公正なマイノリティ観を与えるような授業が学校でなされることを意味するだろう。もちろんそれがうまくいくのは、人種問題の根源が本当に人種偏見にあったという場合である。しかし隔離撤廃運動がたどった道のりは、このとらえ方の正しさを支持しないものだったと思える。バス輸送を阻止し、事実としての人種隔離を撤廃しようとする広範な運動に立ちはだかった問題は、社会的優位をめぐる地位集団間の競争であった。この競争は偏見に満ちた考えによって起動されただけでなく、あるいは必ずしもそうではなく、相対的利益をめぐる合理的な計算によって駆動されたものであった。

標準化運動と学校選択運動　米国における標準化運動と学校選択運動の結果について話すには、まだ時が熟していない。なぜなら現時点(私は本稿を二〇一〇年に書いている)で、両者とも現在進行中のものだからだ。それらがどこで終わりを迎えるかも分からない。しかしそれらがとってきたアプローチについて、また現時点までに直面した困難について何がしかを語ることは可能であろう。

どちらの運動も明らかに学校改革のプロセスに関して、その近年の歴史から何かを学んでいた。そしてその組織方法には、先行する改革が陥った誤りを繰り返すまいという決意がにじみ出ていた。とりわけ両者とも極めて戦略的に改革運動を組織して、私が第4章と第5章で詳述した進歩主義改革を挫いた組織的・教育的ファクターを避けて通るように心を砕いた。ともに学校システムをより緊密に連結された組織に変え、授業に対する行政的統制を増し、そして教師の自律性の縮小をめざして周到な活動を展開してきたのである。

標準化運動に関して言えば、標準学力テスト、標準カリキュラム、そしてアカウンタビリティの三者を組み合わせてそれは行われた。各学年、各教科の州の標準学習目標が学習基準《スタンダード》によって定められる。生徒がこの内容をどの程度まで習得したかを調べ確定するためにテストが使われる。そしてこれらの要素が合わさって、教師・生徒の双方に対して学習目標達成に関する説明責任を負う立場に立たせる。ここで鍵となるつなぎ目がテストである。ポイントは、教師がより効果的に教え、生徒がより効果的に学ぶよう動機づけるため、教師・生徒双方にとり日頃からテスト結果の存在感を大きくすることである。生徒の学習を動機づける要素は、ある重要な節目でのテスト結果が進級の可否やハイスクールの卒業を左右したり、どの種類の卒業資格《ディプロマ》が手に入るかを決定することである。教師に対する動機づけはもっと複雑である。一つの要因はプロフェッショナリズムである。自分の生徒の失敗の原因を自らがつくることを望む教師はいない。だから頑張ってテストに向けて生徒を教えること、すなわちテスト成績を上げるために奮闘することが教師からは期待できる。もう一つの要因はプライドである。教師は自分や自身の勤める学校がなし得た達成については、胸を張りたいものである。しかし、もしその学校の年次テスト成績が平均を下回っているか下降しているか、またはそのどちらも当てはまるとなったら胸を張ることは難しい。

選択運動にとって、教室のドアを打ち破り授業と学習を再構築するという目標の鍵は、既存の学校システムへの新たな官僚制の層を加えること――標準化運動は（カリキュラムのガイドラインやテスト機構、進級・卒業基準や学校単位の成績報告書を加えることで）まさにそれを提唱している――を支持しない点にある。そのかわりに、学校選択を推す改革者は構造全体を吹き飛ばしリセットすることを欲している。標準化運動における片われたちとは異なり、かれらはブラウン判決の根幹にある消費主義を信奉し、それを学校の中心的原理にまで育て上げた。投票所に出向きコモンスクールの理想の実行に反対票を投じる消費者のように闘うのではなく、かれら独自の消費者的アプローチを採択したのであった。

学校選択派の改革者たちの考えでは、コモンスクール運動の刻印をくっきりと背負った現行の学校システム構造は根本的欠陥を抱えており、その弊害を取り除く必要がある。曰く、公選の学校委員による民主的統制は元来非効率的であり、教育消費者に対して無責任であり、官僚制の最悪の形になりがちである。だからかれらは、伝統的な学区の枠組みの外に学校をつくろうとし、それを政治的干渉や行政の規制から解き放とうとしている。これが可能になるのは、チャータースクール――自主運営許可《インディペンデントチャーター》を得た公立学校――を発展させるか、もしくはより純粋な形として、全生徒にバウチャー――地域における子ども一人あたりの公立学校予算額に相当する金券で、各家庭が選んだ公立もしくは私立学校で子どもはこれが使える――を配布することによってである。学校がその中で競い合って生徒を引きつけ、とどめておくような教育市場を築くことにより教育消費者に力を与えることがこれらの施策によって可能になる、というのがその主張である。学校選択派が言うには、そのような学校は柔軟で企業精神に富む組織でなければならず、生徒たちの要求に特に敏感である必要がある。その結果学校は密に連結された組織となり、教師は学校目標に忠実に協力することだろう。

このように標準化運動と学校選択運動は、教師の自律性を削ぐ方法を見つけねばならないことを、進歩主義運動の組織上の過ちから学んだ。かれらはまた人種隔離撤廃運動の成功から、平等のための議論を軸に改革を再編成する必要性を学んだ。その主張に政治的アピールが加えられる一九九〇年代後半頃まで、どちらの運動もさしたる進展をみることがなかった（本書第1章を参照）。それ以降、両者とも勢いを増した――標準化運動については二〇〇二年の落ちこぼれ防止法採択が、選択運動についてはチャータースクールの全米への急速な広がりや、ミルウォーキーやワシントンＤＣなどでの学校バウチャーの大規模な試行の開始がそれにあたる。

この二つの運動が学校改革の過程に関してその先行者から学びとった見識はほぼ似通ったものであったが、学校教育の内容面で改革の歴史から得た教訓は明確に異なっていた。学校選択運動はこれまで、何が学校で学ばれるべき内容かという主題には踏み込まないできた。なぜならその決定は、教育市場の中の生徒の需要という力に委ねられてきたからだ。かれらが管理行政的進歩主義と対立してきたのは、トップダウンで教育目標を達成しようとするその運動のやり方をめぐってである。そしてかれらは標準化運動がとるアプローチに対しても、同様の反対を唱えた。

それと対照的に、標準化運動は内容に大きな力点を置く。その全体的ねらいは、生徒たちがどの題目《サブジェクトマター》を学ぶべきかを確立し、次にその教材を真に学ぶことを保証するようなメカニズムを構築することであった。そしてこの内容に照準化したねらいは、管理行政的進歩主義に対するダイレクトな反発であった。一方において標準化運動は、スネッデン、キングスレー、カバリーらの中心的テーマ——社会的効率に寄与する学校システムの必要性——を採用した。人的資本論は標準化運動の中核にある考え方であり、その議論はつねに学校の経済的価値へと回帰し続ける。他方、標準化を進める改革者は、進歩主義者が学校の教育内容を組織してきたそのやり方に真っ向から反対する。極度の断片化・差異化を学校教育に押しつけたことで進歩主義運動がもたらした問題を、さまざまな手を尽くして修復しようというのがかれらの運動である。多様性に富むカリキュラムを個々の生徒の能力や進路に合わせて調整することに邁進したのが進歩主義運動だったとすれば、標準化をめざす改革者はすべての生徒が共有すべき単一で首尾一貫したカリキュラムの創造に専心してきた。標準化運動はさまざまな形で、一八九〇年代に遡って十人委員会の主張に耳を傾け、南北戦争前のコモンスクール運動の声を傾聴してきたのである。両者とも共通カリキュラムの重要性を説くものだった。

教育の基準と学校選択を推進していく改革運動に成功の見込みはどれぐらいあるだろうか？　開始後約三〇年で現在も進行中であり、その終わりの見通しも立たないこれらに関して、現時点での予測は困難である。しかし明白なことが一つある。それは、双方とも過去から何かを学び取ろうとした一方で、これらの運動にはその過去との徹底した断絶が見てとれることである。

ある見方をすれば、学校選択運動のほうがより急進的である。というのも、コモンスクールの推進者たちが築き上げ、進歩主義者、包摂推進者、標準化推進者らが手直しを施したアメリカの学校システムの枠組み全体を否定するものだからだ。それは政治でなく市場に準拠した、全く異なるモデルとともに再出発することを望んでいる。これは強みでもあり弱点でもある。その強みは、教室での授業や学習に対する学校改革者の努力をねじ曲げ、力を削ぎ、打ち砕くことに長らく力を発揮してきた組織上そして教育上の要素に対して直接の攻撃を加えるという点にある。より個人主義的で消費者志向の理念に範をとった真新しいシステムを備えての再出発は、かれらに目標達成の可能性を与える。それはちょうどコモンスクール改革者たちがやはりゼロから制度を立ち上げたとき、かれらが手にした可能性と同じものであった。

学校選択運動の弱点は、選択という行為が、多数の利害関係者を抱え、かれらの大規模な投資対象でもあるシステムを脅威にさらす点にある。教師と教員組合は、労使交渉の枠組みと専門職的実践の構造をぐらつかせるいかなる動きにも強く抵抗すると思われる。政治家たちはこれほど巨大で深く根づいた仕組みを解体することには及び腰である。そして市民たち自身、生徒としての経験からこのシステムに多大な投資を行ってきており、また制度としての学校教育が長いこと社会・政治・経済生活の中で果たしてきた中心的役割を通じても、かれらは多くをこのシステムにつぎ込んできた。このシステムを捨て去り、根本的に違うもので再出発することはリスクが高すぎよう。そしてさらにもう一つの要因がある。ここ何年かの世論調査からは、人びとの学校に対する態度において同じパターンが継続的に読み取れる。人びとは学校全般が困難を抱えており、何とかする必要があると感じている。にもかかわらず、自分の子どもの通う学校に関してはもっと肯定的に評価しているのだ⑭。このように自分自身の学校をいじることより、他人の学校を改革するほうに一貫して強い関心が存在するのである。

標準化運動は、〔現場に対する〕行政的コントロールを強化し教室を守る伝統的障壁を崩すことさえできれば、学校システムを現存のまま残すことにとりたてて反対しない。だからこの点においてその学校改革へのアプローチは、それほど厳格なものではない。それはシステムを小幅にいじる以上の提案をしてはいるが、総入れ替えまでは主張していない。しかし別の意味でそれは、学校選択運動よりももっとラディカルなものである。というのも、主要教科カリキュラムの内容を生徒に学習させることをめざした、アメリカ史上初の教育改革運動だからである。これは奇妙な言い方に聞こえるかもしれない。どんな学校システムも、教科内容を教えようとするものだと普通は考えるからだ。たしかに一般に学校は教師にカリキュラムを教えることを期待する。しかしこれまでみてきたようにこの期待と、個々の教室での授業実践との結びつきは実際には弱いものだった。そしてどの改革運動も、特定の内容の学習の推進を試みもしなければ、それに成功することもなかったのである。コモンスクールの改革者たちは、ある特定タイプの知識の普及に関心を寄せたわけではなかった。かれらはただ生徒たちに共通の何かを学ばせたかっただけであり、学ぶ中身は多かれ少なかれ恣意的なものだった。管理行政的進歩主義において、生徒が特定の職に関連する知識や技術を学校で学ぶことの経済的価値が強調された。だがかれらは、学校がこの目標の達成が可能になるようにシステムを変革することを敢えてしなかった。かれらには教室の授業や学習を変えることはできなかった。だからそのカリキュラム改革は、内容よりは形式面でのものであった。包摂をめざす運動はカリキュラムの変革をいくぶんか含んでいたが、その主要な焦点は教室内を異質な者が混じり合った構成にすることにおかれたのであり、異なる種類の学習の創出は重視されなかった。

それと対照的に標準化運動を進める改革者は、生徒の主要教科カリキュラム習得を向上させる努力に、その希望のすべてを託してきた。かれらの主張では、数学、理科、国語、社会科をさらに内容的に深くそしてカリキュラム基準にそって学ぶことによって、生徒たちはより生産性の高い労働者となり、アメリカはより強力な国家になることだろう。これはアメリカの学校改革史の中では新機軸である。学校は長いこと、平等、効率、移動といった社会的目標を達成しようと試みてきた。公徳心や人種的寛容といった態度を植えつけようと努力してきた。移民やマイノリティをコミュニティに包摂しようと働きかけてきた。そして社会階級システムの中で発生する葛藤含みの緊張を調停しようと努めてきた。しかし学校はそれまで、生徒に主要教科を学ばせようと懸命に努めたことはなかった。過去において改革者たちを阻んできた要因——緩やかな連結や教師の自律性など——を抱えながら学校が行ってきた戦略的努力をもってすれば、この目標に向けていくらかの進展をみせるチャンスがそこにはあるかもしれない。しかし次章で説明するように、生徒たちの主要教科における成績のレベル向上が本当に生産性を引き上げ、経済を活性化させることに成功するのか、定かではない。主要教科の学習と経済成長との間の関連は、せいぜい不確かなものにとどまる。そしてアメリカの生徒にとってカリキュラムを学ぶことは、その有用性において、学校でうまくやるのを学ぶことよりも劣るかもしれないのである。

学校改革による社会問題解決失敗の根源にあるもの

本章を終えるにあたり、米国における学校改革が失敗続きである理由をまとめてみたい。

学校目標間の緊張　改革が掲げた社会目標の実現に失敗した理由の一つは、これらの目標がリベラル民主主義社会の核心部分での緊張の反映であり、学校と社会の両方をバラバラの方向に導くものだからだ。民主政治からの要請と資本主義市場の要求との間の摩擦は、これらの緊張のうちの一つである。それと関連する問題は、社会がその集合的ニーズを満たす力をもちながら、同時に諸個人が利益を追求する自由を保証することも求められているということである。これまで見てきたように、我々がリベラル民主主義を保持していこうとするなら、これらの緊張を一つのやり方でもって解決することは不可能である。だからこれらの目標のどれかを最大化しようとする学校の試みも、必然的に失敗するだろう。その結果は、特定の目標が達成され明確な勝利を得るのでなく、玉虫色の妥協になることだろう。それゆえ、明らかな教育システムの機能不全は必ずしも、計画のまずさやごまかし、あるいは政治的冷笑主義がもたらした結果ではない。それはリベラル民主主義社会の矛盾の制度的現れである。

組織的保守主義に向かう傾向　社会的目標と教育を通じたその実現の間に立ちふさがる障壁には、もう一つ別の層がある。それは教育の社会的目標と、組織的実践との間の緊張関係である。学校は社会的目標にその起源をもつ。目標は、コモンスクール制度建設の場合にそうであったように、学校の制度的形態の中に従順に表出される。それは結果として、学校組織、カリキュラム、教授法、専門職的役割、そして職業的・組織的関心の複合体などを発展させる。より進んだこの段階では、学校と教師はもはや社会の願望を実現するための単なる媒介者ではない。かれらは物語の主役になっている。事ほど左様に、かれらは自分自身のニーズ、関心、組織パターン、職業規範、教授実践に照らして学校内の物事をつくり上げる。そして今度はそれが教育改革の主要テーマとなる。このような改革は、学校教育がすでに組織的に作動し始めた後の出来事である。社会が教育に新しい理想を課そうとしたり、不用になったように思える古いそれを再興しようとしたりし、つまりは別の目的追求のためにこの制度を変革しようと動き始めたときには、改革は既に作動し始めている。しかしその時点で社会の側は、その価値を表現するためにかつてつくり出した〔教育という〕制度に、もはやその価値を投影することができない。そのかわりに社会は、目下の企てとの間で折衝を行わなければならない。その結果改革は、教育に埋め込まれた価値と――変化に抵抗するかもしれぬ――構造それ自体のどちらをも変革しなければならない。第4章と第5章でみてきたように、緩やかな連結、教授への弱い統制、そして教師の自律性が結びつくことでアメリカの学校教育の組織は、改革が教室に侵入するのを阻止するのに驚くべき効果を発揮してきた。

社会学者アーサー・スティンチコムが一九六五年に書いた古典的論文は、なぜ組織という形態は変化に抵抗しがちであるかについて論じたものだった[15]。そこで彼は以下のように記した。ある特定タイプの組織は、それが創設された時代の価値や関心、技術やニーズを反映しやすい。そしてそれは、たとえとりまく社会的状況が大きく変わっても、もとの形態を大幅に保ったまま存続していくのだ、と。特に彼は、組織形態が時を経ても持続する理由を説明する一助として、三つの要因を挙げている。これら三つはすべて、米国における教育の場合にあてはまる。

第一の要因は、組織が創出時に獲得するその存在理由である。それは組織が公衆に対して自らを説明する際のよすがとなり、その内部で働く人びとのイデオロギーの繋留役ともなる。米国の学校システムにとってコモンスクール運動は、「共和国の学校」という存在理由を与えてくれるものだった。それは市民性を注入し、共和国の市場社会に道徳的秩序を打ち立てる手助けとなる場所だった。学校システムは生徒にこのシステムの価値に対する信念を伝え、教師や管理職を社会の要求に合致させる過程においてこの信念を制度化した。アメリカの学校教育の起源におけるこの政治的目標は、そのアイデンティティと正統性にとり根源的なものであり続けた。標準化運動も学校選択運動も早々に、その改革努力の正当化のためには、この政治的理由づけに助力をあおがなければ道は開けないことをさとった。そしてこれは、制度の手直し以上のことを行おうとするあらゆる試みへの、公衆の抵抗の資源であり続けてきた。なぜならそれに対する正面切っての攻撃は、その掲げる政治的価値に対する攻撃にもなるからだ。そのため改革者は、システムの正統性に真正面から挑戦することなくシステムの変革を推進していく、という難しい立ち位置に立たされることになった。

組織という形態が変革に抵抗するものである第二の要因は、真の意味での競合相手をもたないということである。公的に統治され、公的サポートを受けるシステムであったがゆえに、米国の公立学校システムがこの種の試練を受けねばならないことは一度もなかった。公立学校システムにははじめから宗教学校と自主学校が並存していたが、教育の非公立セクターへの在籍者が全生徒数の一〇パーセントを超えることはなかった。特に学校選択運動はこの点を衝いた。それは学校が公立による独占状態にあると断言し、教育をこの軛《くびき》から解放して種々のタイプの新しい学校の勃興が可能となることをめざした。しかし、国内の九〇パーセントの家庭の学校教育を統制する能力をもつ公立学校システムは、非公立セクターと競合しても脅かされることもなく、その周辺のオルタナティブな学校教育形態に強いて適合する必要性も感じなかった。[16]

組織の保守主義の第三の要因はこうだ。あるタイプの組織が他の組織タイプと競合する局面で、それが趣旨としてうたったことを立派にやり遂げる。それが理由でその組織が存続することがある。既存のシステムが有効なとき、どうして別のモデルへの乗り換えが起ころうか？　もちろん改革者は、現行の学校教育システムがその目標達成に失敗していることを詳細に示して、かれらが提案する教育変革の道に備える必要がある。これは改革を訴えるどんな宣伝パンフレットにも共通のやり口である。はじめに何が問題なのかを示し、次にどうやってそれを解決するかを示す。しかし私は第4章と第5章で次のように述べた。学校システムの緩やかな連結と教室の教師の相当程度の自律性が、改革者たちのねらいを次々に打ち砕きつつかくも長いこと存続してきた理由は、こうした組織形態が実際に学習を促進する上で有効であるからだ、と。もしかすると個別の生徒グループのニーズに合う教え方をするべく最善を尽くすために、学校と教師は外部の侵略者から隔離して守られる必要がある、ということかもしれない。

ドクトリンの呪い　学校改革を失敗に導くもう一つの問題は、ジェイムズ・スコットが社会工学一般における近代的試みに関して提起したもの、すなわち傲岸の横溢である。学校改革者は学校がどうあるべきか、その拡張版として社会はどうあるべきかという抽象ビジョンを打ち出し、次にかれらはそのビジョンにそう形で現実化させようとする。しかし第5章の終わりでみたように、この改革者による抽象的な格子線は、でこぼこしていて偏りがあり特異性をもつ個々の教室の生態環境をうまく地図に写し取ることができない。教室を格子線に合わせようと無理をし過ぎると、そこでの学習の環境を破壊することになりかねない。また十分に機能するまで格子線を教室に合わせてしまうと、改革は変質して元々の目的が失われてしまう。改革者たちは、その改革を教師たちに受け入れやすいものにするために、かれらの目的を犠牲にすることを嫌う。だから障壁に打ち克つ方途を探してひたすら計画を遂行する傾向にある。かれらが教師と協働して変革を起こすことができない場合、教師の意に背いてでもそれをやらねばならないだろう。だからある意味で学校改革者の内部には、一定量の教条《ドクトリン》ができてしまいがちである。学校改革を通じてある問題を解決せねばならない差し迫った必要性を、かれらは認識している。そしてそれを遂行するための理論を練り上げるが、その理論は机上でのみ立派なものだ。州都や大学に居場所をもつかれらは、教室の実際的現実からはるか彼方にいる。そして、自分が介入しようと試みている状況の複雑性を尊重せねばならないという必要を受け入れることが、往々にしてできない。

学校の変化にとって学校改革は周縁的存在である　最後に我々は、学校の変化という広範な過程の中でつねに、学校改革はほんの一部を占めるに過ぎないものだったということを思い起こさねばならない。このような類の改革の研究は、改革運動――一群の人びとによる、かれらの価値観にそった方向に学校を変革しそれに関連する社会問題を解決しようとする意図的努力――に焦点を合わせる。そして我々はこれらの運動の成功度合いを、もたらされた結果が改革者の意図とどれぐらい合致するかで測ろうとする。しかし学校を変える《スクールチェンジ》というゲームにはそれとは別のプレーヤーがいる。それが、私が教育市場と呼んできたものである。私の考えでは教育市場とは、教育消費者たちが子どもの学校教育を通じてそれぞれの自己利益を追求する、その行動が結びついてできあがったものである。唯一の正しい信仰を支えることが学校教育の目的とされていた植民地時代から、消費者たちは、リテラシー、計算能力の獲得を志向していた。その理由は宗教とは無関係であり、市場社会の中でうまくやっていく能力を向上させることに大いに関わっていた。

誰も大っぴらに言いたがらなかったが、そしてそれを掲げた改革運動など誰も起こそうとしなかったが、このような教育の極めて個人的《パーソナル》で実利的な次元がはじめからそこにはあったのだ。そして学校教育のこの個人的次元は年月とともにひたすらその射程を広げ、一九世紀末には一層大きなものになり、やがて教育資格証明がよい職に就くための切符としてますます重要性を増すようになった二〇世紀には、主要な位置を占めるようになった。公立学校が長らく政治の産物であった――その設立、財政、統治が民主的過程を通じて行われてきた――という事実が意味するのは、それが教育消費者による要求充足の仮借ない圧力のもとにあったということだ。教育消費者は学校教育に、かれらの上昇移動を助けるか、あるいは少なくとも現在の社会的地位からの陥落を防いでくれることを求めてきた。この圧力の源泉は、個々の消費者の行動(学校に通ったり通わなかったりすること、あの学校でなくこの学校に行くこと、他のプログラムでなくこのプログラムを履修すること)であり、政治的行動(教育機会の拡大を支持すること、広げられた門戸のただ中で優越性を保つこと)である。

消費者と投票者によるこれらの行動は、学校システムに大きな変化をもたらしてきた――たとえ消費者本人が誰もそれを意図していなかったとしても。かれらは改革者のように社会的大義を抱いて振る舞ってきたわけではなく、学校教育を通じて自分の利益をはかろうとする個人として行動してきたのだ。だからかれらが学校教育に生じさせた変化は、概して意図せざるものであった。しかしこうした意図せざる結果はしばしば、改革者たちによる意図的な影響を狂わせ、別の方向へと向かわせた。かれらは総合制ハイスクールを創設し、職業教育を脇へ押しやり、事実としての人種隔離を撤廃する動きを阻んだ。教育消費者たちは、学習基準、学力テスト、アカウンタビリティを教育へのアクセスを脅かし、教育上の優越性を危険にさらすものと感じたなら、標準化運動がその目標を達成しようとするのを阻止することも辞さないだろう。また、たとえそれが明瞭にかれら〔教育消費者〕の名において行われている運動であっても、学校選択運動に対して待ったをかけるかもしれない。なぜなら消費者は、現行のシステムを壊した結果かれらのニーズにあまり合わない何かが生まれてしまう危険を冒すより、既知のシステムを手直ししていくほうにより安心感をおぼえるかもしれないからである。アメリカの教育システムにおいて、改革者ではなく消費者こそが王であるように思える。

(1)　Tyack (1966); Meyer et al. (1979); Ramirez and Boli (1987); Cummings (1997).
(2)　Schultz (1961); Hanushek and Kimko (2000); Goldin and Katz (2008).
(3)　Grubb and Lazerson (2004).
(4)　Rubinson and Browne (1996); Ramirez et al. (2006).
(5)　Goldin and Katz (2008) 表 2.7 を参照。
(6)　この最新の観察を私は、同僚であるフランシスコ・ラミレス (Ramirez, 2008a) に負っている。
(7)　Blossfeld and Shavit (2000).
(8)　Boudon (1974); Blossfeld and Shavit (2000).
(9)　Hertz (2006) 表 3 を参照。
(10)　Snedden (1900, 1920, 1929).
(11)　Public Law, 94-142.
(12)　Grant (1988).
(13)　Cohen (2004).
(14)　ファイ・デルタ・カッパン社とギャラップ世論調査所は、毎年実施している教育に対する意識調査から、これが持続的パターンであることを見出した。たとえば二〇〇八年の調査において、コミュニティの学校にAまたはB評価を与えていた回答者が四八パーセントであったのに対し、自分の年長の子どもが通う学校に対して同じ評価を与えた回答者は七二パーセントにのぼった。PDK(2008)表11および12を参照。

(15) Stinchcombe(1965).

(16) 政治経済学者のアルバート・ハーシュマン(Hirshman, 1970)は、公教育は公共部門によるたるんだ独占状態にあると規定した。一つの政治体制として、それは政治システムからの圧力に対して最も敏感であるが、実際には、それに最も不満を抱いている顧客は公立学校の学区内でその不満を声に出して訴えることをあまりせず、より安易で効果がてきめんな別の方法をとる。それはすなわち、子どもを私立学校に通わせるか、あるいは他の学区に引っ越してしまってシステムから離脱することである。その結果、学校システムに対して変革を促す圧力が、除去されてしまう。

第7章　学校での学習の限界

これまで見てきたように、アメリカという国は、学校改革によって最も喫緊の社会問題を解決したいという衝動を長くもち続けてきた。コモンスクール推進者たちにとって学校の使命は、市場経済と共和制政府を結合した新しい社会秩序を確立することだった。進歩主義者にとっての使命は、新たな企業産業経済の政治的・社会的必要に合致した社会秩序を再建することだった。しかしながらこの一〇〇年の間、改革者は社会的効率の促進という、アメリカの学校にとってより世俗的で功利的な目標を推し進めてきた。実践面ではこれは、生徒が生産的な労働者になれるよう準備する、あるいは近代経済学の言葉でいえば国の人的資本の供給量を豊かにするという課題に、教育者の努力を集中させることであった。学校は、肉体労働から頭脳労働へとその重要性が確実にシフトしている経済の中で必要なスキルや知識を提供することを求められている。

しかし既に見てきたように、教育消費者たち――子どもを学校に通わせている家族――は別の教育目標、すなわち社会移動を追求してきた。かれらが要求してきたのは、学校こそがどのような仕事が得られるのかを決定する主要なメカニズムとなった競争社会の中で、他人に差をつけよう、あるいは今の優位を維持しようとするかれらの努力をサポートしてくれる学校システムだった。〔教育〕消費者は学校改革者とは対照的に、学校が供給する職業スキルに対する関心は、学校が開いてくれる仕事のチャンスへの関心に比べてずっと低かった。よい仕事と安定した社会的地位へのアクセスこそが消費者の主な関心事であり、学校はこれらの目的を達成するための手段だった。

改革者と消費者の教育観はこのように明瞭に異なっている。一つの違いは、誰が教育の恩恵を受けるかをめぐるものだ。社会的効率を重視する改革者は、教育を公共財としてとらえている。国の人的資本のストックへの投資として、教育は労働力をより生産的にし、今度はそれが経済発展を促進する。この投資は、就学年齢の子どもがいない人びとを含む社会のすべての人びとに、生活水準の向上、経済機会の拡大、課税対象の拡大によって配当を行き届かせるものである。これに対して社会移動に力点をおく消費者は、教育を私有財と見なす。その恩恵は、一定レベルの教育を受ける生徒に独占的に還元される。その価値は、同じレベルや質の教育を受けられない生徒が享受できない優位性を、職業への競争において得られることである。

二つの教育観のもう一つの違いは、学校教育における形式対内容の図式の中で双方が重視する価値にある。社会的効率に力点をおく見方は、教育の価値の源泉を、学校で習得するスキルや知識に置く。この視点から見ると、教室での学習によって生徒は、めざましい技術的発展を遂げる経済の中で必要とされる能力を獲得し、より生産的になっていくことができる。しかしながら、社会移動を重視する見方は、仕事のスキルの獲得よりも仕事へのアクセスに重点をおく。そこで強調されるのは、教育資格(学歴)こそがよい地位を求める際の最低限の要件を保証するということだ。この見方では、教室で学ぶ内容は問題ではない。重要なのは、学位という名の教育通貨を手に入れることだ。かれらはこれを現金化してよい仕事を手に入れるのだ。

それゆえアメリカの学校システムを理解する際に重要なのは、いずれの教育観が実際に優位を占めてきたかである。もしその使命をなし遂げたのが改革者で、人的資本の生産を二〇世紀アメリカの教育の牽引力にすることができたならば、この時期の最も顕著な教育成果はカリキュラムの習得となる。そうでなく成功を収めたのが消費者で、社会移動がアメリカの教育の牽引力ならば、教育の主な成果は教室での学びではなく教育資格の付与にあることになる。

私の考えでは、二〇世紀における勝者は学校改革者でなく、学校消費者だった。その結果として我々は、学習よりも資格付与に重点を置き、その恩恵が経済や社会よりも学位取得者本人に還元される学校システムを有している。私のこの意見が正しいとすれば、学校教育に関する人的資本の議論――今日の米国の学校改革の論調や教育政治において最も有力なもの――は、せいぜい盛りすぎか最悪の場合、端的に間違っている。そこで本章では、果たして教育が人的資本への投資であるかどうかをめぐる検証を行う。それは、学校学習の限界に関する議論の沸騰を鎮める効果をもつだろう。

人的資本への社会的投資としての学校教育

管見の限り、教育を人的資本とみる教育観を支持する最も強力な議論は、『教育とテクノロジーの競争』という、経済学者クローディア・ゴールディンとローレンス・カッツによって書かれ二〇〇八年に出版された本である(1)。この本の中で著者は、二〇世紀アメリカの教育と経済に関する興味深い一連のデータをまとめた。かれらはこのデータを、二〇世紀における急速な教育拡大および、それと経済の急成長との関連をめぐる洗練された歴史分析に結びつけた。かれらの主張では、二〇世紀アメリカの並外れた経済成長は、その大部分が同時代の教育人口の同じく桁外れの拡大がもたらした結果であった。経済面におけるアメリカの一人勝ちとなった世紀は、人的資本の世紀でもあったのは偶然ではない、とはかれらの弁である。

数字は確かに驚異的である。米国では二〇世紀のほとんどの期間、教育水準は劇的に上昇した。一九〇〇年と一九七五年の二四歳を比較すると、平均就学年数は通算で六・二年、一〇年に〇・八二年のペースで上昇した(2)。これはアメリカ人全体の平均教育レベルがわずか七五年間で、小学校の八年（日本での中学二年にあたる）未満からカレッジ二年にまで上昇したことを意味する。二〇世紀前半、上昇したのは主にハイスクール進学率だった。一九〇〇年時点では英国の在籍率とほぼ同じ（一〇パーセント）だったが、一九三〇年代終わりまでに英国の在籍率が四二パーセントにとどまったのに対し、アメリカでは六八パーセントに達した。[3]二〇世紀中盤までにはハイスクールが一杯になり、アメリカの教育人口拡大は高等教育に場を移した。一九〇〇年生まれでは、約一〇パーセントがカレッジに進学し、四パーセントが学士号を取得して卒業するのみだった。しかし一九五〇年生まれでは、五〇パーセントがカレッジに進学し、二四パーセントが卒業した。[4]

書名が示唆するように著者は、二〇世紀アメリカの社会経済史を、教育とテクノロジーの競争ととらえている。二〇世紀前半三分の二は、教育が圧倒的に競争に勝っていた。なぜなら、教育を受けた労働者の供給は需要をつねに凌いでおり、この超過が経済への大きな一押しとなったからだ。それは、雇用主がハイスクールの教育、のちにはカレッジの教育を受けた膨大な労働者を雇用でき、かれらには、技術が日進月歩している職場で必要とされる高度のスキルが備わっていたということである。供給が需要をつねに上回っていたため、雇用主はこれらの進んだスキルを、高額の報酬なしに手に入れ職場で人的資本を蓄えることにより、必要とされる能力をもつ労働者が見つかるまで待たずとも、新しい技術を速やかに導入できた。結果として、高い教育レベルと高い技術が互いを促進し、経済成長に向かうという好循環となった。学校教育の劇的拡大が経済の劇的な発展の動因となった、と著者は主張する。かれらの推計では、米国における教育の拡大は二〇世紀全体にわたる経済生産性のうち一二〜一七パーセントを説明し、平均すると教育の経済への寄与は一三・五パーセントになるという。別の言い方をすれば、一九一五年から二〇〇五年の各年の経済成長の約三分の一パーセントは教育の拡大分だけを理由とするというのだ。[5]

しかし実際のところ教育の拡大は、この経済効果をどのように生み出したのだろうか？　特に、生徒たちのハイスクールでの主要教科の学習が、かれらの職場での生産性をどれだけ高めたのだろうか？　テクノロジーの進歩それ自体は必ずしも、より高度な技術への需要、ましてやそれを学校で身につけておかねばならないという必要を生み出すわけではない、と著者は認めている。一九世紀には、工業技術には逆の効果がみられたと書いている。二つの要因――分業と蒸気や電気で動く機械使用の増加――は熟練労働者を、単純作業を行う未熟練労働者に変えてしまった。かれらの試算では一八七〇年には、労働力の四分の三が農業従事者、未熟練の工場労働者、家事労働者から成り立っていた[6]。これらの職業では基礎教育以上の教育はほぼ無用のものだった。

二〇世紀初頭の企業人事管理の台頭――それは同時により高い教育を受けた事務職員に新たな機会をつくり出した――はまた、ホワイトカラーの仕事の非熟練化をある程度もたらした。しかし一九〇〇年以降、新しい生産技術――特に、必要な人手が減るかわりにさらなる機械化が必要になる連続加工技術と連続バッチ処理技術の発達――によって、装置を保守点検する熟練労働者が多く必要になる一方、操作のための非熟練工員の需要が減った。次第にブルーカラーでも条件のよい仕事には、設計図が読めて計算ができ、生産過程の基礎的な化学や物理の理解が求められるようになった。これらの能力は生徒がハイスクールで獲得してきたものであり、結果としてハイスクール卒業者はますます重宝されるようになった。

著者は、二〇世紀の労働力で最も有用な技能が、一般的な技能《ジェネラルスキル》であることを明らかにしている。これは、徒弟制によって働きながら習得可能な類の特定技能（例として電報のキー操作をあげている）から、学校教育を主要な獲得経路とする一般的な技能――読み書き、算数、理科――への転換を表わしていた。だからかれらが言っているのは、デイヴィッド・スネッデンのような極端な社会効率主義者が主張した狭義の職業訓練のことではない。あくまでかれらは、一般教養教育の経済的有用性に焦点を合わせているのだ。その結果として、一八七〇年には初等教育以上の教育を求める仕事がわずか一〇パーセントだったのに対し、一九二〇年には二五パーセント以上がハイスクール卒またはカレッジ卒の教育を求めるようになった。[7] 一九五〇年から二〇〇〇年の間に、ハイスクールの中退者は五九パーセントから八パーセントに減り、カレッジ卒業者の割合は八パーセントから三二パーセントに上昇した。[8]

よりよい教育に投資した生徒への見返りは、二〇世紀を通して相当な額にのぼった。著者の推計では、一九一四年から二〇〇五年までに平均的な男性労働者は、ハイスクールの在籍年数が一年増えるごとに五〜一一パーセント収入が増え、カレッジの在籍年数が一年増すごとに八〜一四パーセントの増収となった。[9] しかし著者は、一九五〇年代までのパターンはそれ以降のパターンとはかなり異なっていたと指摘する。二〇世紀の前半には教育に対する見返りは大幅に低下し、ハイスクール一年あたりの見返りは一九一四年の一一パーセントから、一九四九年には五パーセントにまで落ち込んだ。その後ゆるやかな上昇に転じ、二〇〇五年に八パーセントにまでなった。その一方で、カレッジ一年あたりの見返りは一〇パーセントから一九四九年の八パーセントまでゆっくりと低下し、その後急上昇し、二〇〇五年に一四パーセントに達した。

二〇世紀の前半、より教育を受けた者が享受した所得の優位性は、そうでない者に比べて目減りした。そして同時に、ホワイトカラー労働者の優位性は、ブルーカラー労働者に比べて減じた。一九四〇年までにはハイスクール一年分とカレッジ一年分の見返りは驚くほど接近し、八パーセント対九パーセントとなっていた。[10] 著者によれば、こうした教育の見返りの減少およびブルーカラーとホワイトカラーの格差縮小の原因は、教育を受けた労働者の供給が非常に速く、経済界の需要を大きく上回っていたことにあった。労働者たちはそれでもなお教育への投資から十分な見返りを受けていたが、その優位性は卒業者数の増加につれて薄れ、そのぶん多大な恩恵を受けたのは企業だった。

しかし二〇世紀後半になるとこのパターンは変化した。教育の見返り――特にカレッジ教育のそれ――が急激に増加し、ホワイトカラーとブルーカラー間の格差も広がった。それは高度技術化経済からの需要が突然高まったからではない。その原因は、労働力人口の教育年数の伸びが急激に頭打ちになったことにある。労働者の教育レベルは一〇年につき〇・八二年の割合で五〇年間伸びた後、一九五一〜七五年生まれになると鈍るようになり、全体で〇・五年の伸びにとどまった。二〇世紀に入って初めて、そしておそらくコモンスクール運動の時代以降初めて、アメリカの子どもたちの、親よりも高い教育が受けられるという夢に暗雲がかかり始めた(11)。教育への投資がこのように減退したことで社会的不平等が深刻化し、経済的活力が低下するおそれが生じているという。

教育資格に対する個人投資としての学校教育

教育をアメリカ経済成長の源泉だとするゴールディンとカッツの議論は、いくつかの点において問題があると私は考えている。そしてかれらが示した証拠の多くに対して、異なる解釈をもっている。そこで、二〇世紀アメリカの教育と経済をめぐるその極めて豊富なデータと分析から派生した、いくつかの問題点を検証していこう(12)。

利益とコストの問題　一つの問題は、ゴールディンとカッツが特定している人的資本効果の規模が、比較的小さいことである。かれらの推計では、教育年数の延長の経済生産性に対する寄与は、二〇世紀を通して平均で一四パーセントに届かない。それはとるにたらない値ではないが、圧倒的な数字でもない。これは最も控え目な推計だとかれらは主張している。高い教育を受けた労働者は間接的にも経済成長に貢献していて、かれらのおかげで雇用主が新しい技術を容易に導入できるからだ、というのがその理由である。この直感がどの程度正しいかは未知数のため、我々が行いうるのはかれらが行った元々の推計を足がかりに、経済成長の規模と方向を決定づけた学校教育以外の——もっと影響力の強い——要因を見つけ出すことである。

これはもし教育が見返りの少ない小規模な投資であったなら、大した問題ではない。どんなささいなことも経済成長に寄与するに違いないだろう。しかし実態は明らかに異なる。教育はアメリカの州・地方レベルの政府における最大の支出であり、二〇世紀の間に全予算の約三〇パーセントがそれに費やされた。一九九五年には、初等・中等・高等教育に直接費やされた分だけで三七八〇億ドルに達した[13]。もしこの巨額な教育への公的支出を経済成長への投資と考えるならば、それは成長に対しても同様に大きな影響を与えるはずである。結局のところこれらの資金は、医療や環境などの、より生産的かもしれない、他の公共財に費やされる可能性もあったし、あるいは民間経済にまわされ、ビジネスや消費に投資される可能性もあったかもしれない。さらにこれに加えて、家庭や個人の教育投資にともなう性質上計算不可能なコスト——カレッジの学費のような直接経費や、学校に行かず働いていた場合に稼げたお金のような間接経費——がある。要するに、教育は非常にコストがかかるものであるため、これらの支出が富の浪費ではなく国家の繁栄のための賢明な投資なのだと正当化するには、その経済的便益は実態よりもっと目覚ましいものでなければならないはずなのだ。

原因と効果の問題　もう一つの問題は、この話において本当に教育が原因で、経済が結果であることを立証するのが難しいということである。ハイスクールおよびカレッジ進学者の増加が、経済界からのそうした労働者への需要を上回り、かつそれに先行していたことを著者は明らかにしている。雇用者はハイスクールに対して、職場での高度な技能の必要性を満たすためにもっとたくさん卒業生を輩出してくれと頼みこんだわけではない。むしろ雇用者は、以前はそれほど高い教育資格を求めなかったポジションに、よりどりみどりの高学歴者の中からそれほどの高給を払わずに労働者を雇うことができる状況から恩恵を受けていた。だからそんなかれらが雇用されないわけはない。そしてこれらのハイスクール卒業者がいったん仕事に就くと、雇用者にとってかれらは傍においておくと有用な存在であることが分かり（おそらく訓練の必要がほとんどなかったのだろう）、これからはハイスクール卒業者を雇用するのが望ましいと言い始めた。しかし、労働人口がより高学歴になったからといって、高い教育を受けた労働者が原因で経済生産性が上昇したわけではなかった。その逆もまた十分にありえたのである。

ハイスクール卒業者を大幅に増やすことは、これら卒業者の供給がかれらへの需要をはるかに上回っていた状況を考えればとりわけ、巨大な出費だった。しかし力強い経済成長は、州・地方レベルの政府にその出費に耐えるだけの余力を与える財政黒字をもたらした。つまり、ゴールディンとカッツの解釈とは逆に、経済成長こそが教育の拡大を可能にしたと考えるほうが道理にかなう。ハイスクールを拡大したのは、我々にその余裕があったからである。そしてハイスクールを拡大したのはそれが個人的恩恵をもたらしてくれることを我々が望んだからであって、それが経済を向上させ社会的恩恵をもたらすと考えてそうしたのではない。ハイスクール在籍者数の増加は改革運動がもたらした結果ではないことを著者は指摘している。いかなる改革団体も、人的資本生産のためにハイスクール拡大を企てたりしなかった。ハイスクールへの要求の発生源は教育消費者だった。中産階級はハイスクールやカレッジを、よい仕事を得るための競争の中で優位に立つ――または既存の優位性を保つ――ための手段と考えていた。そして労働階級の親たちは、子どもにかれら自身よりも豊かな生活をもたらすかもしれない手段としてハイスクールを見ていた。需要はトップダウンではなくボトムアップにやってきた。のちに管理行政的進歩主義は、一九一八年の『中等教育の根本原理』で見たように、かれらの社会的効率のアジェンダにハイスクールの急成長をうまく取り込もうとすることで、それに乗じていった。しかし、その頃までにはハイスクールの拡大は、かれらの手助けを必要としないほど十分進展していた。

つまり、経済が原因であり教育は結果だと考えるのが合理的なのだ。たとえこの解釈がゴールディンとカッツが人的資本の世紀について述べている話の因果関係を逆転させたものでも、依然としてかれらのデータと整合的なのである。かれらは教育の経済成長への寄与を特定するべく洗練された統計分析を展開しているが、実際にはかれらの重回帰分析は、これら二つの現象が相関関係にあることを示しているだけである。どちらが原因でどちらが結果かは分析者の推測に委ねられており、データからは決定できない。因果関係が逆であると考えるのは、少なくとも同等に説得力があると私は考える。

教育の機会拡大に関する事柄のうち、かれらが特に誇りに思っている一つの事実について考えてみよう。それは、一九世紀末から二〇世紀初頭のヨーロッパとは異なり、アメリカのハイスクールが女子を高い割合で教育したという事実だ。実際、女子のハイスクール卒業率は二〇世紀を通じて男子をかなり上回っていた。特にそれは二〇世紀の初期に顕著だった——当時、女子の卒業率は三九パーセントも男子より高かったのである。(14) しかし同時期、ほとんどの女性は労働力にはならなかった。一九一〇年時点でアメリカの労働力に占める女性の割合は一八パーセントで、一九四〇年までにその割合は二五パーセントに上昇したのみだった。同時期、女性の〔ハイスクール〕卒業率は六〇パーセントにまで達していた。(15) それゆえ、ハイスクール教育に対する投資のかなりの部分は経済本体に組み込まれていない生徒のために行われていたのであり、それを経済生産性の上昇に寄与したと考えることはできない。ハイレベルの女子教育が早い時期から行われていたのは素晴らしいことであり、アメリカの教育システムの誇るべき点でもあるが、それは経済成長の促進には際立って非効率的なものであったようだ。

学習よりもアクセス重視

女子教育のケースは興味深い。なぜならそれが、ゴールディンとカッツの著書の主要論点の一つ――教育の普及でなく学校教育へのアクセスの普及こそ、アメリカの学校システムがなし遂げた最大の成果だ――にピタリと重なるからだ。この学校システムが、経済的に有益性の高い技能や知識を教えるのに効果的であったかどうかは定かでない。だがそれは、生徒を学校へと引き込み長い期間そこにいさせることには極めて有効だった。アメリカの教育システムは南北戦争前から発展し二〇世紀にまで引き継がれたが、ゴールディンらは同書の前半部で、このシステムの主要な「長所」に関する見解を明らかにしている。実際これらの長所はどれも、その幅広い開放性に関連している。そこに挙げられているのは、「独立した財源をもつ小規模な学区による公的な〔教育の〕提供」「公費を財源とする運営」「世俗的統制」「ジェンダー中立性」「開かれたアクセス」そして「非トーナメント型制度」などである。[16]

これらの大半については既に第2章で、コモンスクール運動とそれが生み出した学校システムに関する分析の中で論じた。ローカルな学区が学校の提供主体になったことで、このシステムは地元の有権者や教育消費者の要求に敏感になった。ハイスクールの拡大が全国規模の改革運動なしにすばやく実現したのはそのためだった。公的財源、世俗的統制、ジェンダー中立性、開かれたアクセスといった諸特徴によってこのシステムは、階級、宗教、ジェンダーという厚い壁を超えてコミュニティ全体を包み込むことができた（人種の壁が崩されるのはずっと後のことだ）。そしてこのシステムの非トーナメント的特質ゆえ、それは学業面であまり見込みのない生徒に対しても非常に寛容な制度であった。たとえある生徒が勉強に躓《つまず》いてもこころよく学校においておき、クラスメートに後れを取る者でも厭わず進級させ、ドロップアウトした後でも復学を働きかけ、これらの道がどれもうまくいかなかったときも学校教育へのバイパスを提供したのであった。

ここで、これらの学校システムの長所がどれも、カリキュラムの学習には一言も触れていない点に注意したい。むしろそのどれもが学校システムの形式に、特にその門戸開放性と柔軟性とに関係しているのだ。私はこれに完全に同意する。なぜならこれこそが、本書で一貫して主張してきたことだからだ。しかしゴールディンとカッツの人的資本論にとっては、システムのこれらの長所は問題含みである。〔学校〕システムの自慢できる部分が、一人も見捨てず、学び損ねた者に何の罰も与えない点にあったとしたら、このシステムにどうやって、持続可能な経済成長を刺激するための技能を生徒に習得させるなどということができただろうか？　実際にはこのシステムの最大の強みは、要求学力水準の低い設定にあった。もし入学の過程で生徒をより注意深くふるいにかけ、進級をもっと厳格に学業達成度に応じて行っていたなら、ハイスクールや大学の在籍率・卒業率はこれほど急速に上昇しなかっただろうし、我々は皆さらに痛い目に遭っていただろう。しかしもちろんこれは、人的資本の世紀にまつわるかれらのストーリーにとって不都合な事柄なのである。ハイスクールが提供した多くの一般的な知識や技能は、技術が進歩した二〇世紀の職場においても非常に有益なものだったと二人は主張する。しかしかれらが挙げている〔学校〕システムの長所全体からは、異なる話ができそうである。それではこの別の物語がどのようなものか、いくつかの特徴を検討してみよう。

学校教育、シグナリング、待ち行列　教育と経済的平等との関連の古典的分析の中で経済学者のレスター・サローは、教育と経済との関係において、二つの異なる見解を対照させている[17]。人的資本論は労働市場を、大小さまざまの経済的に有益な技能をもつ潜在的労働者が繰り広げる、賃金競争の場としてとらえる。

ここでは、個人は主に教育を通して身につけた一連の技能をもち、市場はこれらの技能に対してその生産性への貢献可能性に基づきそれぞれ異なった賃金を割り当てる、という考え方がとられる。高い技能をもつ者がより高い賃金を得るのは、より高い生産性をあげるからというわけだ。

これに対し別の立場は、労働市場は賃金ではなく仕事をめぐる競争の場だと考える。この考え方は新規参入労働者は、特定の仕事に適した技能を身につけて職場にやってくるのではなく、働きながらそうした技能の習得を可能にする一般的能力を有している存在ととらえる。この見方からすると教育とは、雇用者に対して応募者の訓練可能性の指標《シグナル》を与えるものである。(18) より多くの教育を受けた者を雇用するのは理に適っている。なぜなら、訓練に要するコストがあまりかからず、それゆえ、教育を受けていない者を雇うのに比べて従業員がより早く生産的になるからである。求職者はそれぞれの教育レベルごとに仕事を求めて競争し、最も給与のよいポジションに最もよい教育を受けた者が送り込まれる。実際にはこれは、サローが「待ち行列」と呼ぶものをつくり出す。ここでは求職者は、受けた教育のレベルごとに列をなして待つ。この待ち行列は、並行して存在する職業ヒエラルキーに対応している。しかし教育レベルは均一ではなく、でこぼこ気味である。最も顕著な特徴は、学校教育の年数ではなく取得した学位、つまりハイスクールの卒業資格、準学士号、学士号、大学院の学位である。そのため労働者は学位のレベルで分類される傾向があり、待ち行列はこれらの分類のヒエラルキーである。この行列をさらに複雑にするのが、学位を授与する学校の質、生徒が所属したプログラム、成績、就業経験といった更なるランク付けの要素である。

この職業競争モデルは、ゴールディンとカッツの分析により合致する。なぜならそこでは、ひとたび雇用された労働者が広範囲に及ぶ仕事をこなす術を習得できるような、つぶしの利く〔一般的〕能力を与えるのが教育だと考えられているからだ。これこそが二〇世紀の米国のハイスクールやカレッジで提供され、労働者に対して実に見事にペイした一般教養教育である。賃金競争モデルが、通常《フォーマル》の教育では非現実的で狭い職業訓練しか行えないと示唆するのに対し、職業競争モデルは、高い教育を受けるほど労働者の訓練可能性が上がると想定しているにすぎない。

教育は訓練可能性の指標として、雇用主にとって有用である。労働者を待ち行列に並ばせ、列の位置に応じて仕事を配分するのはかれらが事前に労働者の仕事のスキルを測ろうとしたり、試用して試行錯誤したりするよりもずっと手間暇が省ける。そしてそこには論理一貫性がある。長く教育を受けていることは、認知スキルがより高く、仕事をおぼえる能力もより高いことを示す――これである。学校で本当に学んだことは何なのか、その知識はこの仕事に適したものなのかを知らなくても、それでも雇用主は、ある学位を取得した者は取得してない者よりも、仕事を首尾よく覚える可能性が高いと合理的に推測することができる。それは粗雑だが、もっともらしい指標である。

しかし「待ち行列」理論は、教育と実際の生産性――期待される生産性ではなく――との間に強い因果関係を打ち立てようとするところに難点がある。まず、教育に基づくその雇用戦略が実際に有用であることを示すエビデンスを、雇用主たちがどうやって得られるのかが分からない。二〇世紀初期のアメリカで起きたように、雇用主がひとたび教育を生産性のシグナルとして受け入れ、それに従って雇用のやり方をアレンジしなおしてしまえば、この雇用方法に関する否定的なフィードバックにかれらが出くわす余地はほとんどないのではないか[19]。高い教育を受けた労働者を雇用し、それで物事は何とかうまくいっている。だからかれらは教育レベルに基づき待ち行列から候補者を選び続けているのだ。何もわざわざ、同じ仕事について高い教育を受けたグループとそうでないグループとをともに採用し、実績を比較するという実験を、苦労して大枚はたいて行う雇用者が多くいるとは考えにくい。事実、研究によれば、ビジネス界ではおおむね、教育レベルによる雇用の有効性を否定するようなエビデンスが見つかってはこなかった[20]。我々と同じように、高い教育を受けた従業員ほど有用である、とかれらは根拠なしに思い込むようになったのだ。

高度な教育を受けた従業員の雇用が一般的に生産性向上に役立つとしても、これ以上学歴が高くなることが更なる生産性の向上を生み出すかどうかは不透明である。このことは非常に重要だ。なぜなら二〇世紀の大半を通してアメリカでは、平均教育年数が一〇年ごとに一年近い割合で伸びていったのにともない、労働者の教育水準も着実に向上していくというパターンが見られたからである。ここで心に留めておいてほしいのは、待ち行列とは教育の絶対的基準ではなく、相対的基準を打ち立てたものだということである。高給与のポジションが待ち行列の前方にいる労働者をさらってしまった後、その時点で残る者の中でもっとも高学歴の労働者を雇用主が雇用し続けたとしたら、各職場の労働力の平均教育レベルは国の平均レベルの上昇に歩調を合わせ、どんどん上がり続けるはずである。

最近の被雇用者の教育レベルの過剰は、雇用主には何の恩恵ももたらさないだろう。これは国の人的資本政策に深刻な問題を投げかけており、ゴールディンとカッツも著書の結末部分でその問題に取り組んでいる。たとえ教育レベルの向上分がある歴史的時点では経済にとって生産的であったとしても、今向上中の教育レベル――たとえばカレッジ卒業率の飛躍的上昇によってもたらされるような――が未来の経済成長にプラスになると考えるべき必然的理由はない。それどころかこの政策は単に政府と消費者双方の教育費のコスト負担を増やすだけで、この投資に見合った何の見返りも生まれないということになりかねない。

職業競争モデルの中で教育は、個々の消費者にとっても訓練可能性のシグナルとして役立つ。待ち行列はかれらに、人に先んじるための明快な戦略――もっと多く教育を積めという――を提供してくれる。重要なのは、最も魅力ある仕事をもぎ取るため、可能な限り待ち行列の前のほうへ自分をおくようにすることだ。

そしてこれこそが、二〇世紀のアメリカで消費者が従った戦略である。ゴールディンとカッツが指摘するように、機会を追求した消費者こそが、この時代のハイスクール、カレッジの進学率拡大の背後にある主な原動力だった。

しかし消費者にとって問題だったのは、そしてこれからも問題であり続けるのは、他人も同じ戦略を追求しているということである。前章で述べたように、生徒は仕事を得る際に自分の親でなく、同世代の若者と競っているのだ。周囲の同年輩者たちも親より高い教育を受けているため、列に並んでいる消費者個々人の相対的位置は変化せず、何の相対的優位性もない。その一方で、列の中で後退し下降移動することへの恐怖から、ハイレベルの教育資格を求める競争からの脱落は許されない。結果としてより高い教育を追求することは誰にとっても防衛の手段になり、現状維持のためには走り続けなければならない羽目になっている。と同時に、教育レベルを高めるという戦略の追求は、アメリカ社会にとって非生産的なものになりつつある。それは経済成長促進の手段としてはあまりに高くつき、非常に非効率的なものである。

これは、ゴールディンとカッツの著書の中心問題を視野に入れて考える際に役立つ。二〇世紀後半の米国において教育達成の伸長が相対的に鈍化したことをかれらは遺憾とする。なぜならこの変化によって社会的平等が後退し、経済的成長が抑制されたとかれらは感じているからだ。しかしこの点を人的資本への純粋な投資の視点からではなく、待ち行列の中での相対的位置という視点から考えてみると、教育拡大の頭打ちは避けられないことだと思われる。今やハイスクールはほぼ満員状態のため、教育拡大はカレッジおよび大学院レベルに舞台を移さねばならない。それは財政支援する州にとっても購入する消費者にとっても、べらぼうに高額なものである。

政府にとってはこの現実が、一九七〇年代に始まる納税者の一連の反乱や慢性的な財政危機への導火線となった。それはちょうど教育拡大が頭打ちにさしかかるときのことだった。それ以降、公立のカレッジ・大学の無償化は姿を消し、高等教育予算に占める州からの支出金の割合は確実に減少している。主要州立大学の中には、州からの支出金が一〇パーセントを下回り、公立大学とは名ばかりというところもある。これは裏返せば、教育消費者が値上げされた分の学費や諸費用を払うことで、高等教育の直接経費をより重く負担しなければならないということである。そしてこれが学生ローンの急膨張につながった。同時に、高等教育の機会費用はハイスクールのそれよりもはるかに高い。なぜなら学生は授業に出席するために、働いて成人並みの給料を得るのを断念せねばならないからだ。高等教育のために直接・間接の高額な費用を支払う必要がある一方で、ある不愉快な認識にも直面せねばならない――これだけの努力と負担をしても、もっと低い教育しか受けなかったかれらの親と、せいぜい同じレベルの社会階層にとどまることぐらいしか見返りがないのだ。政府と消費者双方とも、より高い教育を求めるきりのない競争を続けるのにうんざりしているだろうことは想像に難くない。

学習するのか、それとも「学校する《ドゥーイングスクール》」のか

ではこの事態は、我々をどこに放置するのだろうか？　労働者の選別に教育という基準を用いることで雇用主は、仕事の技能という目に見えないものを雇っているのではなく、実際には教育資格(学歴)という可視的なものを雇っているのだ。そうすることで雇用主は、一般教育を受けた経験のおかげでそうでない者より訓練可能性の高い労働者を獲得しているのかもしれない。だが仕事に対する教育要件が引き上げられても、必ずしも生産性向上という形での配当はもたらされない。教育消費者にすれば、競争に必要な分以上に高い学歴を獲得しても、労働市場で何の得にもならない。しかし誰もがみな同じ待ち行列のポジションを得よう

と画策しているとき、群れの前方の位置を維持するのは簡単ではない。そして仕事を得る際に学位がもつ価値は、学校で何を学んだかとは関係がない。なぜなら雇用主も消費者も等しく、学位が学習内容を表わすものと想定し、かつ決してそのことを確認しようとしないものだからだ。このような状況下では、人的資本論（学校で学んだ内容は経済的生産性にとって重要だという主張）のロジックをたどっていくと、非生産的な教育政策——主要教科学習の基準を引き上げ、カリキュラムを完全習得できない生徒には重いペナルティを課すという政策——に行き着いてしまう。二〇世紀終わりから二一世紀初頭に標準化運動がめざしてきたのがまさにこの政策で、これは落ちこぼれ防止法の成立によって国策となったが、この政策は、アメリカの教育においては内容よりも形式の影響力が強く、学校での学習よりも学校へのアクセスのほうが重要だという教訓を無視している。

標準化運動の主張に従っていくとどうなるのか、学習水準を引き上げて人的資本の投資をはかることの差し迫った必要性を唱えた、典型的なレトリックの検証を通じて考察してみよう。ここでの事例は、鮮やかにこの点を論じたある最近の映画である。学校での学習は重要である、とこの映画は主張する。そして生徒がカリキュラムを真剣に学ばないと我々の経済は取り返しのつかない損害を被る、なぜなら米国より高い教育水準を設定した外国に取り残されるから、というのだ。この映画を多くの人が観たが、我々にとって最大の価値はこの作品が、教育の人的資本論が政策に落とし込まれるとどうなるかを具現化している点にある。実際のところ本作は、二一世紀向けにアップデートされた映像版『危機に立つ国家』である。

映画『二〇〇万分』を手がかりに　二〇〇八年、ボブ・コンプトンというアメリカの投資家が、アメリカと他国の高校生の経験を比較する一時間のドキュメンタリー映画を製作した。その使命は、アメリカ人が主要教科学習で世界の他の国に追いつく必要性があり、さもなければ悲惨な結果が待ち受けていると示すことだった。彼はアメリカの高校生がハイスクールで過ごす時間の長さにちなみ、『二〇〇万分』とタイトルをつけた。ＤＶＤのジャケットには、学校での学習と経済発展に関するこの映画の主張が述べられている。㉑

わが国の政府はアメリカ経済の未来のための闘いに取り組んでいない。この闘いに巻き込まれているのは我々の子どもたちである。

どこの国でも第八学年〔日本の中学二年にあたる〕を終えると生徒たちはすぐに、カレッジや究極的にはキャリアに向けて準備するための二〇〇万分に突入する。

中にはハイスクールを、必要な通過儀礼――夜の舞踏会《プロム》、仲間内でのパーティー、一〇代の若者の反抗などのありふれたアメリカ的背景――以上のものとは考えない者もいるだろう。しかし他の国々の生徒にとってこの二〇〇万分は、「新しい知識経済」のための知性を磨き、教師の指導のもと教科書に取り組んで過ごす時間である。アメリカのエリート層が経験する二〇〇万分は、決定的に時代錯誤なものかもしれない。そして、時計は既にカチカチと時を刻んでいるのである。㉒

映画は、三つの異なる地域――アメリカ、中国、インド――で暮らす男女のハイスクール〔高校〕での経験を追っていて、その描写に経済学者、ビジネスマン、教育界の指導者らのコメントが補足されている。これらの生徒たちが各々、ハイスクールでの学習にどのように取り組んでいるかを要約してみよう。

ブリタニーとニールは、インディアナ州カーメルという、インディアナポリス郊外の町の高校に通う一二年生だ。かれらが一週間の間に多くのこと――友達づき合い、課外活動、アルバイト――をしている様子が見られるが、勉強はあまりしていない様子だ。かれらは「学習する《ドゥーイングスタディーズ》」よりむしろ「学校する《ドゥーイングスクール》」ことに力を注いでいるように思える。お返しをして相手に喜ばれることは、よい成績を取るのと同じぐらい大切なことだとブリタニーは語り、ニールはカレッジではもっと真剣に勉強する必要があるのは分かっているが、ハイスクールではあまり努力する必要がないと認めている。ニールの母親は、ニールの普段の生活ぶりを考えると成績がこんなにもいいこと(全米優等者奨学金プログラムの最終選考に残っていた)に驚いている。この映画はブリタニーよりもニールをクローズアップし、彼がさまざまな役割を同時に果たしている様子を映し出している。その役割とは、生徒会、フットボールチームの元キャプテン(シーズン中は週二〇時間練習していた)、学校の環境クラブの長、学校新聞のグラフィックデザイナー、イタリア料理店のアルバイト(毎日五時になると仕事に行く)等である。その年の終わりまでにブリタニーはインディアナ大学の医学進学課程に合格し、ニールはパデュー大学のコンピュータ・グラフィックスのプログラムから学費免除の奨学金を受けた。

シャオユアンとルイチャンは、卒業生が中国の主要大学に進学することで有名な、上海にある特別高校の生徒だ。勉強は明らかにかれらの最重要事項であり、そのことはかれらの口からも聞かれたし、勉強中心の一週間のスケジュールからも分かる。二人とも、最高峰クラスの大学に合格するのに懸命である。映画は主にシャオユアンに焦点を合わせる。彼女の夢はイェール大学進学だが、代替案も準備してある。トップレベルの大学に入れなかったらかわりに音楽学校に行くつもりなので、主要教科の猛勉強に加え、長時間にわたるバイオリンの練習も行っている。この映画から、中国の生徒はアメリカの生徒に比べて、一年間の授業日数も一日の授業時間も長いこと、また中国の生徒のほうが宿題にはるかに長い時間を費やしていることが分かる。ナレーターの説明では、高校生活が終わる頃には、中国の生徒が学校で勉強している時間はアメリカの生徒の二倍にも達するとのことだ。そして学期末までにこの二人の生徒はどちらも、いくらか落胆を味わう羽目になる。ルイチャンは一流の北京大学に合格したが、希望していた上級の数学プログラムには入れなかった。シャオユアンはイェール大学には入れなかったが、合格した清華大学で財政学を学ぶつもりだ。

アプーバとロヒットはバンガロールにある、セントポールズ・イングリッシュスクールという大学進学予備学校に通っている。映画は、かれらが早朝に起床して学校の始業時間前に勉強する様子、夜遅くまで勉強する様子、そして土曜日に補習授業を受けるため学校に行く様子を追う。二人の生徒も、かれらの両親も口をそろえて、猛勉強こそがよい大学に入るための鍵であり、それがひいては希望に満ちた未来の鍵になるのだと語る。アプーバはエンジニア志望で、ロヒットは物理学者志望だ。不安感はどの世代にとっても、高校時代の経験として浸透している。ナレーションは、インドの生徒が勉強のため多くの時間を背中を丸めて過ごしている一方、アメリカの生徒は多いに楽しく過ごしていると語る。ロヒットと友人たちはサッカーや他の遊びについて懐かしそうに話しているが、かれらにとって最も大事なのは、最高レベルの学問プログラムを〔大学で〕受けるために頑張ることだと言い切る。その年の終わりまでに、二人とも狙っていた目標をわずかに達成することができなかった。ロヒットはバンガロールのトップクラスの大学に入学するが、インド工科大学ではなかった。アプーバも希望大学に入れなかったため、自宅近くのカレッジでコンピュータ工学を勉強することに決めている。

勉強力の育成 vs. 人間力の育成

この映画でのアメリカと他国の生徒のハイスクール経験の比較については、その妥当性を問いたい誘惑にかられる。たとえばこの映画では、ハイテク技術の集積都市〔上海とバンガロール〕の優秀校に通う生徒が、インディアナポリス郊外のごく平凡な中上流階級のハイスクールに通う、アメリカのどこの富裕地域にもいそうな生徒と比較されている。なぜ比較対象に、ブロンクス科学高校やパロアルト高校に通う、同様に猛勉強して競争ストレスに悩むアメリカ人生徒をもち出さないのか?(私の同僚デニース・ポープは、ストレスに苦しむ生徒向けのプログラム(Stressed Out Students: SOS)という名の知れたプログラムを運営している。同プログラムはシリコンバレー地域の生徒がさらされている過度な成績面のプレッシャー緩和を意図している)。また、この映画中、取材を受けているのが経済学者(ロバート・ライヒとリチャード・フリーマン)に偏っていることを思い起こせば、なぜ人的資本の生産が教育にとって最重要目標なのかという疑問が生じる。あるいは、理科系教育だけがクローズアップされていたことから、なぜ誰もがエンジニアにならなければいけないのかという疑問が頭をもたげる。

この種のちぐはぐな比較は、人的資本にまつわる学校改革レトリックにおいてはありがちであるが、むしろ目をこの映画の中心的議論、つまり社会的有用性の高い教育とはいかなる形をとるのかという議論に向けたほうがよい。この作品では、中国とインドの生徒が勉強に集中し(特に理科と数学に)、高校時代の時間を有効活用してよい仕事を獲得し、それが経済生産力においてかれらの国がアメリカを追い抜くことに寄与すると主張されている。他方、アメリカの高校生が時間を費やすのは勉強以外の活動ばかりで、おまけにその勉強で理科や数学は軽視されている。かつての大国はこのようにして衰退に向かい、余裕はないがよりハングリーで野心にあふれた競争相手(国)に追い越されようとしている。時間はなくなりつつあるのだ。

映画の中で示されたように、他人に一歩先んじる機会を個人に与えることについては、アジア型・アメリカ型いずれの教育モデルも効力を発揮する。生徒たちは六人とも有名大学に進み、よい仕事への資格を手にできるコースに乗ったようだ。問題なのは、この二つのモデルが極めて対照的な社会的帰結をもたらす点である。アジア型モデルは、ラルフ・ターナーが「庇護移動」と名づけたシステムの古典的な例である。〔このモデルでは〕生徒は、志望する職種ごとに決められた特定の学問分野を早期に専攻することを要求され、その分野を集中的に学ぶ。他方アメリカ型モデルは、競争移動システムの古典的事例であり、そこでは生徒の職業決定の選択肢をできるだけ広くしておくため、特定の専門分野に進むのをできるかぎり先送りすることが奨励される。その結果としてすべての教育段階で一般教養教育を重視し、特定の分野を深く学ぶのを妨げるような教育システムができあがった[23]。

庇護移動システムがつくり出すのは、一つの分野に深い知識をもつが、分野の変更や変化に適応する柔軟性に乏しいスペシャリストだ。他方、競争移動システムがつくり出すのは、広く浅く万事に通じ、学校教育のおかげで種々のキャリアへのつぶしが利き、不透明な未来にも適応度の高いジェネラリストである。庇護移動システムはカリキュラムの集中的な学習を奨励し、生徒の習得度に基づき学校は学位を授与する。競争移動システムは学習そのものに重きをおかず、学習の証し《トークン》(評点、単位、学位)を大切にし、教育達成を測る際には試験の成績ではなく出席時間を用いてそれを行う——この方式は、単位時間の合算によって学位認定を行うアメリカの仕組みに具現化されている。庇護移動システムが生徒に与えるインセンティブは、今懸命に勉強すれば、後で報酬が得られるというものだ。競争移動システムは生徒に、初期の段階ではゆっくりな勉強でもよいが、上級学校に進んで専門化や就職が近づくにつれ、より真剣に勉強に取り組むよう促す。大半のアメリカ人にとって——ニールとブリタニーも然り——ハイスクールは勉強する場所ではないが、(ニールが予測していたように)カレッジはよりハードな勉強の場として理解されている。大学院が最終教育経験となるアメリカ人はますます増えているが、そこではもっと過酷な勉強が待っている。

アジア型教育モデルとアメリカ型教育モデルの中心構造の著しいちがいを考えると、シャオユアン、ルイチャン、アプーバ、ロヒットが、ブリタニーやニールに比べて高校での勉強にとても真剣に取り組んでいたことは何ら驚くにはあたらない。しかし、ニールの母親やコメンテーターの一人が指摘していたように、だからといってアメリカ人がハイスクール時代をぼやっと過ごしていたというわけではない。実際のところかれらは、宿題以外のことをするのに驚くほど多忙であった。たとえばニールは忙しい生徒の典型例で、アメリカンフットボール、生徒会、環境クラブ、学校新聞、アルバイト、友達づき合いに大忙しだった。アメリカ人が二〇〇万分の時間を余計なことに浪費している間に、アジア人は有為にその時間を過ごしているというのがこの映画の強い主張だ。だが私は逆の主張をしたい。

四人のアジア人生徒が(作中コメンテーターが絶賛するほどの)熱意をもって高校の公式(主要教科)カリキュラムを習得するのはよいとして、かれらにそうさせることで果たして社会にはどんな利益があるのか？　かれらを巻き込んでいる教育の仕組みは秀でた生徒を生みだすのには優れているが、よい市民やよい親をつくり出すことにどう寄与しているのだろうか？　経済学者が証明するようには、よい労働者をつくり出すこともできていないのではないだろうか？　科学・数学の知識とエンジニアの仕事との間に結びつきはある。だが我々の社会に何人のエンジニアが必要だろうか？　その他大勢の者にとって学校の古典的な教科(国語、数学、理科、社会科)は、実社会での労働内容との直接的関係はほとんどない。競争移動システムは学習の内実よりもその証し(学位の蓄積)に重きを置くことで教育の形式主義を促進しているが、庇護移動システムもまた、教科内容の習得(カリキュラムの蓄積)に重きを置く点で、同様に形式主義的なのである。

アメリカ人生徒が映画の中で行っていた勉強以外の活動にはどれも、かれらの社会貢献力を伸ばすポテンシャルがあったこと、これが両者を隔てる違いである。かれらが身につけていたスキルは、労働環境の中でうまくやっていき、ネットワークをつくり、リーダーシップをとり、環境を改善し、優先事項をうまく調整するためのものである。またかれらは、自分に有利になるようシステムを回す方法や、他のところで本当にやりたいことのために、学校が納得する必要最低限のことをちゃんとする術も学んでいた。経済や社会にとっては、少数の勉強熱心な生徒と、もっと大勢の人間力に富む人材《ハスラー》を育成するほうがより生産的なのではないだろうか？　競争移動システムは、学問よりも起業家精神を重視する市場経済を生き抜くアクターを輩出する点で、結構よい仕事をしているのではないだろうか？

もし学校が勉強家よりも敏腕家の輩出のほうを重視したならば、生徒にとっても社会にとってもそのほうがよいかもしれない。これまで見てきたようにアメリカの学校は、初等・中等教育レベルの主要教科内容を駆使する深い力を有する卒業生をつくり出すことに、あまり長けているわけではない。私たちのテストの成績は、国際的に見るとせいぜい分布の真ん中ぐらいにあり、ここから、他国の学校システムのほうがこの種の教材を教えるのにずっと効果的であり続けていることが分かる。しかしこの種の学問知識の蓄積が、特別に有益なことかどうかは明らかではない。米国のテスト成績が冴えなかった二〇世紀後半の間ずっと、アメリカの経済発展は傑出していた。

おそらくここでの教訓は、個人であれ社会であれ、学校というものを重く考えすぎるのは危険だということだ。主要教科学習に大きな力を注いだ結果、個人レベルにおいて生み出されたのは過重ストレス世代の生徒たちであり、社会レベルで生じたのは、特に現代の政治・社会・経済生活に機能的なわけでもない、学問的技能と知識の集積である。むしろ社会にとっては、主要教科学習にあまり重きをおかず、システムをうまく生き抜くことを生徒に奨励するアメリカ型の教育アプローチを採用するほうが、メリットが大きいことが明らかになりつつあるのかもしれない。

映画に登場する生徒のうち、二〇〇万分のハイスクールの時間を最もうまく切り盛りしていたのがニールである。彼はその時間内でやるべき学業をこなすことができ、さまざまな課外活動に対しても、おおむね彼の個人的目標にかなう方向でそれに注力することができた。これらの個人的目標を――アメリカンフットボール、生徒会、学校新聞、環境クラブ、レストランでのアルバイト、友達グループとの交流を通して――追求することのほうがおそらく、最高レベルの授業でトップクラスの成績を取るのに集中することよりも、彼の将来展望にとっても、また国の政治・社会・経済的繁栄にとってもプラスだろう。ハイスクール在学中のニールは、よい生徒になるために自己訓練するのでなく、学校を屈服させて自身の目的に従わせるすべを学んでいたのだ。すなわちアメリカの教育システムは、学校カリキュラムを使いこなす生徒を育成するのにはあまり長けていないが、自立心が高く起業家精神があり創造性豊かな卒業生を生み出すことには、まずまず効果的だと考えてよいのではないか。

示唆されること

以上のすべてが示唆するのは、熱心な主要教科学習で経済成長を刺激しようとするアメリカの学校改革者の努力は的外れであり、逆効果でさえあるということだ。もしそれが、個人にとっても社会全体にとっても有益と歴史的に証明されてきた類の教育を弱体化させるとすれば、なぜ私たちはわざわざ、生徒の学校カリキュラムの習得を加速させることを望むだろうか？　改革者はアメリカ教育史から誤った教訓を導いていると思われる。標準化運動はとりわけそうで、米国の教育の特質の中で、教科カリキュラムを生徒に教えるその能力こそが成功した部分だと思い込んでいる。しかし歴史的エビデンスが強力に示すのは、アメリカの学校は一度たりとも主要教科の学習を効果的に促進させられず、しかもそれが生徒、社会の双方にとって驚くほど吉と出たということである。我々は主要教科カリキュラムを習得した生徒を数多く必要としたことはなかったし、今でも必要としていない。そのかわりに、ゴールディンとカッツが示した通り、アメリカの学校教育の主要な価値は、すべての者への門戸開放とその要求学力水準の低さである。私たちは学校システムの上級の学校であっても誰でも受け入れ、失敗しても罰したりせず、復学し再挑戦する機会をさまざまに与えている。

　面白いことに、教育消費者はこの点を、教育改革者よりも意識しているように思われる。消費者はつねに、生徒あるいは有権者の立場から、学校システムを開放的かつ学業面で寛大なまま維持するよう行動してきた。入学も卒業も容易な学校システムが望ましいとの意向を鮮明にしている。その理由の一面はかれらが、教育を追求する主要目標が仕事を得ることであり、この目標達成を学校が可能にするのは主に、カリキュラムの深い理解でなく学位授与によってであると考えているからだ。他方で消費者は本能的に、学校で学ぶ〔真に〕有用なスキルは教科の習得とはあまり関係がなく、学校という社会環境でうまくやっていくことに深く関わっているのを悟っている。学校が教えてくれるのは、優先事項の調整の仕方、仲間や目上の人と効果的に関わる方法、自身の個人的な目的達成に資するよう組織とつき合う方法などである。つまり人生の最善の準備とはおそらく、教育を受けることではなく、学校する《ドゥーイングスクール》ことから得られるのだろう。

（1） Goldin and Katz(2008).
（2） Goldin and Katz(2008), p. 19.
（3） Goldin and Katz(2008), 表 1. 1, p. 27.
（4） Goldin and Katz(2008), p. 283.
（5） Goldin and Katz(2008), 表 1. 3, p. 39.
（6） Goldin and Katz(2008), p. 167.
（7） Goldin and Katz(2008), p. 167.
（8） Goldin and Katz(2008), 表 3. 1, p. 96.
（9） Goldin and Katz(2008), 表 2. 7, p. 84.
（10） Goldin and Katz(2008), p. 113.
（11） Goldin and Katz(2008), p. 19.
（12） ゴールディンとカッツの著書に対する自身の書評について、マイケル・カッツが私に教えてくれたことを感謝したい。彼の議論は同書の長所と短所を理解するのに役立った。Katz(2009)を参照のこと。
（13） Carter et al.(2006), 表 Ea, pp. 287–347.
（14） Goldin and Katz(2008), p. 229.
（15） U.S. Bureau of the Census(1975), Series D, pp. 29–41.
（16） Goldin and Katz(2008), p. 130.
（17） Thurow(1972).

(18) Spence(1973).
(19) Spence(1973).
(20) Berg(1971).
(21) 映画はプロデューサーのウェブサイト http://www.2mminutes.com/ から閲覧可能〔あらすじのみ〕である。
(22) *Two Million Minutes*(2008).
(23) Turner(1960).

第８章　学校シンドロームと共に生きる

我々アメリカ人はあまりよく教育されていないかもしれないが、しっかりと学校化《スクールド》されている。生徒の学力到達度国際比較のスコアはあまり高くないが、我々は地球上のどの国よりも長い時間と多額のお金を、初等・中等・高等の教育システムに費やしてきた。一貫した教育へのこの気前よさの一つの理由は、慢性的社会改革者たる我々は、手ごわそうに見える一連の社会問題の解決を使命とし、その達成のための最上ではないが最も手頃な手段として学校を見なす習性をもつためである。この観点から我々は学校を、最も崇高な社会的理想を達成するための主要な手段、あるいは少なくともそれらの理想を制度の形で具現化したものとして認識している。我々が学校教育に気前よく投資するもう一つの理由は、我々が社会的階梯を常に登りつづける存在として、同輩とのいつ果てるともしれない出世競争に参加し、あるいは零落だけはするまいという目的からそのレースに参加し続けているからである。この観点では我々は学校を、最大の個人的野心を達成するための主要な手段として、そして最悪の個人的恐怖を回避するための最善の手段として見なしている。

これらの衝動――一つは理想主義的で集団に関わるものであり、他方は実利的で個人的である――があいまった結果行き着いたのが、本書で私が描いてきた学校シンドロームというものである。学校をアメリカ人の戦略でなく症状にしてしまっている原因は、すべての社会問題および個人的問題の解決を学校に求め続けるという我々の強迫性にある。学校教育を通じて我々の目的の達成に何度繰り返し失敗しようと、今度こそ学校教育が何とかしてくれるだろうという我々の持続する信念がそれで脅かされることは決してない。カリキュラムを変革しさえすれば、システムの構造を改造すれば、門戸を広げれば、履修コースを分化しさえすれば、学校改革はよりよい社会問題の解決をもたらし、個人的機会のさらなる向上に結びつくのである。

これまで見てきたように、アメリカの学校システムをつくり上げたコモンスクール運動はアメリカ教育史上、最も成功した改革運動であった。じっさいそれは、その類の運動としては唯一、学校と社会の両方に影響を及ぼしたものだったと言える。地域の自主的学校管理、開放的アクセス、緩やかに連結された組織、要求学力水準の低さといった教育構造がそれによって整えられ、この構造は今日まで続いている。そしてこのシステムを確立するプロセスにおいて、その主要な社会的目標、すなわち市場経済に傾斜する一九世紀中葉の共和国アメリカが必要とする市民および企業人を育てる方法の確立を、この運動は成功裡になし遂げた。しかしひとたびそれが動き出したとき、この学校システムは自らの意志《マインド》をもつようになった。学校が教育事業体として大きく成長するにつれ、それは改革者から、自らの社会的目的のために利用する魅惑的機会の源泉と見なされるようになったが、また学校システムには独自の力学が備わり、コントロールしたり、ましてや転換することが著しく困難なものになってしまった。一連の自律的な組織単位（システム、学校、教室）に徹底的に分権化され、コモンスクールを根拠づける強力な理論も備わっていたため、この学校システムは（ラリー・キューバンの言葉をもじって言えば）、「改革者を迎え撃つ策をもっていた」のだ。

改革者は教育のレトリックの変革をなし得たことが多く、時にはその組織形態の手直しに成功する場合もあったが、かれらは教師の教授法および生徒の学習内容を変革する点に関しては驚くほど無力だった。この教室への浸透力の欠如は二〇世紀になると、改革者にとってますます大きなフラストレーションとなり、今の二つの教育運動へとつながっている。それらが意識的にめざすのは、指揮命令がよく行き届くような、より緊密に連結した学校システムをつくり上げることである。標準化運動と学校選択運動はそれぞれ独自のやり方で、学校を指揮に従わせ教室での学習を規制するアプローチを発展させた。しかしながら主要教科の学習を統制しようとするこの集中的努力は不必要かもしれず、改革目標の達成にかえって逆行するかもしれないことが判明しつつある。というのもアメリカの学校システムの歴史に関する知見の一つは、学校の主要な社会的影響力は内容よりはその形式を通じて発揮されてきたことだったからだ。その主要な達成について言えば、概して、コミュニティのすべてのメンバーを単一の制度的空間に集め、かれらを共通の社会経験に服させるという学校制度の力によってもたらされたものだった。

アメリカの学校システムをめぐるもう一つの知見は、消費者に比べて改革者がわずかな影響しか与えることができなかったことである。改革者は社会変革のために学校システムを変えようと懸命に努めたが、コモンスクール推進者以来この方、その影響力は極めて限られたものだった。他方で教育消費者はその双方に対して大きな影響を及ぼしてきた。しかもかれらはそうしようと努めたわけでもない。かれらのねらいは学校を変えることでも社会を変えることでもなく、単純に教育を利用して人の上に立つ、もしくは優位を保ち続けることだった。

そこで、アメリカの学校シンドロームの源流とさまざまな支流を理解しようとする試みの中での、今の我々の位置をおさえておこう。最初に、この二〇〇年間の主要な学校改革運動とその影響力の弱さについておさらいし、続けて我々がなぜ、深刻な限界があるにもかかわらず学校改革を追い求め続けるのかを分析する。次に、同時期に改革者よりも消費者のほうがなぜ大きな影響力をもちえたのかを詳述する。そして、本研究から引き出すことのできる、学校改革者にとっては無益な教訓を要約して結びとしたい。

学校改革者たちが与えた影響力は限定的

コモンスクール運動は、水と油の混ざり合いの中から新しい社会秩序の形成を南北戦争前のアメリカにもたらすような学校システムを、つくり出すことができた。コモンスクールはその偉業を、生徒たちに共和的コミュニティの一員として共通善への市民的忠誠を植えつけ、それを市場経済に生きるアクターとして個の自由を守り私益を追求する個人的性質と結合させることによってなし遂げた。学校システムはこの目標の達成を、生徒たちに共通の教育経験をさせることによって、そしてそこに学校での学業達成をめぐる競争――これが生徒の及第か落第かを決め、中退か卒業できるかを左右した――を組み合わせることでなし遂げたのだった。これらの成果はどちらも、生徒たちが行程の中で学んだ特定のカリキュラム内容からもたらされたものではなく、学校教育の形式とプロセスに由来するものだった。コモンスクール運動の主要目的は民主的平等を促進することだった。なぜならこの改革の発祥は、新興の市場経済の脅威から合州国を守る運動だったからだ。しかしアメリカの教育の残り二つの主要目標もまた、かれらが設立したシステム内部に健在だった。学校システムは、成績の優れた個人に報酬〔地位や職業〕の配分を行うことによって社会移動を促進しようとした。そしてそれはまた個人と集団の利益の間に一種のバランスをもたらすことで、社会的効率を促進しようとした。この均衡は市場に立脚する社会がうまく機能するために必要なものだった。

進歩主義改革者たちは、社会的効率の追求においてその方向性の力点を大きく変えた。かれらは改革によって、学校システムが卒業生に適正な職業スキルを提供し、かれらを二〇世紀初めの大企業中心の工業経済において適切な地位に配分できるようになることを指向したのだった。しかし進歩主義者はその先達〔コモンスクールの運動家〕にくらべ、学校システムをその目標達成に利用することに大きくひけを取った。貧弱な職業教育はお話にならなかった。それが提供した職業準備はあまりに範囲が狭く古色蒼然たるものだったために経済的効果がなく、また学校で実施するには煩雑すぎるものだった。第7章で論じたように、二〇世紀における教育の経済成長への寄与はせいぜい微量で散発的なものだった。教育が経済的な寄与をした場合でも、それは一般的なスキル（読み書き、計算）や一般知識（自然界や社会に関する）が教育によってもたらされた結果であることが多く、主要教科のスキルや学校で教わった教科を習得した結果であることはあまりなかった。またそれは、「本当に学ぶことなくいかに学校で成功するか」[1]というゲームに習熟することで、生徒たちに学校システムを生き抜く手練手管を教えてしまうことによってもたらされた結果でもあった。〔学校教育の〕効用はカリキュラムの学習からではなく、我を通しつつ外からの期待にも応じながら、組織環境の中で自己の利益を追求する方法を生徒たちがそこで学ぶことから、より多くもたらされたのである。

ある一つの領域では進歩主義運動はもっと大きな成果をあげたが、それはかれらが、コモンスクール運動が残した成功に依拠できたからだった――学校システムの共通性の活用により移民をアメリカの政治・社会・経済生活に同化させたこと、これである。公民権運動もまた学校システムのこの特性に着目し、当初は学校の人種隔離を定めた法制度の撤廃によって黒人・白人間の社会的格差を縮小しようとする運動の中で、この特性の活用をはかった。運動ははじめ成功を収めたが、事実上の人種隔離の壁が立ちはだかった。この壁は政治的・法的手段で突き崩すことがずっと難しく、大半の黒人生徒を依然として黒人主体の学校の中に閉じ込めておくものだった。この運動の限界は、それが採用した戦略、つまり教育への権利を公共財でなく私的財として定義した戦略に、その原因の一端があった。その考え方によれば、学校教育とはアメリカ社会で出世をめざす誰しもにとって高い価値をもつ資格証明を発行するものであり、この学歴資格への平等なアクセスの否定は消費者としての権利の侵害であった。だから公民権運動は、民主的平等という政治課題をとりあげ、それを社会移動をめぐる消費者の問題へと変換したのである。多くの白人の親たちが同じ消費者的権利のロジックに基づいて、バスによる生徒輸送策《バシング》を、自分の子どもたちが恵まれた学歴資格をえる権利という価値への侵害と考え、これに反対した。しかしながらこの問題に関してどちらの陣営の関心も、誰がどの学校に通学するかに集中し、生徒たちがそこでどんな教科を学習するかには関心がなかった。

一九八〇年代に入ると標準化運動が、とりわけ人的資本への投資という角度から、公共財としての教育に再び焦点を合わせた。このアプローチは公衆に対して特に強い共鳴を与えられず、ごく限られた成功しか収めることができなかったが、その後リーダーたちは公民権運動から消費者的権利という論点をもち込み、社会的効率とアクセスの平等を一つに混ぜ合わせて落ちこぼれ防止法という形をつくり上げた。同じ頃、学校選択運動は、当初は個人的自由の問題として社会移動に焦点を合わせていた（親は子どものために学校を選ぶことが可能でなければならず、学校は親の要求に合わせなければならない）。そして同じように大した影響力をもちえなかったあと、この運動も同じくアクセスの平等への主張を採用した。それは、富裕層がつねに有してきたのと同じ学校選択権を貧困家庭にも与えよ、と主張するものだった。

標準化運動と学校選択運動がこれからどうなるのか、我々にはいまだ分からない。どちらも私が本稿を書いている二〇一〇年時点で、依然として稼働中だ。しかし我々はここまで、進歩主義運動と公民権運動がその改革目標を達成する力はあったとしても、控え目なものに過ぎないことを見てきた。そして両者の場合とも、学校システムが改革目標に及んだ影響は、どんなものであれ学習内容から発生したものでなく、システムの形式とプロセスに由来するものだった。主要な影響源は今も昔も、システムへのアクセス可能性と共通の学校経験なのである。

繰り返される失敗にめげず、なぜ我々は学校改革に執着するのか

学校改革は、社会問題解決の手段として特に効果的ではないと分かってきている。実際それは、学校を改革することすら満足になしえなかったのである。しかし我々は、何か事態を改善しようと試みる際に再三再四、学校へと回帰するのを止めない。我々はより効果的と思われるやり方で社会問題に対処するかわりに、好んで社会問題を教育化しようとする。(2) なぜか？　この傾向は、アメリカの文化・社会のいくつかの主要な特徴に応える形で生じているようだ。それはある面では我々が最も大事にしてきた社会的理念に由来し、また別の面では、我々に最も深く埋め込まれた社会的関心からくるものである。

社会的理念

有用性　社会問題を教育化しようとする原動力の核心にあるのは、教育は社会的に有用なものでありまたあるべきだ、というアメリカ社会での約束事である。多くの個人にとって教育は、それ自体が大きな価値を有するものだとしても不思議はない。我々にとって教育は、個人的啓蒙、知的触発、精神的精進、遊戯的探究、美的向上、個人的充実などさまざまなものの源である。しかし我々が教育にかくも甚大な時間と労力と資金をつぎ込む理由は、そこにあるわけではない。州政府が全予算の三分の一を公教育に費やす理由も、我々が生徒に学校に行くことを要求する理由も、あるいは雇用主が求職者に対して最低限の教育基準を設定する理由も、そこにはない。その理由は主として、我々が教育を、個人的・政治的・経済的・社会的生活の向上のために必要不可欠な投資だと見なしていることにある。教育の中心的価値は外部からくるものであり、それはその投資が我々自身および我々の社会にもたらすことが期待される見返りによって測られるのである。

個人主義　リベラル民主主義社会は一般に社会生活を、個々の成員の性質と行為が積み重なったものとして理解する傾向がある。この傾向は特に米国において顕著である。そしてアメリカ人が教育を、社会問題解決のための主要な機関と考える理由を解明する際の重要なファクターとなるのがこれである。[3] アメリカ人の世界観は社会問題を個人的問題に還元しがちであり、貧困から疾病、犯罪から人種主義《レイシズム》に至るまで、あらゆる問題の根本原因を個人の能力や動機に求めようとする。もしこれらが本当に社会問題の主要な原因であるのなら、教育が解決法になるのが自然である。なぜならその焦点は生徒個々人の能力を高め、やる気を高めることにあるのだから。

　たとえば人種主義の問題を考えてみよう。米国における個人主義と教育化との関連を扱ったよく練られた研究の中でリー・ゴードンは、第二次大戦後、年を重ねるにつれ、アメリカ社会科学が人種主義を社会学的なもの（不平等と社会的摩擦に起因する）と見なすよりも心理学的なもの（個人の偏見に起因する）ととらえるように移り変わったことを示している。[4] この変化は、人種主義と闘おうとする二つの教育運動——学校の人種隔離撤廃、および人種偏見を弱めるための教育プログラムの開発——にとって力強い後ろ盾となった。これらの運動はこの（人種主義根絶という）目的を、前者は個人の能力の平等化によって、後者は個々人の考えを変革することによって達成しようとしていた。もちろん人種の問題を個人の偏見に由来するものでなく、社会構造上の根本的不平等に起因するものととらえるならば、教育による解決は意味を減じてしまう。しかしアメリカ人は種々の社会問題を個人化する傾向があるため、おのずと教育は、これらの問題解決のために利用可能な、分かりやすい装置に見えてしまうのである。

楽観主義　社会問題を教育化してしまう、これまたアメリカ人に特徴的なもう一つの主な理由は、進歩への信仰である。我々はいつも楽観主義者であり、社会の改善は単に可能なばかりか、手を伸ばせばすぐそこにあるものと信じているのだ。一面ではこれは、個人の意志によってほとんどいかなる社会的困難も乗り越えられると考える個人主義の延長であるが、それはまた有用性信仰とも結びついている。もし教育が社会問題解決に役立つものであってほしいと願い、そして教育はこれらの問題の根源である個人の能力と動機に働きかける力があるゆえ、問題解決にとって有効であると考えるならば、教育改革が社会の進歩を生み出す可能性に対して我々が楽観的になるだけの十分な理由があると言える。ジェイムズ・G・マーチはこの思考様式を「教育と楽観主義の追求」と題されたエッセイの中で論じている。その冒頭はこんな感じだ。「アメリカ教育の近代史は楽観主義の歴史である。我々は過去における成功の存在を信じ、未来はよい展望があることを信じている(5)」。教育は社会の問題を解決してくれることで、社会をよくしたいという希望を実現する万能の道具となった。しかしひとたびすべての希望を教育化という手段に託してしまったら、我々はもはや教育改革という事業に失敗の余地を認めることができなくなってしまう。

社会的利害

職業的利害　有用性、個人主義、楽観主義という社会的理念に立脚して我々が構築した教育職には、学校システムの力の及ぶ範囲を拡大し社会問題に取り組むことへの強い関心がともなっていた。この職業に引きつけられるのは、子どもの善導による世界救済というビジョンをもつ人びとである。つまり教育者は、教育化論者がその仲間に引き入れるまでもない存在なわけだ。かれらはすすんで義務を引き受け、新しい使命を請け負い、魔法でもって新たな問題に立ち向かう。現代英国における教育化現象を論じる中でデイヴィッド・ブリッジズは、教師たちに共有された理想主義によってこの傾向が育まれている様子を描いている。かれらが共有するのは「自分らが何か一般的なもしくはより特定の方法を通じて、社会的利益に貢献することへの素直な確信、それのみならずより善い世界の建設にさえ貢献できるかもしれないという確信[6]」である。しかし彼はまた、教師たちが新たな社会問題をすすんで引き受けることの中に、強い利己的要素が含まれているとも指摘する。というのもそれを引き受ければ、教育事業を支えるための新たな資源が注ぎ込まれるからである。「もし教育機関に社会・経済的変革をなし遂げる力があることを政府に納得させられたなら、次に教育機関はそうした政策の進展に付随してさらなる財政的支援を要求できるようになるだろう[7]」。このようにして社会問題の教育化は教育者に対して、善行を行うのと同時にうまくやる機会を提供しているのだ。

政治的利害　教育者だけでなく政治家もまた、社会問題への解決策として教育を推進することがその利害——理念と実際上の両面で——に関わってくるのだ。政治的なリーダーシップをとろうとする者にとって主要な動機の一つは、コミュニティ内の問題を解決したいという思いである。そして教育は、その実行のためのもっともらしい手段を提供する。アメリカの市長も知事も大統領も皆、有用性、個人主義、楽観主義の文化的枠組みの中で動いており、だからかれらが何かある特定の社会改革を実行する責任を学校に託するのはごく自然なことに思える——その責任は真摯に過ぎる教育者の手にはあまるものだが。もし問題が個人レベルにあり、学校が個人のもつスキルや考えを修繕する主要なツールであるとしたら、助けを求める相手としてこれに優るものはないだろう。

もちろん学校［を通じた解決策］には、直接的な社会計画アプローチよりも実利的、政治的に見てすぐれている部分もある。特に学校教育が著しく分権化され緩やかな連結が組織規範であるようなアメリカ的文脈では、教育改革を通じた社会改革の推進は間接的なもので、ひどく緩慢である。変革への後押しは州政府から州の教育当局へ、そこから地方学区へ、各学校へと移行していかねばならない。そして最後には教室まで達し、教師が個々の生徒への授業の中で改革を実行に移さねばならない。リチャード・エルモアとミルブレー・マクラフリンが米国の学校改革の問題をめぐるエッセイ『常時稼働中』の中で指摘したように、学校変革と政治・政策の動きではそのタイムラインが天地ほど異なっている。かれらはこう書いている。「ふんだんな証拠が示しているのは、改革が成熟して資源配分や組織、実践などに変化をもたらすまでにかかる時間は、政治における変化を決定づける選挙のサイクルより圧倒的に長いということである」(8)。

市長や知事や大統領らが四年後あるいは長くて八年後にその職務を去るまでの間に、学校改革のプロセスはやっとギアが入ったばかりということも少なくない。このタイムラグのおかげで政治家たちは、ある社会問題解決のための運動を始めて得点を稼ぎ、しかもその改革運動の結果に対して責任をとることからは免れることができる。次代のリーダーは問題解決の努力の失敗を、前の世代の政策の不備にたやすく帰して非難できる。あるいは――そしてこれは社会問題の教育化でもたらされる、特に政治上の利点なのだが――新リーダーも旧リーダーもともに、改革を効果的に実行できない非難の矛先をいつも教育システムに向けることができるのである。だから政治家は二重においしい思いをするのだ――改革を始めた手柄を自分のものにする一方、改革の失敗を学校に帰責し批判する。そしてもちろん、次代に学校が社会問題をより効率的に解決できるようにするための、新たな教育改革の始まりだ。これが、エルモアとマクラフリンが学校改革を「常時稼働中」と呼ぶ理由の一つである。救世主かつスケープゴートとして、社会問題への解決策としての教育はなくてはならない政治的ツールなのである。

政治的機会　〔社会問題の〕教育化を政治家にとって魅力的なものにしているもう一つの要素は、かれらの影響力が及ぶ範囲内に既に学校があることだ。社会問題の解決には有効でないかもしれないが、学校は政治が影響を及ぼしうる制度的アリーナである。デイヴィッド・ブリッジズが指摘するように、学校は政府の所有財である。それはすべてのコミュニティに設置済みである（スタッフを新たに雇う必要も、組織構造をつくり上げる必要も、事務所を借りる必要もないのだ）。学校はコミュニティの子どもたちを既に手中におさめ、かれらのスキルと信条を育成すべく設計されたプログラムを受けさせている。そしてこのシステムは上からの新たな命令に甘んじ、最新の改革のための持続的な再教育を経験することにもすっかり慣れっこになっているのである。(9)

さきに見たようにコモンスクール運動は、建国初期の頃に合州国を襲った極めて深刻な社会危機を打開する手段としてアメリカ的学校システムを打ち立てた。ひとたびこの仕組みが築かれると、自然な成り行きとしてその後の改革者たちは、アメリカ社会がその後直面した問題の解決手段を学校に求めるようになった。だから革新〔進歩〕主義者は、社会的効率をもつ新たな公共秩序をつくり上げようとする運動の中で学校に飛びついたし、公民権運動家は人種間平等の促進を学校に託し、標準化運動は学校を経済生産性の向上に結びつけようと努めたし、学校選択運動は自由の拡張のために学校を市場的統制のもとに置こうとした。学校システムというツールは効果的なものではないかもしれないが、いつも手近なツールであり続けてきた。

構造的制約　社会問題の教育化への衝動を生む源泉の一つにあるのが、リベラル民主主義の社会経済構造の制約下で実行可能な社会改革の種類の、現実的な見極めである。このことは、リベラル民主主義のうちリベラルという構成要素が大半の西欧諸国に比べて大きな比重を占めてきたアメリカにおいて、とりわけよく当てはまる。我々の社会のようなシステム——個人の自由を公共財と同等以上に価値あるものと見なし、私財を蓄積したり蕩尽したりする自由を、平等の徹底によって得られる効用と同等以上の価値をもつものと考える——は、社会問題の解決のための最も直接的な方法の多くを、リストから外してしまうのである。

アメリカ社会は、国民皆保険制度を採用して医療問題に対処することに躊躇し、そのかわりに我々は学校教育という心もとないものを頼り、スクールナースの配置や健康教育プログラムの実施といった手段を通じてこの問題を解決しようとしてきた。我々は富を再分配し所得補償をすることで社会的機会を平等化することに、後ろ向きな態度をとってきた。そして教育機会を増やす道をとった。そうすることで個々人が社会で出世する道が開けるだろうと期待したのだった。たとえばアメリカではごくありふれた人種的住み分けのパターンを隔離撤廃するなどの方法で、人種的不平等の構造的ルーツに切り込むのを我々はためらってきた。そうではなく、学校の人種隔離撤廃をはかり、教科書に黒や茶色の顔をした人を多く登場させる道を選んだ。社会的、政治的に可能なことを枠づける制約下で、学校は、我々にとって最も切実な種々の問題に切り込む際の最適の方法に思えてしまう場合がよくあるのだ。

形式主義　結局のところ、社会問題解決の手段に学校を使おうとするアメリカの傾向の基盤となっているこれらすべての要素によって我々は、社会問題に対する実質的というより形式的な対応をすすんで受け入れるようになる。学校はこれらの問題解決に大した力にならないかもしれないが、我々の文化価値ならびに社会政治的構造にうまくマッチしている。そのため学校は改革の必要に対する応答として、実効性には欠けるかもしれないが形式的信頼性の高いものとなっている。このように我々の学校改革への固着化は、一種の信用詐欺に立脚しているのである。我々は学校が社会問題へのすぐれた対処法だと信じている。その理由の一つは、学校が我々の価値観（有用性、個人主義、楽観主義）を表わしている点。またもう一つの理由は、学校が他の制度的アリーナには類をみないほど改革者の衝動の手に届きやすい範囲にある点。だから我々はこれらの問題を解決する責任を学校に課すのであるが、しかしそれが課題に十分に応えるものではないことを我々は受け入れることができないのである。

我々が行うのはせいぜい、学校がなし得ることを満足すべきものとしてすすんで受け入れるぐらいである。だから我々は教育の機会を社会的機会の代替物として、多文化的教科書を多文化社会の代替物として受けとるのである。最悪の場合、我々はいつでも物事が悪化しているのは学校のせいだと非難し、社会を改革するためにまず学校自身に自己改革の努力を要求できる。どちらに転んでも我々は、社会問題の教育化はほんとうに効果があるとの信念を保ち続ける必要がある。これは詐欺師がカモをだますという、犯罪としての信用詐欺《コン・ゲーム》ではない。むしろそれは、優秀なセールスマンが使うある種の手口だ。そこでの第一原則はまず自分自身を売れ、である。我々は教育の社会問題解決力につけられた価値〔値段〕で我々自身を売り、そして次に我々の売り物〔商品〕を買うのである。我々が集団でこの嘘をすすんで信じ続けること、すべてはこの危うい基盤の上に成り立っている。問題が何であれ、学校が解決手段だと我々は信じ続ける。

私がこれまで論じ続けてきたのは、社会問題を教育化するとき我々は、問題自体の具体的解決策のかわりに、教育が実際にもたらす形式的で象徴的な産物——授業プログラムや教育資格といったようなもの——をすすんで受け入れる意思を表明しているのだということである。これはなぜかというと、我々がそれ〔問題の教育化〕に本腰入れてとりかかるとき、リベラル民主主義が第一に関心をもつのは、教育システムに文化の中核的価値を奉じさせ、その言葉遣いや構造の中にきちんと制度化させることだからである。私が言いたいのは、我々が保持している学校システムは、我々の価値の実現に責任を負っているのでなく、その価値観を表明するという責務を負っているのだということである。学校システムがかくも急激に拡大したのは、それが掲げた目標実現に実際に有効性を発揮した結果ではなく、それらの目標を形式的に表わす力に長けていたからである。⑽

だから、学校教育の歴史とは形式主義の歴史なのである。⑾学校教育は社会的目標を、これらの目標の制度的表現へと変換する。たとえ目標を実現しなくても、学校教育は、構造・プロセス・言葉遣いなどから成るアカデミックな形式をつくり出し、社会にとって有用な役割を演じている。学校教育の文法〔規則〕は教育システムの組織的慣性を表わすだけでなく、教育システムがそれによって社会を築くメカニズムなのである。だから社会問題を教育化する中で、我々はこれらの問題の解決に大して寄与ができなくとも、我々自身を学校化することにはずいぶん多くを捧げているのだ。

学校消費者の小さくない影響力

これまでの学校変革をめぐる物語の中で、教育改革はほんの一部分を占めるにすぎない。そして見てきたように教育改革は、影響力の点で明らかに他に比べて——教育市場に比べて——重大なものではなかった。教育市場は学校システム形成面でも、また学校が社会に与える影響をつくり出す面でも、教育改革よりも影響力を発揮した。教育市場とは、学校教育を通して個人的利益追求をはかろうとするすべての教育消費者の行為の集積である。アメリカ教育史の初期の頃からアメリカ人は、市場経済社会の中で人を出し抜き優位を維持するための重要な手段として教育を見なしてきた。現行の学校教育が定着する以前も、親たちは自分の子どもに読み書き、計算のスキルを習得させようと努めた。これらの能力は植民地内でスムーズに商業生活を営むためには欠かせないものだった。

コモンスクールの時代における公的普通教育の導入によって、こうした基本スキルは公費の力ですべての白人にとって手の届くものとなった。それはつまり、一九世紀においてコモンスクールレベルの教育を受けていることが、アメリカ人にとっての標準的スキルの最低ラインとして確立したということである。アカデミーやハイスクール、カレッジなどでさらに上級レベルの教育を受けた一握りの者たちは、その教育上の優位のおかげで、同様に希少な仕事であった事務職、管理職、専門職といった地位をめぐる競争で強みを発揮した。一九世紀終わり近くになると事務仕事の需要が増え、そのことによりハイスクール教育の価値が高まった。そして二〇世紀の初頭までには、ホワイトカラー向けにせよブルーカラー向けにせよ、特定の仕事に対して学歴資格を設定する経営者が増えてきた。この時点で、消費者の教育投資に対する経済的見返りは職種を問わず確かなものとなっていた。

米国の学校変革に影響を与えた要因を把握しようとする我々の目的にとって、学校システムに及ぼした消費者の影響は、改革者によるそれと比べて形式面でも機能面でもかなり異なるものである。第一の相違点は、改革者は教育を公共財と見なしている点である。改革者は改革運動を、社会問題に対する解決策と考えている。そしてこの改革がもたらす利益は、学齢期の子どもの有無にかかわらずすべての者に及ぶだろう〔と考えている〕。それと対照的に消費者は、教育に私的財としてアプローチする。これはつまり、〔利益は〕教育を受けた個人の所有物となるということである。

第二の相違点は、改革者が意図をもって学校システムを変革しその改革運動によって社会を改善しようとするのに対し、消費者は単に教育を手段として自分の利益を追求している点である。消費者は学校を変革しようとも、社会を改革しようともしていない。ただ他人に先んじようと、あるいは少なくとも後れをとるまいと努めているだけである。だがかれらが教育の追求をめぐって個々に下す決断の集積が、学校システムに対して重大な影響力を及ぼすことになるのである。かれらの選択が、ある〔教育〕プログラムから別のプログラムへの在籍者の移動を生んだり、〔学校〕システムにおける段階間の移動を生じさせたりする。かれらは政治家に圧力をかけて公的資源を教育システムに投入させたり、資源を最もニーズが高い部門に集中させたりする。同時にこうした教育消費者による行動はついには、学校のみならず社会に対して強大な影響をもたらすようになる。消費者が自身の問題への対処に教育を用いるようになったとき、その社会的影響は意図せざる大きなものとなった。

改革者と消費者の学校へのアプローチの第三の相違点は、改革者が学校での学習〔内容〕の重要性を説くのに対して、消費者が全くそれをしない点である。これまで見てきたように、改革と実践現場での学習との結びつきはむしろ弱いものだった。学校改革者は、学校と社会をその目標にそったものにつくり替えるのに相当に無力であったが、かれらが控え目ながら及ぼした影響は学校教育の内容ではなく形式面に由来することが多かった。片や消費者は学校教育に対して、もっとイデオロギー色の薄い実用的なアプローチをとった。かれらにすれば学校教育において最も大切なことは、その使用価値〔それが提供する有用な知識〕ではなくその交換価値〔それによってどんな道が開けるか〕である。学校教育から最大限の利益を引き出そうとする消費者の念頭にまずあるのが、市場で通用する〔教育〕達成の証しを獲得することである。それはたとえば金星《ゴールドスター》やテストスコア、進級、どのトラックに振り分けられるか、教科の履修証明、そして――何を差し置いても――卒業資格である。消費者の視点からすれば、学校教育の形式こそすべてである。学校は教育的貨幣を供給し、生徒はそれでよい職や快適な生活を手に入れることができるのである。

アメリカの学校システムは、コモンスクール運動が長い時間かけてつくり上げた作品だった。しかしひとたびこのシステムが動き出すと、それを動かしたのは改革者でなく消費者だった。一九世紀後半における小学校からグラマースクールへの大波に始まり、二〇世紀前半にはハイスクールへ、そして後半にはカレッジまで、アメリカにおける就学レベルを世界に例がない驚異的な高さにまで拡大させた動因は消費者だった。就学の拡張をもたらしたのは改革者ではない。かれらはただ、消費者の力でここまで大きくなった学校の規模を、かれら自身の社会的目標、とりわけ社会的効率という目標の達成に利用しようとしただけだった。消費者は学校システムを生徒で溢れさせただけでなく、このシステムの構造を変革させもした。かれらは、誰もが同じ教育経験をもつ場だったコモンスクールを、入るときは一緒でも中で異なる教育プログラムを学ぶ分断された《アンコモン》学校へと転換させた。この点でかれらが残したもので最も影響力のあるものは階層的トラックを備えた総合制ハイスクールだった。この仕組みは二〇世紀初頭に始まった教育システム再編（改革でなく）のモデルとして確立され、今日に至るまで健在である。

　この再編された〔教育〕システムの中核にあるのが、門戸開放と卓越性との間のアメリカ特有のバランスである。このバランスは、それを社会問題の教育的解決として主張してきた学校改革者たちが案出したものではなかった。そうではなくそれは、教育市場の中で希少な学歴資格をめぐってしのぎを削る個々の消費者たちの行動の、意図せざる結果だった。他のあらゆる市場と同様に教育市場もまた、商品の獲得と交換を通じて優越性を競い合う多様なアクターたちから成り立っている。ちがう点は、ここでの商品とは教育資格であるということだ。その結果、教育市場は単声ではなく二枚舌になってしまっている。教育市場は、一方向に押しやる力ではなく、多様な方向に押し出す力によってその影響力を作用させている。社会的優位が不平等に分配された社会にコモンスクール制度が導入されたとき、各人が自らの地位を改善、もしくはそれを保持しようとする試みにこの制度を利用し始めたのは、ごく自然なことだった。前に見たようにコモンスクールの創始者たちは、中産階級を公立学校システムに誘い込む目的で公立ハイスクールを創設した際、うかつにも教育的優越をめぐる競争に油を注いでしまった。だからアメリカの学校システムはその始まりの時点から、一方では学校教育への門戸を広げながらそれと同時に、より高いレベルでは学校教育へのアクセスを制限してきた。レースは始まっていたのだ。

一九世紀の間中ほぼずっと、学校システム内におけるハイスクールはおおむね中産階級の専有物だった。同じ頃労働階級の就学は、低い学年からグラマースクール相当の学年へと、少しずつ上昇していた。一八七〇年代から八〇年代には、米国におけるグラマースクールレベルの就学はユニバーサル水準に近づきつつあり、その自然な結果として消費者のハイスクールへのアクセス需要が高まっていった。一九世紀末を待たずに、教育システムはこの需要にこたえ一連の新しいハイスクールを開設し始めた。しかしながら労働階級にとってのアクセスの拡大は、ハイスクールへの通学がそれまで中産階級にもたらしてきた優越性を崩壊させることになった。では、教育はどのようにして、双方の消費者としての要求を同じ学校システムの中で満たそうとしたのだろうか？

明らかになっているのは、複雑な社会問題に対するこのような教育的解決をつくり上げる上で、教育市場は教育改革プロセスよりはるかに適していることである。消費者の需要は、進歩主義者から少しばかりのアシストを受けただけで〔ほぼ自力で〕、階層トラックを備えた総合制ハイスクールという制度をつくり上げた。それは全成員に対してハイスクールへの門戸を幅広く開放した一方で、同時に中産階級の生徒たちを上級トラックに配置してそこからカレッジへ送り込み始めることで、その教育的優越性を保たせた。再編された学校システムは実際、この二つのやり方で機能したのである。しかし教育市場は、一連の差し迫った社会問題への対応として、この瞠目すべき制度をどのように生み出したのだろうか？

よく機能しているリベラル民主主義社会では、消費者の要求は速やかに政治的要求へと変換される。労働階級の者には中産階級に匹敵するほどの社会的地位も富もなかったが、かれらには数があった。当時も今も、公的に供給され高い魅力を有する、学校教育のような財への幅広いアクセスを求める多数派有権者の要求に、民主的政府が抗うことは極めて困難である。その一方で中産階級は、数において劣勢であるにもかかわらず、相当の影響力を保っていた。そのため政府は、公立学校システム内にかれらが特権性を保てる場を維持せよという中産階級の要求を無視することもできなかった。もし民主主義が妥協の産物であるとするなら、総合制ハイスクールはそのような妥協が制度的形に結実した究極の例なのである。

学校システム形成に教育市場がこれほどに大きな力を発揮するのには、もう一つ別のファクターも寄与している。市場は動的なもので相互作用的に作動する。個々の教育消費者は誰もがルールを知っているゲームの中で競っており、そこではすべてのアクターが他のアクターの行動に合わせて自分の行動を調節可能である。二〇世紀の幕開けまでに、新しいルールがアメリカ社会に登場した。将来の被雇用者の教育程度が、特定の職種にかれらが就くための要件を構成するというルールだ。より高い賃金を得たければより高い教育を、というわけだ。

問題は、一部で既に教育上の優位を手にしている人びとがおり、しかもかれらはその優位を維持する手段ももっているということだった。かれらの子どもはハイスクールに行っていて、自分の子どもはそうではなかった。だからハイスクールの門戸拡大を要求してそれを獲得したが、気づいてみれば元の条件は変わっていた。第一に、それはもはやかつてと同じハイスクールではなく新たに独自のヒエラルキーを内部に備えたものになっており、自分の子どもはその最底辺におかれるのだった。第二に、ハイスクールはもはや教育ラインの頂点ではなくなっており、カレッジがその座を占めていた。上位トラックにいる中産階級の子どもは今やカレッジめざして突き進んでおり、自分の子どもたちは以前と変わらぬ相対的位置——教育的優位をめぐるレースで一歩後れをとった位置――に取り残されたままだ。唯一の現実的なちがいは、今や誰もが以前より高い教育を受けるようになったことだ。一九世紀において優位な資格はハイスクール卒業資格だった。二〇世紀初め、それはカレッジの学位だった。二〇世紀後半までにそれは修士・博士号になった。レースは続くのだ。

それゆえ教育消費者は長きにわたり、アメリカの学校システムに与えた影響力において学校改革者を上回ってきた。消費者こそがシステムの制度的コアの部分である門戸開放と卓越性との間の微妙なバランスを保たせ、平等性と階層性を止揚してそれに対応するシステムの組織構造を発展させたのだった。消費者はまた、学校教育という手段を介したアメリカ社会への影響という面でも、改革者をしのぐ力を発揮した。これらの社会的影響は、教育市場において消費者の行動を導いた意図によるものではない。消費者はあくまで自身の個人的目的のために教育を利用しようとした。そしてかれらの行動が生み出す社会的帰結は副次的効果に過ぎなかった。個々人にとっては多くの場合、学校システムはかれら自身の目的に奉仕するものだった。より高い教育を積むことで他人に先んじることができると気づく者もいれば、そのことがかれらに競争力アップをもたらすことに気づいた者もいた。しかし学校に対する市場圧力の社会的影響力は、消費者総体にとって非常に高くつくものであった。

第６章でみたように、消費者が築き上げた学校教育システムは、社会的平等を前進させることができず、また〔階層の〕上昇移動も増大させなかった。経済成長にともない、国全体としては生活の水準と質の向上を経験したが、ヒエラルキーにおける各社会集団の相対的位置に対して、学校教育は何ら影響を及ぼせなかった。過去一五〇年間のアメリカにおける教育レベルの上昇は驚異的なスピードであったが、社会階層をシャッフルすることはできなかった。教育上の優越性をもっていた者はおおむね、かれらより下の地位にいた者と同じ幅だけ教育レベルを向上させることで、その有利さを守った。このプロセスは時とともに、全労働市場参入予定者の平均教育レベルを底上げするという効果を発揮し、それが求職時の学歴インフレを引き起こした。その結果人びとは、ただ地位陥落を避けるだけのために、学校教育にお金と時間をますます多く注ぎ込むようになった。かれらは踏みとどまるために、走り続けねばならなくなった。それゆえ教育市場の影響が積み重なった結果、二〇世紀の学校改革者の多くが達成しようと努力してきた教育目標は削り取られてしまった。それはアメリカの社会的効率を急激に失わせたのである。

学校は改革者の社会的目標の実現には成功してこなかった。そして教育消費者総体にかれらが与えた影響は逆効果を招いた。しかし、学校は自らのイメージ通りにアメリカ社会を改造するのに驚くほどの力を発揮した。社会問題を教育化することによって、我々は社会そのものを教育化したのである。

教育が社会に及ぼす影響力の源泉の一つは費用《ファンディング》である。市町村から連邦政府までどのレベルでも、驚くほど高い比率の年間予算が教育システム——就学前教育から大学院教育に至るまで——に注ぎ込まれている。親たちも学用品や家庭教師代、テスト準備費、制服代、受験カウンセリング費用などの直接費用に巨額を注ぎ込む。そしてさらにそこには、子どもがもし学校に通わなかったら稼いだであろう機会費用が発生する。

教育の影響力の第二の源泉は時間である。近代の発展した社会において教育は、ただ授業に出るということに一人の人生の一二年から二五年もの歳月を呑み込んでしまう。それに加えて学校という機関は、近代社会最大の職業集団である教師の労働を吸い取っており、さらに教育事業を支える膨大な数の補助的スタッフの労働時間もそこに加わる。

教育の影響力の第三の源泉はプロセスである。家族も政府も企業も、教育がもつ力に従い、その学年暦、学習の優先順位、学習活動、学習手続き、学校の卒業資格などを軸として自らの活動を組織化せざるをえない。教育市場が生徒たちにプレッシャーをかけて、かつてない高レベルの学校教育を追求させているのにともない、これら学校教育の社会的影響力三つのどれもが大きくなり続けている。

この社会の教育化プロセスはある面では、学校システム建設過程の意図せざる結果である。元をただせば、社会問題は各個人により解決できるという、我々の理想と信頼の制度的表現を〔学校に〕見出したい欲求がその始まりだった。しかしこのプロセスには社会的効用があった。ひとたび動き出した学校教育の拡大が、それによって強化され維持されたのである。社会の教育化は、共通の経験、プロセス、カリキュラムの言語といったものを軸に我々の社会生活を統合する。それは、さもなくば大っぴらな摩擦のタネになったであろう不平等の社会構造に、安定と正統性をもたらしている。またそれは、困難な社会問題を託すことができ、解決に失敗したときには非難の矢面に立ってくれる機関を提供することで、政府に安定性と正統性を与えている。それは、人びとの生きる寄る辺となり、雇用主の労働者選考の手がかりとなり、労働者には職業探しの道しるべとなり、遺産継承や上昇移動の手段となるような、信頼に足るしっかりしたプロセスを提供してくれている――たとえこれらのプロセスを根拠づけるもの（人的資本、個人的業績）がそれほど信頼できなくても。結局それは我々に、解決に向けて実効性のあることを実際には何一つせずに、社会問題への本気の関心を表現する手段を与えてくれているのである。したがってこの意味で、内容を形式に変換する学校の力――すべての重要な物事を学校の教科やプログラムや卒業資格に変換する力――こそが、社会の教育化の成功の核心なのだ。

学校シンドロームにつける薬はあるのか？

本書が終わりに近づいた今、私がここまで語ってきた物語は多くの読者に、アメリカの学校の未来に関して暗鬱たる展望を与えてしまったかもしれない。我々が近年課した社会的ミッションの実現に、学校システムが驚くほど無力だったことを私は本書で示してきた。初期の成功以降、学校は民主的平等、社会的効率、社会移動というその重要目標の推進にほとんど寄与しなかった。人種・階級・ジェンダーの平等を促進することができなかった。また公衆衛生の改善や経済的生産性の向上、よい市民性の形成などもなし得なかったし、一〇代のセックスや交通事故死や肥満を減らすこともできず、環境破壊を阻止することもできなかった。実際、これらの問題の改善にもっと直接的効果があったかもしれない社会改革に注ぎ込む資金やエネルギーを掠めとったことで、学校はこれらの問題にさまざまな形で悪影響を与えた。社会問題の教育化によって教育は、それがなすべきことやなしうる範囲をはるかに超えて恒常的膨張を強いられてきた。そしてその結果、失敗に次ぐ失敗の記録が重ねられたのだ。しかし同時に、本書の序章で述べた通り、アメリカの学校システムは機関として巨大な成功を収めてきた。それは小規模なものとしてアメリカ社会の周縁部から始まり、やがて我々の人生を左右し、膨大な資源を呑み込むほどのマンモス機関へと成長した。

それでは、この〔学校という〕機関に我々が託したことの実現にそれが失敗した一方で、この機関としての成功ぶりをどのように理解すべきだろうか。これに関する一つの考え方は、教育は我々が託したことを行うのに失敗したかもしれないが、我々がそれに望んだことはきちんと実行している、ということだ。我々は、リベラル思想の根幹にある個人主義にそった形で自分たちの社会的目標を追求する機関、そして個々の生徒の心、精神、能力を変革することで社会問題を解決しようとする機関を望んでいる。別の言い方をすれば、我々は、社会構造の中心部にある個人の選択という原則を侵すことなく、我々の社会的目標を表現できるような機関を欲しているのだ――たとえそれが、これらの目標達成の失敗という犠牲をともなっているものだとしても。だから教育とは市民的誇りのポイント、我々の理念の見せ場であり、そして善き生の別のビジョンをめぐる、高揚はさせるが結局は瑣末な議論に加わる媒介物として機能する。同時にそれは、我々の社会にとっての至上の願望を実現できなかった責めを負わせることのできる、都合のよい非難相手にもなりうるのである。

この意味で我々は、教育という大きな事業全体を、形式主義の実践として理解することが可能である。我々は教育に、最重要視する社会的理念に照らして差し迫った社会問題の形式的解決を求めるのだが、そこでは、これらの問題解決の試みを教育化することで、実質的というより形式的な解決法を探求していると暗黙のうちに理解されている。つまり、権力や富や名誉を分配するやり方を実際に変革しようとする解決法のかわりに、教育に提供可能な解決法――新しいプログラム、新たなカリキュラム、新制度、新しい学位、新たな教育機会――のほうをすすんで受け入れるということだ。

では、アメリカの学校シンドロームは治癒可能だろうか？　私は無理だと考える。それはあまりに深く我々の価値や伝統に侵食してしまっており、リベラル民主主義〔国家〕としての我々のアイデンティティにとって、それはあまりに重要すぎるのである。そこではつねに、平等と不平等との間に不安定なバランスを築こうとする努力が払われ、そして必然的に門戸開放と卓越性の両方を促進する学校システムがつくられる。学校システムの根本的変化――それは改革の理念の根幹である――が実際に生じるのは、我々がアメリカの文化と社会を同じく根本からすすんで変革しようとするときだけである。それは、我々のリベラル民主主義への忠誠、それに個人主義、有用主義、楽観主義へのコミットメントが失われることを意味するだろう。こうした変革は起こりそうもないため、我々の学校との関わり方にも変化は起きそうになく、学校を通して社会を改革しようとし続ける我々の流儀にも変化は起こりそうにない。

たしかにこのシステムは複雑で、ひどく非効率的であり、著しく不公平である。一方で進歩への希望を生き長らえさせつつ、他方でそれは特権を守り続ける。しかしアメリカの学校システムには、興味深くも精妙な何かがある。我々が託したことはやらないが、現になしていることに関してそれは驚くほど効果的である。学校システムは対極にあるもの同士を上手に和解させ、高級なものから低次元のものまで我々のあらゆる衝動を調停してくれる。それは我々の公の理念の表現手段となると同時に、私的な願望の実現手段をも与えてくれる。学校が変化し続けることも、同じ姿にとどまり続けることも許容する。アメリカ的生活の多くの部分をその慣習と関心事でもって組織する一方、教育システム自体は自らを忠実な公僕と任じている。それは定期的に我々を失敗に陥れるが、我々の自信を保たせもする。そして我々は莫大な公的資金および私費をそこに投入し続けている。これだけ多くの仕事を同時に行うシステムに感嘆せずにいることは、難しい。

学校改革者にとっては無益な教訓

教育をテーマとする本の締めくくりには、必ず〔教育〕システム改善の示唆を与える章があるものである。これまでの章で、なぜこのシステムがうまく機能しないのかをめぐる入り組んだ現実主義的な分析を提示してきたことなど、この際どうでもいい。〔教育書という〕このジャンルは依然として、どうすれば事態を正すことができるかをいくつかの箇条書きで示してくれる前向きの結論を要求している――〝失敗の連鎖を断ち切り、この次こそ改革を成功させるための五つの方法〟みたいな。教育懐疑論者――このシステムの精妙さと弾力性を讃嘆する一方で、その社会改良プロセスには悲観的である者――としての私は、この伝統に追随したくない。それは最後の向うみずな熱狂に身をまかせて、これまで七つの章で積み上げてきた根拠を裏切るよう私に強いるものである。

しかし実際には本書における分析からいくつか、もし学校改革者がこの教えを守ってくれたなら――極めて困難な仮定だが――これまでかれらがぶつかった問題のいくつかは回避できたかもしれない、そんな教訓を引き出すことができる。私がこれらの教訓を示すにあたって心地よさを感じている主な理由は、多くの改革アジェンダと違って、私にはそれら〔の教え〕がいかなる害悪も与えそうにないと思えることだ。なぜか？それは誰もこれらの教えに従わないだろうと私には自信をもって言えるからだ。学校システムはしっかり定着し切っており、我々とあまりにも密接に絡み合っているため、いくらかの箇条書きごときでひっくり返されることはない。以下の提案リストを、語の最も侮蔑的な意味でのアカデミックな営為として受けとってもらいたい。心配はご無用、これらは現実に起こることはない。単なる思考実験に過ぎない。

・あなたの野心を小さくしなさい。

学校改革運動にまつわる最大の問題は、かれらの野心の壮大さである。デイヴィッド・スネッデンは学校が、社会的効率を築き上げるメカニズムとして機能することを望んだ。ジョン・デューイは学校に、民主主義の萌芽たることを望んだ。ジョージ・W・ブッシュは学校が、個人的自由と社会的平等を促進することを望んだ。これらの願望通りにはならないだろう。教育の目標をもっと控え目なレベルで考えるのがふさわしいのだ。過大さはみじめな失敗か手ひどいダメージか、そのいずれかしか生まない。前者についてはデューイを、後者についてはスネッデンを思い浮かべるがよい。

・学校にできることを土台にしなさい。

学校が得意とすることがいくつかある。だから、この種の仕事に集中するのがよろしい。学校は、一連の幅広い基礎的スキル(読み書き、計算の力、分析力、思考力)や自然界や社会問題への幅広い理解力など、一般教養教育の一部をなすと我々が考える種類の広範な能力を生徒に提供することができる。学校は移民や一時滞在者やその他社会への新参者を地域コミュニティに同化させ、アメリカ社会の大きな政治・文化・社会構造へと織り込んでいくのに大きな力を発揮できる。学校は、温室的環境の中で〔異なる者同士が〕互いに相互作用するのに慣れさせることで、人種・階級・ジェンダーの壁を越えたつき合いにおける寛容レベルを引き上げることに若干の効果がある。学校は、あまり主要教科の学習に深入りせずに学校生活《ドゥーイングスクール》というプロセスを乗り切るノウハウを生徒に教えれば、制度的環境の中で自分の利益を追求するためのさまざまな対人関係術を生徒に与えることができる。そして何よりも学校は、資格授与に長けている。学校の最も重要な社会的機能は、生徒が学校教育のある特定のレベルを修了したことを学位の授与によって証明することである。これが次に、卒業者が他の労働者予備軍に伍して特定の地位をつかんでいく助けとなるのだ。その際それは、誰がどの仕事にふさわしいかを決める際によく見通しが利き万人に納得のいくやり方を、雇用主と被雇用者双方に提供しているのである。学校はそれを、生徒が受けた学校教育の量(長さ)の証明によってだけでなく、学校のランクや評判、その学校やプログラムの希望倍率などを指標として学校教育の質をラベリングすることによっても行っている。

・学校が達成不可能な目標を追求しない。

学校にうまくできないことは山ほどある。だからそれらは、学校の課題リストから外してしまうに越したことはない。学校は他者に対する我々の恐怖感をやわらげ、他者と快適に過ごす力を与えてくれるかもしれないが、しかし我々の社会構造に深く刻まれた人種・階級・ジェンダーの格差を平等化することはできない。学校教育の拡大は住民全体の教育レベルを引き上げるが、社会的不平等を縮小しはしない。同様に、学校教育は一部の個人に対して他人より優位に立つ機会をもたらしうるが、単純なロジックの必然として、その機会は誰にでももたらされるものではない。一人がまわりを出し抜くと、別の誰かが必ず没落しなければならないからだ。(誰もが平均以上の暮らしをするのはレイク・ウォビゴン(ガリソン・ケイラーの小説に登場する村の名に由来、優越性の錯覚として知られる)だけの話だ)。教育には経済成長を促す力がある――ただしそれはある歴史的地点に限って、ある特定の教育レベルのみに起こる話であり、しかもそれは政府・個々人の双方に極めて高い負担をともなった上でのことである。だから我々は教育を経済的困難に対する万能薬と考えることには、極めて慎重であらねばならない。学校教育は生徒の目を、社会問題をとりまく諸課題に向けさせようと努め、これらの問題を緩和する手助けになりうる行動を生徒に教えようと努めることはできる。だがこれらの努力が合わさっても、たとえば公衆衛生の向上や平和の促進や環境の保護といった問題の改善に寄与するところはほとんどない。これらの課題が――平等、機会、経済などと同じく――求めているのは教育的営みではなく、政治的アクションである。なにしろ政治領域のみがこれらの問題に対して大きな影響力を行使することが――たとえ普段は後ろ向きであったとしても――できるのだから。だから問いは次のようになる。我々はこれらの問題に、学校改革という手段を介した的外れで効果の薄いアプローチを続けたいのか、それとも政治的改革のメカニズムを通じて、直接的で実質的なアクションをとりたいのか。

・学校システムの上方向への拡大を後押ししない。

学校教育を通じて他人より優位に立ちたい者と今の優位を守りたい者との間の終わりなき競争の中で、消費者はこれからも、とどまることなくハイレベルの教育の門戸開放を求め続けることだろう。これは巨大な政治的圧力となり、高等教育の提供を拡大し続けるよう仕向けるが、当局者にとってこのプロセスを加速化させねばならない公共政策上の正当な理由はない。際限なく〔教育を〕拡大しても社会的流動性《モビリティ》や平等の増大には全く寄与せず、経済活性化への影響も比較的小さい。だがそれは人びとと政府もろとも貧困に突き落とすことには大きな力を発揮する。絶え間ない〔教育の〕拡大は、人びとの平均教育レベルを底上げする。それは多くの点でよいことかもしれない。それはこれまで以上に多くの人びとに、アメリカ文化や世界の高度な文化に触れ、さまざまな芸術を鑑賞する機会を与え、自身の知識の地平を広げるさまざまな方法や自己実現探究の種々の方法を学ぶ機会を提供する。その結果、我々は市民を教育漬け《オーバーエデュケート》にしてしまったとまでは言わないが、教育資格漬けにしてしまったと言えるかもしれない。この視角から言えば、この拡大が引き起こしたのは、求職者の学歴レベルが上がり続けるのに呼応して、職に就くための学歴要件を引き上げ続けたこと、これにつきる。

教育を無軌道に拡張させることは財政的に高くつくだけでなく、それは成人の生活が始まる時期を先送りする。今現在、高レベルの仕事に参入しようとする人が働き始めるのは大学院を修了してからである。これはつまり、かれらは早くとも二〇代半ばか後半になるまで生産活動に加わることも、家庭を築くこともできないということである。こうして人生の開始時期が引き延ばされたが、開始年齢は今も上がり続けている。すべての者がカレッジに行く必要があるのだろうか？　誰もが大学院まで行かなければならなくなるのだろうか？　我々はそのすぐそばまで来ている。個人の視点に立てば、答えはイエスである。なぜなら、もしあなたが自分の親よりも相当に高い教育程度を獲得し続けなければ、あなたは確実に仲間たちに後れをとり、社会の階梯をずり落ちていくだろうから。社会構造的視点に立てば、答えはノーである。なぜなら社会的コストは高く、社会的効用は控え目と取るに足らないものの間のどこかだからだ。

・改革者でなく消費者がシステムを動かしていると考えよ。

アメリカの学校改革に関する本研究の教訓の一つは、システムの主要な変革を引き起こしたのは教育改革者でなく教育消費者だったこと、これである。つまり改革者には、消費者が行ってきた運動や努力の上にかれらの運動を築くようアドバイスしてやるのがよい、ということだ。消費者のうねりをせき止めるのでなく、かれらがつくり出した波にうまく乗るよう努めるというわけだ。二〇世紀の最も大きな二つの改革運動――管理行政的進歩主義と標準化の推進（『中等教育の根本原理』と『危機に立つ国家』）――における最重要目標は社会的効率だったが、それは学校と社会のいずれの形成にもあまり影響を与えなかった。それどころか行き着いた先は、必要以上に多くの大学院修了者を生産する、驚くべき非効率的なシステムだった。

しかしごく最近の〔教育〕運動に見られる傾向は、長い間ずっと消費者の信条であった社会移動にまつわる論議を、学校改革者がとり上げ、自分たちの目的に利用するようになったことである。この傾向は人種隔離撤廃運動から始まった。そこでは消費者の権利が、変革論議の主要な焦点となった。そしてその後、二〇世紀末に標準化運動と学校選択運動がどちらも同じ議論を採用し、それをかれらの改革アジェンダに取り込むのを我々は目撃した。かれらの主張は、底辺層の人びとが標準化運動や学校選択運動によって、富裕層が享受してきたのと同等の学校学習の質や同レベルの選択の自由を手にできるようになるだろう、というものだった。消費者に歩調を合わせることは、たとえ学校や社会に何一つよいことがもたらされなくとも、これらの改革運動の影響力を高めるかもしれない。

・学校教育の内容ではなく形式に焦点を絞る。

本研究のもう一つの教訓は、学校教育がもたらす社会的影響の多くは、これまでそうであったように、主として学校システムの形式に由来するものであり、その内部で生じる主要教科の学習内容から来るものではなかったということである。学校システムの形式に関して鍵となるファクターの一つめが門戸開放である。アメリカの学校教育の中心問題であり、またその主要な影響力の源泉となったのはおそらく、学校システムのすべてのレベルで社会の全域に開かれたその驚くべき開放性だった。もう一つのファクターは優越性である。このシステムは生徒を振り分け、かれらに能力レベルの高低を証明するレッテルを貼るのに長けている。第三のファクターは経験の共有である。この効果は、上級レベルの学校が能力や社会的背景で生徒を振り分けるやり方によって薄められてきたが、それでも下級レベルの学校は、市民を形成し、新参者を同化し、共通のアメリカ文化のコアを形づくるのに主要な役割を果たしてきた。第四のファクターは学校のプロセスである。高くない学力基準に長いこと誇りをもち続けてきたアメリカの学校教育において、カリキュラムの学習がその主要な機能だったことは一度もなかった一方で、学校のプロセスははるかに大きな役割を果たしてきたのである。アメリカ人は学校をうまくやり過ごす方法をよく学んだ。そしてその途上で、同輩と相互作用したり権力と渉りあったり制度的環境の中で自己利益を追求するためのいくつかの有用なスキルを身につけていったのである。

しかし第五の、そして最も重要なファクターは資格の付与である。これは長らく、学校システムの最も影響力のある社会的産物である。それは独自の形態の文化的貨幣——進級、単位、学位——を生み出し、そして独占的にこの貨幣を分配してきた。その過程で学校は自己のイメージにおいて社会を再編し、家庭生活と経済生活を学校システムの付属物へと変換させた。もし改革者が学校と社会に対して何がしかの影響を与えたいと思うならば、学校システムの形式こそが社会的に有意な変化——プラスであれマイナスであれ——を引き起こす鍵となる媒体であることを認識する必要がある。カリキュラムの手直しはもうやめよう。そして学校システムの形式とプロセスの手直しに集中しよう。

・自分には正しい答えが分かっていると思わない。

本研究のもう一つの教訓は、改革者は一般に、学校と社会を本当に改善するような政策にたどりつくのに必要な情報と専門性が不足しているということである。改革者は実践の中心でなく、権力〔構造〕の中核的ポジションを占めることが多い。これはつまり、かれらが学校教育と授業実践の場である教室からはるか遠ざけられているため、現場で何が起こっているかを見届けたり、このシステムが実際にどう機能しているかを低い目線から知ったりできる位置にいないということである。その結果として改革者は、学校教育に関して抽象的・理論的に過ぎる類の知識を発展させる傾向にあり、それがかれらが打ち出す教育政策のベースを形づくる。

これらの学校理解のモデルに欠けているのは、学校教育をめぐる具体的・実践的な知識——学校システムにおいて第一線職員として働く教師たちの実践の中では健在な知識である。この種の現場に埋め込まれた実践的知識を考慮しなければ、改革者が打ち出す政策は機能せず、有効な実践の破壊者としてかれらを警戒する教師たちによって採り入れられず、最悪の場合には遮二無二実行に移され、その途上で教室の繊細な教授・学習環境全体を破壊してしまうだろう。この教訓から学ぶということは、改革者は、デイヴィッド・タイヤックとラリー・キューバンが著書『ユートピアへの手直し』で提案していた次のような戦略に従わなければならないということである。あらゆる改革運動の中に、教師や学校が改革を各々の現場の条件に合わせることができる余地を組み込みなさい。それはすなわち改革者が、その改革を少しの変更も加えないまま実行に移そうとするのでなく、それぞれの現場の環境に合わせて柔軟に適用する余地を残しておくということだ[12]。

・悲観論者たれ。

学校改革者に関して特に危険なことは、かれらが自分の分析の正確さを過信しているばかりでなく、かれらの改革が学校と社会にとって有益なものであると過度に楽観していることである。改革者は学校システムの現状について最悪の状態を想定しがちであり(「何をやっても改善につながる」)、かれらが提唱する変革の効果に関しては最善の想定をしがちである(「この変革はプラスになるにちがいない」)。それよりも悲観論者になったほうがよい。自分はただ間違っているだけかもしれず、改革は実際には事態を悪化させるかもしれない、と考えてみよう。

改革者にとってそれは、確信がもてないときに訪れる警告に耳を傾けよ、という示唆である。もし可能ならば善をなせ。だが最低でも災いとなることをしないよう努めよ、というわけだ。実践に落とし込んだときこれが、アイデアが実験の場で機能するかどうか慎重に見極めることから始めるよう改革者を戒める。そうすればかれらは、現場での実践との相互作用から学び、自分の政策をより効果が高まり被害が少なくなるよう微調整することができるようになる。そのような関心事を心に留めた改革者は、上からの命令に素早く応答できるよう学校システム組織の緊密性を高めようとするなどということに手を染めたりせず、逆に組織の緩やかな連結を守ろうとする。緩やかな連結こそ、改革が破滅的なシステム破壊を引き起こす可能性を防ぐ安全装置なのである。最後に、ジェイムズ・スコットが『国家の目線で見る』の中で社会計画論者に対して示唆したように学校改革者は、最悪の事態が到来したとき改革から撤退し、これまで行ってきた変革を白紙に戻すことで恒久的ダメージを回避する道を確保しておくため、プランBを用意しておくべきである。

学校システムの弾力性

もちろん、これらのどれ一つとして実現はしないだろう。これまで見てきたように、アメリカの学校システムは弾力性が非常に高い。それは改革者による学校変革の最良の努力にさえ抵抗できるだけでなく、私のような人間が改革者の仕事ぶりを変革しようとする試みにさえも抵抗を示す。まともな改革者なら誰も、私がここで提案したような弱腰で自己否定的な学校変革へのアプローチをとろうとしないだろう。改革者の中で、その野心を縮小し、学校に可能なことに焦点を絞り込み、自分が間違いを犯す可能性を頭に入れ、害になることを行うのを恐れるような者に対しては、ある称号が進呈される。「負け犬」である。学校改革者とは、特定の政策について支持を集めるのが仕事であり、「大風呂敷を広げるな」や「我々には不可能かも」などといった旗印のもと結集するよう支持者を説得することなどはできないだろう。もしためらいがちなトーンで話したり、批判の正しさを認識していたり、失敗に備えた計画をしていたりしたら、確信を生みだすことはできないだろう。

だから改革者は人前でしゃべるときには、(静かに自省している状態で)内心思っているよりも確信に満ち、断定的に、単純化した話し方をする必要があると感じている場合が多い。あるいはかれらは、難問を解決してくれるという触れこみの改革アイデアをまず自分自身が信じ切る必要があり――期待の大きさと問題の深刻さの双方が、そのアイデアを批判的に見つめ直すことから改革者を遠ざける――、その上でようやくそれを熱意をもって大衆に売り込めるのだ、と強いて考えようとしているのかもしれない。あるいはかれらには全く懐疑の念というものがないのかもしれない。これまで見てきたように、単純なアイデアがその未来像のイデオロギー的明快さゆえに、より複雑な考えをさしおいて改革運動の前面に躍り出てしまうことがよくある。どんな場合であれ私のアドバイスに従うと、どんな改革運動も始まる前からお先真っ暗になってしまう。

改革者が考慮に入れるべきことの一つは、効果の有る無しにかかわらず、かれらが学校と社会に非常に大きな影響を及ぼす活動に関与していることの自覚である。善いことをしたいというかれらの願望のほうが害悪を及ぼしたくない気持ちより強いとすれば、学校改革の研究から私が引き出した教訓に準拠するのはまずい戦術である。なぜなら、そうすることは、自己の正しさをもっと強く確信している別の改革者たちの出番を増やしてしまうだけだからである。そしてこれらの教訓を改革運動に採用することは下手な戦術であるだけでなく、戦略的にもまずいものだ。

教育の形式のほうがその内容よりも重要であるという考えをもつとは、このシステムの正統性の原理的な基盤を否定することである。我々がすすんで学校システムに大量の時間とお金と社会的エネルギーを投じるのは、それが我々の若者たちを教育し、生徒と社会双方にとって有用な知識をかれらに提供してくれるからである。私が今ここでやっているように学校教育の社会的機能に占める主要教科学習の重要性を否定し、そしてシステムの最も顕著な社会的産物は学習ではなく資格授与であると宣言するのは、このシステムの教育機関としての中心的根拠に背くことだ。この根拠が失われればこのシステムは、我々が一群の有用な知識を習得した証し――本当は単に学校で一定の時間を過ごしただけなのに――として皆が受け取るようになった、達成の貨幣《トークン》を供給する詐欺的機関のようになってしまう。学歴市場が親や生徒、雇用主や被雇用者にとって機能するのは、学歴の交換価値が知識の習得という使用価値を表わすというフィクションの維持に、誰もが合意している間だけである。それは一つのゲームであり、その成立は、学位が実体を表示し、学校が教育を促進し、何を学んだかが重要だという確信を、ゲーム参加者のすべてが維持するかどうかにかかっている。もしそれがなくなれば、仕事を与え、機会を探求し、業績に報いるというこの国で行われているプロセス全体がいんちきになってしまう。容易に理解できるように、改革者は誰もそうなることを望んでいない。

これらの教訓を実行に移す者は誰も出てこないという予想の根拠になる、もう一つの側面に触れておきたい。学校改革に対する悲観的なスタンスは、アメリカンドリーム実現の中心的手段を掘り崩してしまうということ、これである。よい仕事がほしければ、高い教育を受けなさい、という格言は我々誰もが知っている。手段としての学校教育がなくなれば、アメリカ社会で出世するチャンスは瞬く間に遠のいてしまうだろう。結局、我々の子どもの未来に対する希望の高揚は、かれらの教育レベルの向上と結びついている。しかしながら教育の向上がスキルの上達を表わすのでなく学歴インフレーションに過ぎないのであれば、そしてその結果が上の階梯への移動ではなくライバル間での仕事の奪い合いでしかないのだとすれば、社会移動の物語は暗転する。特に、教育機会の拡張をスローダウンせよという私の提言は――とりわけ博士号をもつ男の口から出た言葉として――無慈悲なものと受け取られるならまだましで、最悪の場合インモラルだと見なされるだろう。まるで自分はしっかり関門をクリアしたあとで機会の扉を閉めてしまうことで、教育システムの最高学歴の希少性とその価値を守ろうとしているのだ、と疑われかねない。その結果もたらされる構造は、スネッデンの「庶民のための学校」構想〔高度な教育は将来指導的地位に就く一部の者だけで十分とするスネッデンによる極論〕と危険なほどに似通っているようにも思える。

高等教育の拡張を抑え込むことは米国の政治文化から考えて、端的にありえない。そしてそうすべきだと提案することは政治的自殺行為である。だからそうならないだろう。だが――この非現実的な思考実験の一環として――現在の〔教育〕拡張のパターンが我々をどこに連れていこうとしているか考えてみよう。修士課程に進むことが当たり前になり始めている。これはもう既に生じている。こうなれば博士課程への門戸拡大の圧力が大きくなるだろう。博士課程は教育における特別な優越性のための新たなゾーンになりつつある。すると我々はこの需要に応えるため、新たな形態の博士学位プログラムを導入する必要に迫られるだろう。こうしたことを大学は(つねに新たなマーケティングの機会をうかがっているので)すすんでやろうとする。こうなったときには当然、職場に大量流入してきた博士号取得者と差をつけたいと思う一部の人たちから、(現在のところアメリカの高等教育における最終の学位である)博士号をさらに超える学位への需要が生じてくるだろう。この現象は既に科学部門の学位取得者に、現実に起こっている。かれらはアメリカの大学で教授職を得るためには、さらなるポスドクのポストを経由しなければならない。我々は多くのヨーロッパの大学がとった方向に行き着くかもしれない。そこでは教授職に就くことを希望する者はまず博士課程をおえ、次に教授資格論文と呼ばれる第二の博士論文を準備しなければならない。これは事実上のスーパー博士号である。このおかげで研究者は、準備的教育機関を修了する前に三〇代に突入してしまっている。

政治的意志はこの方向に向かう我々にストップをかけそうにはない。だが、より実践的な考察にはいくらかの意味があるだろう。その理由は、どのシステムでも高レベルになるほど教育プログラムのコストが、政府にとっても消費者にとっても爆発的に増大するということである。二〇世紀の第4四半期には既に抵抗が明らかに出現していた。この時期に高等教育への在籍率の伸びにかげりが見られた。というのは財政的制約を抱えた州政府がこの部門への予算増額をしぶり、その結果としてコスト負担が消費者に転嫁され、高額な学費や学生ローンとなってのしかかったのである。さらなる増税やローン負担増大という見通しは市民‐消費者たちに作用し、高等教育進学率の拡大に待ったをかけるだろう。しかしながら、学校教育の価値に対するアメリカ人の信仰は極めて強いため、我々は、出世の夢を維持し転落の悪夢を避けるため、この増える一方の重荷をどうにかこうにか背負い続けていくことにやぶさかでないようだ——たとえこの巨額の投資に対する社会的効用が小さいものだとしても。費用の問題は学校教育の拡張を鈍らせはしても、止めることはなさそうである。

その核心部において学校シンドロームは、アメリカ人が教育という魔法の手段を使って二つの物事を〔同時に〕強引に行おうとしている点に由来する。我々は学校に対して、社会としての至高の理念を表わすことを望むと同時に、個人としての最大限の願望をそこに表わそうとするが、しかしそれは、学校が実際にはそれら双方をうまく実現できないままでいる限りにおいての話だ。なぜならこれら二つの目標が互いに相容れないものであることを本当は直視したくないからである。我々は一方で学校に平等を促進することを託しながら、他方で特権を守ろうとする。だからこの国の学校システムはいつになっても、対極の立場の間のバランスをとるのに忙しく、子どもの学習の促進にまで手が回らないでいる。我々はあるレベルではこのシステムを包摂的にすることに集中しながら、その一つ上の次元では排除的なものにしようとしている。それは、門戸開放と卓越性という両方の需要をたしかに満たすのがその目的だからである。その結果このシステムは一方で、学校を改革することで社会を改善するという夢の追求へと誘い続けながら、他方でこれらの目標を達成するための力量を形成するのを抑圧し続けている。それは我々を、教育拡大と学歴インフレーションのスパイラルに閉じ込め、それによってこの社会の資源は空費され活力は消耗している。そして我々はこのシンドロームに対して、単純な処方箋は見出すことができない。なぜならば、教育に託したある目標を他方の目標のために犠牲にするようないかなる治療法も受け入れられないからである。我々は両方とも手にしていたいのである。

（1） これは私が前に刊行した本のタイトル（Labaree, 1997）であった。

（2） 私が初めて社会問題の教育化という概念に出合ったのは、ベルギーのルーベン・カトリック大学にて開かれた「教育の規律の哲学と歴史」という研究グループの会合においてである。Smeyers and Depaepe (2009) を見よ。

（3） 教育による社会問題の解決を模索する我々の傾向の中心にあるのが個人主義であることに気づかせてくれた、私の同僚であるフランシスコ・ラミレス氏（Ramirez, 2008b）に感謝する。

（4） Gordon (2008).

（5） March (1975), p. 5.

（6） Bridges (2008), p. 466.

（7） Bridges (2008), p. 463.

（8） Elmore and McLaughlin (1988), p. 36.

（9） Bridges (2008).

（10） Meyer (1977); Meyer and Rowan (1977); Meyer and Rowan (1983).

（11） これは一世紀前にエミール・デュルケームが、一千年に及ぶヨーロッパ史上の教育思想の発展に関する研究の中で述べていたことである。「こうして、わたくしがしばしば読者の注意を喚起した法則——実際、それはわが国の学校発展を支配した——は説明される。この法則とは、八世紀以来われわれが常に教育上の形式主義を次から次へと移りながら、それから脱することができずにいることである。時代の推移とともに形式主義は文法的なもの、論理的なもの、あるいは弁証論的なもの、更に文芸的なものと変わりはしたが、形はいろいろ異なっても常に支配したのは、形式主義であった。わたくしは、以上によって、この時期を通じて教育とはつねに生徒に対して実証的な知識や一定の事物に関するできる限り適切な概念を与えることではなく、ある時は論議の技法、ある時は表現の技法と、全く形式的な技巧を授けることを目的とするものであったと解している」。Durkheim (1938/1969), p. 280.〔デュルケーム著、小関藤一郎訳『フランス教育思想史』行路社、一九八一年、五五八～五五九頁〕

（12） Tyack and Cuban (1995).

謝辞

これまでの私の著作物の大半と同様に、本書の出所は私の教師としての仕事、特にこの六年間にわたりスタンフォード大学教育学部で教えてきた、米国の学校改革の歴史に関するクラスにある。クラスで教えるとき私は、授業トピックの周辺にある諸問題をめぐる物語を、参考文献をタネにしてつくり上げねばならない。そして、しばし構想に取り組んだあと、私はそれが文字化に耐えうるものかどうか吟味する必要がある。授業で話している段階ではアイデアを展開させる余地が残されているが、活字になってしまうと、そのアイデアには批判的吟味に耐えうる力が求められる。学生によく話すのだが、教室でアイデアを話すのは風呂場で歌を歌うのに似ている。そこでは上手に聞こえるかもしれないが、真価が問われるのはレコーディングスタジオでだ。私は本書が試練に耐えうることを望んでいる。

本書の完成のために手助けをしてくれた数多くの同僚と学生たちに感謝している。スタンフォード大学の私の学生たちは驚くべき忍耐強さをもって、アメリカの学校教育の本質や学校改革の限界、教育消費主義の持続性をめぐる試行錯誤、悪戦苦闘しながらの私の議論につき合ってくれた。また同じように、学内外の私の同僚や仲間たちも大変協力的に、私の思考を刺激し、質問に答え、アイデアに反応し、私が本書で述べている物語に対して、とりわけ建設的なコメントをしてくれた。これらの人たちの名を挙げるならば、まず何人ものスタンフォード大学の同僚たちである。デイヴィッド・タイヤック、ラリー・キューバン、ミッチェル・スティーヴンス、チャイキィ・ラミレス、リー・ゴードン、デニス・フィリップス、そしてレイ・マクダーモット。さらにアメリカ各地にいる教育史学者・教育社会学者たち。すなわち、ジェフ・ミレル、クレオ・チェリーホルムズ、ビル・リース、トム・ポップケヴィッツ、ニック・バーブルス、マイケル・カッツ、ノートン・グラブ、グレン・アダムス、ラニー・グイナー、そしてレイ・フェンドラーの諸氏。そしてヨーロッパにいる仲間たち、ダニエル・トレーラー、フリッツ・オスターウォールダー、マーク・デパペ、ポール・スメイヤーズ、ジャン＝クロード・クロワゼ、そしてジョン・トルフィ・ジョナソン。一冊の本ができあがるには多くの人の力がなくてはならない。

この数年間、私は本書の中のいくつかのアイデアをさまざまな学術会議などの場で提起し批評を受ける好機にめぐまれた。たとえば全米教育学研究協会、教育史学会、全米社会学会の年次大会などはそうした場である。またもう少し小規模の集まりもそこに含まれる。たとえばベルギー・ルーベンのカトリック大学における「教育における規律の哲学と歴史に関する研究班」の年次大会、あるいはスイス・チューリッヒのペスタロッチ研究所主催の「共和主義と非共和主義の想像力」に関する学術会議、そしてスイス・アスコナのコングレス・ステファノ・フランチーニにて開かれた「学校の世紀」に関する学術会議、ベルン大学にて開かれた「近代の学校と教育」に関する博士課程学術コロキアム、そしてオンタリオ州キングストンのクイーンズ大学教育学部における講義などである。

デイヴィッド・タイヤック、ラリー・キューバン、そしてノートン・グラブは本書の出版計画案に対して詳細なフィードバックを与えてくれ、議論の枠組みをつくり出す糸口を私が見つけるのを助けてくれた。デイヴィッド・タイヤックは本書全文の最初の草稿に対して厳しいコメントと提案をくれた。ミッチェル・スティーヴンスは大変ありがたいことに、本書の第一草稿と第二草稿の双方に対して洞察に満ちたコメントを与えてくれた。こうした同僚たちが費やしてくれた時間、労力、建設的なコメントに対して私は大変深く感謝している。ハーヴァード大学出版局の担当編集者であるエリザベス・クノールはこの数年の間ずっとこのプロジェクトの賢明な相談相手であり、強力な支援者であった。デボラ・スティペク学部長が研究休暇を認めてくれたおかげで私は本書の執筆完了に必要な時間をとることができた。そして私は、本書が完成するまでの苦しい道のりの間妻のダイアン・チャーチルから受け取った寛容と愛と援助に対して、深く感謝している。

最後に私は、スタンフォード大学教育学部の二名の名誉教授が示してくれた研究上のお手本、かれらの友情や支援に対して感謝の意を表わしたい。デイヴィッド・タイヤックとラリー・キューバンの存在は、七年前に私がスタンフォードへの移籍を希望した第一の理由であった。私は何年もの間かれらの仕事をたたえ、利用させてもらってきた。そして気づいてみれば、これまで一〇年にわたり両氏が一緒に教えてきた学校改革の歴史に関するクラスを引き継ぐという素晴らしい立場に私はいた。かれらはこの教室での経験をもとにして、今でも影響力のある著書『ユートピアへの手直し』を書いた。そして私自身のこのクラスでの経験をもとに、私は本書『教育依存社会アメリカ』を書いた。本書はこの二人の愛すべき同僚にして友人に捧げられる。

本書の中のいくつかの文章は既出のものである〔以下のリスト参照〕。修正の上、本書への再録を快く許諾してくださった版元に御礼申し上げる。

Labaree, David F. 2000, "On the nature of teaching and teacher education: Difficult practices that look easy," *Journal of Teacher Education*, 51(3), May, pp. 68–73. セイジ出版社(Sage Publications)のご好意による転載。

Labaree, David F. 2004, "Teacher ed in the present: The peculiar problems of preparing teachers," in *The trouble with ed schools*, pp. 39–61, New Haven: Yale University Press. イェール大学出版局(Yale University Press)のご好意による転載。

Labaree, David F. 2008, "Limits on the impact of educational reform: The case of progressivism and U.S. schools, 1900–1950," In Claudia Crotti and Fritz Osterwalder (eds.), *Das jahrhundert der schulreformen: Internationale und nationale perspektiven, 1900–1950*, pp. 105–133, Bern: Haupt. ハウプト社(Haup Verlag)のご好意による転載。

Labaree, David F. 2008, "The winning ways of a losing strategy: Educationalizing social problems in the U.S.," *Educational Theory*, 58(4), November, pp. 447–460. ジョンウィリーアンドサンズ社(John Wiley and Sons)のご好意による転載。

Labaree, David F. 2009, "Educational formalism and the language of goals in American education, educational reform, and educational history," in Paul Smeyers and Marc Depaepe (eds.), *Educational research: Proofs, arguments, and other reasonings*, pp. 41-60, Dordrecht: Springer. シュプリンガー科学ビジネスメディア(Springer Science and Business Media)のご好意による転載。

Labaree, David F. 2009, "Participant in moderated discussion of the film 2 Million Minutes," *Comparative Education Review*, 53(1), pp. 113-137. シカゴ大学出版局(University of Chicago Press)のご好意による転載。

Labaree, David F. 2010, "What schools can't do," *Zeitschrift für Pädagogische Historiographie*, 16: 1, pp. 12-18. チューリッヒ教育大学(Pädagogische Hochschule Zürich)のご好意による転載。

訳者解題――あとがきに代えて

倉石一郎

訳題『教育依存社会アメリカ――学校改革の大義と現実』と本書のねらい

本書は、David F. Labaree, *Someone has to fail: The Zero-Sum Game of Public Schooling*, Harvard University Press, 2010 の全訳である。原題を直訳すれば『誰かが必ず蹴落とされる――公教育のゼロ・サムゲーム』となる。fail は学業上の失敗と下の階級への転落の連動的発生を意味し、意に反して“fail”するのでこの場合、受動態にするのが適切だろう。また社会全体が“success”すること、つまり誰もが学業達成を高め上への階層移動を遂げることは社会構造上ありえないのが「ゼロ・サム」構造であり、だから「誰かが必ず」蹴落とされるというわけだ。この論点はたしかに本書の重要なモチーフの一つだが、すべてを端的に言い表わすものとしては少し弱いように思う。本書を特徴づけるのはよい意味での「緩さ」、本文中のキーワードで言えば緩やかな連結(loose coupling)であり、一つの論点を核に全体がガッチリ緊密に結びついた作品ではない。それゆえそのものズバリのタイトルがつけづらいが、訳者なりに勘案して『教育依存社会アメリカ』を訳題とした。原題よりもこの本の中心的主張をうまく写し取ったのではないかと自負しているが、その理由説明のためにも、まずはこの作品の概要をおさらいしてみよう。

本書は二〇〇年に及ぶ米国の公立学校史を繙《ひもと》き、その歴史を彩る五つの重要な学校改革にスポットを当てている。第一が一九世紀初め、合州国の礎づくりのため取り組まれたコモンスクール運動、第二に新移民と急激な産業化の波が押し寄せる二〇世紀初頭の進歩主義教育運動、第三は公民権運動を背景に取り組まれた学校の人種隔離撤廃など黒人と白人の平等化をはかる運動、第四に「基礎に帰ろう」を合い言葉に教育内容の標準化、共通テストの導入をはかった標準化運動、そして最後が学校を選択の対象とし競争にさらすことで教育の活性化をねらった学校選択運動である。[1] しかし著者によればこの五つの改革運動のうち、掲げた目標を達成し成功したのはコモンスクール運動のみであり、それ以降の学校改革はすべて失敗に終わっているという。進歩主義運動についてはジョン・デューイの名に象徴されるように、日本でも多くの研究者がその全貌を解明しようと情熱を傾けているが、その影響は教育を語るレトリックには大いに及んだものの、教授法や子どもの学び方に与えたインパクトは極めて限定的だったと著者は喝破する。また人種隔離撤廃・黒人解放の運動も、その結果黒人に教育機会の門戸が広がる一方、白人は有利な立場を守るべくさらに上級トラックや上位学校に大挙進学し、結局は学歴インフレを招いただけで不平等は解消しなかった（だから「誰かが必ず蹴落とされる」）。それに対し現在進行中の標準化運動と学校選択運動は、過去の改革の失敗に学び、その轍を踏まないよう巧妙な仕掛けをもって挑んでいるので手ごわいが、最後はアメリカ特有の学校組織構造がこれらの現場への浸透を阻止する可能性が高いだろう、というのが著者の見立てである。

こうした二〇〇年の米国の学校改革史を縦糸にする一方で本書は、それらを横断的に分析する概念装置として学校改革を駆動させてきた理念に注目し、それを歴史叙述にクロスさせている。「民主的平等（democratic equality）」、「社会的効率（social efficiency）」「社会移動（social mobility）」の三つである。このうち、米国学校改革史上唯一の成功例であるコモンスクール運動が掲げたのが民主的平等であり、進歩主義教育運動のスローガンになったのが社会的効率であった。マイノリティの解放をめざした人種隔離撤廃運動も民主的平等の価値にコミットしていたが、とき既に二〇世紀後半、学校はアメリカ人の人生設計に深く食い込み、学校と社会の関係は一筋縄ではいかなくなっていた。誰も表立って口にするのをはばかるが、次第に多くの人びとの心を着実にとらえていった第三の因子、それが社会移動である。そしてここに新たに立ち現れたのが、学校の動向を左右するモンスターにして最終勝利者、消費者の存在だった。それまでは立脚する視点が政治であれ経済であれ、学校に託す人びとの理念は個人の利害を超えて全体に及ぶ公共的なものだった。アメリカ人は長く私的欲望や利益追求の手段として学校を見なしていたが、そのことは胸中に隠されていた。それが政治的・経済的視点の後退とともに、次第に大っぴらに語られるようになったのだ。一九五四年のブラウン判決の判決文にさえ、公教育を私的財と見なす考え方の浸透がみられたのだ。その流れは、マイノリティなど排除された人びとの消費者としての不満を背景とする学校選択運動の高揚として、二一世紀まで受け継がれている。一方、レーガンからオバマまでの歴代連邦政府の教育政策の基調とも重なる標準化運動は、著者によれば社会的効率のロジックを現代に蘇らせるものであったが、それだけでは多くの共感を呼び起こすには至らなかった。結局はアクセスの平等という餌をまき消費者マインドに訴えることで、ようやく人心を摑んだのだった。

米国の学校に対する著者のスタンスは、愛憎半ばするアンビバレントなものである。学校は一面では何一つなし遂げることができず、失敗を続けている。建国初期のコモンスクールが当時の社会危機に果断に対処したのを唯一の例外として、学校は子ども中心の学びも、人種間の不平等・差別解消も、非行やドラッグやいじめの撲滅も、公害や環境破壊の防止も、貧困や失業問題の解消も、何一つ実現してこなかった。にもかかわらず、人びとは相も変わらず社会問題の解決を学校に期待し、小手先の学校いじり(tinkering)に熱中する。本書ではこれを社会問題の「教育化(educationalization)」と名づけている。際限なく繰り返されるこの依存症的パターンは、本書で「学校シンドローム」と名づけられている。ところが著者は、半面ではアメリカの学校は「結構よくやっている」と評価してもいる。第7章で、学習する(doing studies)のか、学校する(doing school)のか、あるいは勉強家の育成(creating scholar)か、敏腕家の育成(creating hustler)かという対立軸を立て、この「よくやっている」面が浮き彫りにされている。doing schoolとは、学業以外のさまざまなこと、たとえば部活動やアルバイトや社交や生徒会活動に打ち込む中で、生徒が「優先事項の調整のし方、仲間や目上の人と効果的に関わる方法、自身の個人的な目的達成に資するよう組織とつき合う方法」(二三九頁)を自然と身につけていくことである。万人にアクセスが開かれ、要求学力水準が低いというアメリカの学校の特質、つまりその「緩さ」が、正にこの意味で美点として賞賛される。そこが「誰でも受け入れ、失敗しても罰したりせず、復学し再挑戦する機会をさまざまに与えている」(二三八〜二三九頁)場所だからこそ、アメリカの生徒はのびのびとdo schoolできるのだ。そしてこの美点を歴史的にずっと支持し続けてきたのが、改革者よりも消費者だったという指摘は実に興味深い。

だから教育依存は、改革者、消費者という学校変革を駆動させてきた二大エージェントのどちらにもあてはまる現象なのである。ただし改革者サイドの「依存」は、著者のシンドローム（症候群）という概念に集約されているように、学校の身の丈に合わない無理難題を押しつけては失敗を繰り返すという愚かしさの側面が強調されている。それに対して消費者の側での「依存」には、アメリカの学校がもつ長所をかれらが敏感に察知し、場をフル活用して人生に対する備えを抜かりなくやっているという、抜け目ないしたたかさを肯定するニュアンスがこもっている。たしかに依存しているのだが、水心あれば魚心という絶妙のとり合わせを表現してもいる。こうした学校と社会をとりまく複雑で多様な状況を一言であらわしたのが、私たちの訳題『教育依存社会アメリカ』である。

著者ラバリー氏の横顔――スタンフォード大学という「山脈」に位置づけつつ

このように、教育研究書としては異例のウィットと毒にあふれた（それゆえ誤読の危険も含んだ）作品をものした著者は一体どのような人物なのだろうか。ここでラバリー先生の横顔、その業績を紹介しよう。

デイヴィッド・L・ラバリーは一九四七年生まれ、ミシガン州立大学を経て現在スタンフォード大学教育大学院リー・L・ジャック特待教授の地位にある。ホームページの自己紹介によれば、「私は社会学的志向をもつ教育史学者（sociologically oriented historian of education）[2]」だということである。ラバリー教授はこれまで六冊の単著を出版しており、本書『教育依存社会アメリカ』は現在のところ二番目に新しい著作である。そのほか多くの共著、論文がある。

1988　*The making of an American high school: the credentials market and the Central High School of Philadelphia, 1838-1939*, Yale University Press

1997 *How to succeed in school without really learning: the credentials race in American education*, Yale University Press
2004 *The trouble with ed schools*, Yale University Press
2007 *Education, markets, and the public good: the selected works of David F. Labaree*, Routledge
2010 *Someone has to fail: The zero-sum game of public schooling*, Harvard University Press（本書）
2017 *A perfect mess: the unlikely ascendancy of American higher education*, The University of Chicago Press

ラバリー氏（左）と倉石

このうち、一九八八年刊行のデビュー作『アメリカのハイスクールの形成』はペンシルヴァニア大学に提出された博士論文を書籍化したもので、米国教育史学会優秀図書賞を授与されるなど高く評価されている。この作品は、フィラデルフィア最初の公立ハイスクール・セントラル高校（本書でも言及されている）に焦点を絞り、学校のカリキュラムや生徒の出身階層などの変化を詳細に跡づけ、学校の性格の変容を浮き彫りにした手堅い実証研究であったが、アメリカのハイスクールを「政治と経済的市場との持続的葛藤」の相でとらえる視角は、のちの『教育依存社会アメリカ』での議論にもつながっている。二冊目の『本当に学ぶことなく学校で成功する方法』（一九九七年）はラバリー最大の問題作であるが、アメリカ教育史を繙き、知識の学習よりも卒業証明書や学位の獲得が重要な意味をもつ場に学校が変容していった軌跡をスリリングに解き明かしている。教育は個人の栄達（advancement）の手段か、それとも社会全体に政治的・経済的効用をもたらす公共物かという基本的問いは、そのまま本書に引き継が

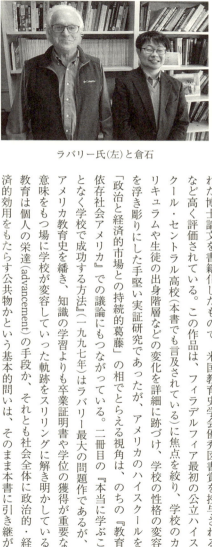

れている。二〇〇四年の『教員養成機関の困難』は、米国の教員養成論に歴史的視点から一石を投じたもので、ラバリーの関心の幅広さを物語っている。二〇〇七年の『教育・市場・公共財』は単行本未収録の重要な論文を集めた論文集であり、いかにラバリーが注目される存在であるかを示している。最新作の『完全無欠の混乱』(二〇一七年)は著者初の高等教育論である。高等教育のあり方はアメリカでも重い課題だが、ここでも飄々としたラバリーの語りは健在で、山と積まれた「大学問題」が歴史家の鮮やかな手つきで文脈化され、また脱構築されている。

本書は本邦初のラバリーの翻訳書であるが、単発の論文としてはすでに「脱出不能――公共財としての公教育」[3]が荒川英央氏の訳によって二〇〇〇年に日本の読者に紹介されている。ホワイトフライト現象に象徴される白人中産階級の公教育への態度変容を、意見表明(voice)から離脱(exit)への変化として摑み出す一方、たとえ私学に走っても公教育からの「脱出」は実は不可能なのだというどんでん返しが用意されている。この小論を平明な文章で見事に訳し、日本に知らしめた荒川氏の先駆的仕事に心から敬意を表したい。

さて、本書のもつもう一つのもち味は、ラバリーを通じて、彼の背景にありその仕事を支えているスタンフォードの知的共同体の存在感を味わえることではないだろうか。冒頭のD・タイヤックとL・キューバンに捧げられた献辞から「謝辞」に至るまで、本書にはスタンフォード大学におけるラバリーの同僚たち(かつての同僚も含む)の名が随所にみられ、内容面でもその知的刺激や影響の痕跡を至るところに発見できる。特にタイヤックとキューバンの共著『ユートピアへの手直し』(一九九五年)[4]は、本書に決定的といってよい影響を与えている。学校をめぐって改革という名の小手先の手直しの議論がひきもきらない一方で、アメリカの学校はなぜ、百年一日のごとくその姿を同じままとどめているのかという問題意識は本書と通底しているし、過去の学校改革の歴史を振り返って謎解きにいどむ話の進め方も似通っている。むしろ、『ユートピアへの手直し』を二一世紀向けにアップデートしたのが、本書『教育依存社会アメリカ』だと言ってもよいほどだ。では、これほど強い影響をうけた「師匠」タイヤックとラバリーのちがいはどのあたりにあるのだろうか。前掲の論文「脱出不能」の中でラバリーは、自分の仕事はタイヤックの精神を受け継いだものだとした上で、その精神とは「公教育の原理を強力に支持すると同時に、その制度内の具体的な実践に対して鋭い批判を加える」(5)ものだと述べている。タイヤックが語るアメリカ教育史の物語には「聖者も悪人もほとんど出てこない」(6)。それは彼が「教育に救世主の役割を与えるという誘惑に屈すること〔が〕ない」一方で、「社会正義の追求を支える潜在的な可能性を公教育はその内に秘めている」(7)と確信しているからである。

この「聖者も悪人も出てこない」という性質は、色濃く本書に受け継がれている。タイヤック譲りのバランスのよさをラバリーもわが物としている。その一方で、公教育が「社会正義の追求を支える潜在的な可能性」に関しては、ラバリーはもう少し醒めたスタンスをもっているように思う。教育界を侵す消費主義に対して批判的スタンスを堅持してはいるものの、学校を動かしそのあり方を決める最終勝者としての消費者の存在そのものをラバリーは認めている。凡百の教育業界人よりも的確に、消費者はアメリカの学校の最大の美点、すなわちその「緩さ」を直観的に見抜いていた。そしてその土台を侵食しようとする改革に暗黙のノーを突きつけることで、結果的に学校を愚かな改革から守ってきた。これは大いなるアイロニーであり、社会学者が得意とする「意図せざる結果」の一つである。消費者の行動原理には、高邁な社会正義の理念は一切ない。しかしその行動によって結果的に、コモンスクールの時代にその原型がつくられた公教育のよき精神は、辛うじて守り続けられてきたのである。皮肉と言わずして何と言おうか。

雑駁な物言いが許されるなら、タイヤック(&キューバン)とラバリーとの違いは、その拠って立つところが歴史学か社会学かという相違に、一部は帰すことができるかもしれない。その立論を補強するのが、スタンフォードの「第三の男」J・マイヤーの影である。スタンフォード大学社会学部教授にして、教育研究における新制度学派(新制度主義とも呼ばれる)を四〇年にわたり牽引してきたマイヤーの議論のポイントについて、岩井八郎氏は「内側を知るために外側を見る」視点だと述べ、そこでは「学校組織の内部にある教師、生徒、カリキュラム、学年といったカテゴリー」は「組織内の問題解決のために生み出されたものではなく、外側から与えられた意味にそって定められた規則」として解釈されると指摘している[8]。この立場は、ラバリーの学校シンドローム論の鍵である形式主義の概念に活かされている。米国の学校は種々の社会問題の解決には大した力を発揮しないが、アメリカ人が大切にする価値観や社会的目標をその制度の中に刻み込んで表現することには非常に長けている、という第8章のくだりである。ラバリーの関心は、行為者個々の意図の総和を超えたところに現出する組織的現象に大きな比重がある。その分、師匠タイヤックが最後まで保持し続けた社会正義の追求に賭ける姿勢は、後景に退かざるを得なかったのだろう。

こうして、タイヤック、キューバン、マイヤー、ラバリーをつなぐ、スタンフォードの知の山脈の一端が本書によって明らかにされた。「謝辞」にはまだ多くの名が記されており、この山脈はますます長く連なっていきそうだ。こうした同僚どうしの実り多い関係性が、アメリカの大学が高い生産性を誇る秘密の一つではないだろうか。そうした場に身を置き続けてきたラバリー教授の幸運に、少々羨望の念をおぼえてしまう。

日本の文脈に重ねてみる

本書を読んでいると、否が応でも日本の教育を論じたくなってくるのではないだろうか。この分析は日本にも当てはまる、いやここは違う、等々、論じることは尽きないはずだ。ここで、「社会学的志向をもつ教育史学者」という点でラバリーと立ち位置の似ている、竹内洋氏の教育依存と不信に関する議論に目を転じてみよう[9]。

日本において学校神話の誕生から失光(輝きを失いアウラが消え去る)までの過程を、竹内氏は四つのステージで考える。第一期は一九世紀後半の学校育成期もしくは低迷期、学校はまだ舶来の異物として民衆から胡散くさい目で見られ、負のアウラを放っていた。第二期が二〇世紀前半の学校へのアウラ期、社会の産業化・工場化によって、学校での身体・時間感覚は身につけるのが必須のものへと変わり、ムラ社会の伝統や慣習は旧弊として指弾された。一方で民衆の対応は腰が重く、「ともづれ」の雪崩現象で就学率は急伸するものの、形式が先走って必ずしも内実はともなわなかった。第三期が大衆受験社会・大衆勉強社会、高度成長の一九六〇年代から七〇年代中頃まで、学校は多くの人に希望の場所と映り、義務をともなわない高等学校や大学への進学が大衆化していく。そして第四期が七〇年代半ばから現在までの大衆教育社会、親の高学歴化によって学校のアウラは消え、希望の場所から強制された場所にその性格は変わり、学校の教育力への不信もめばえていく一方で学校への依存は続く。広田照幸氏の言う「教育不信と教育依存の時代」である。(10)

この日本における学校の興亡過程には、ラバリーが本書で描いた米国教育史の歩みと重なる部分が多々ある。特に大衆受験社会から大衆教育社会への進展によって学歴インフレ状態となり、親の学歴や生活レベルを子が超える希望が消え、依存と不信がない交ぜになった閉塞状況に陥っている姿は、生き写しのように似ている。その一方で相違点もある。ラバリーに学んだ我々がまず気づくのは、school reformer(本書の訳では「学校改革者」)というアクターの日本での存在感のなさである。本書の随所で活躍している学校改革者は、必ずしも教育行政当局や権力者とイコールではない。むしろその多くは非政府セクターから登場し、世論の後押しを受けて、当局も無視しえない力をもって教育を動かすまでに成長したのだ。本書で言うように改革者の大半は教育をミスリードし、不毛な改革騒ぎへと現場を引きずり回すトリックスター的存在だったかもしれない。だが教育を官僚政治家たちの専有物にせず、そのときどきの喫緊の課題を突きつけることでつねに学校に緊張感をもたらす、その役回りを演じる民間人の姿が日本ではほとんど見当たらない。このことが日本の教育史像を、著しくダイナミズムを欠いた平板なものとしてきた面は否めないのではなかろうか。日本における官製 school reform はその先にある社会の問題の解決をめざしたものではなく、お上が「問題」だと考える事象、すなわち学校という閉域内で生起した学校問題、教育領域内で発生した教育問題の解決だけを目的にしているように思える。「社会」への言及があったとしても、取ってつけたようにお座なりなものばかりだ。こうした状況下で教育史・学校史研究者がやるべきことは、歴史の細部に目を凝らし、アメリカよりはるかに細い school reform の水脈をたどって、教育が社会との間にもちえたダイナミズムの可能性を復原する仕事ではないだろうか。

返す刀で consumer についても一言述べておきたい。本書でその存在感を最大限に発揮している教育消費者も、日本の学校史叙述の中ではその姿は実に弱々しい。教育学アカデミズムの新自由主義批判の大合唱に抗して主張するのは気がひけるが、筆者は教育に携わる者の仕事の一つとして、(ラバリーが言う意味での)「消費者」の育成は大切なことだと考えている。消費するというのは、日本でしばしば論じられるほど一面的で次元の低い営みではない。それは学校というサービス機関のクライアントとして、自己をマネージし制度環境との間に折り合いをつけていく高度に反省的な行為である。本書第7章で印象的に描かれたアメリカの高校生ニールを思い出してほしい。彼は忙しいハイスクール生活の中で「学校を屈服させて自身の目的に従わせるすべ」を習得していった。また意図せざる結果とはいえ、親をはじめとする学校消費者の直観のほうが改革者の理念や思想に優り、ニールのような若者が doing school する基盤を守り抜いてきた点も思い起こしてほしい。アメリカのような自治的学校管理(local control)の伝統に乏しい日本でこうしたことを嘆くのは不毛だという批判もあろうが、逆に伝統に乏しいからこそ、消費者の育成というテーマは真剣に考えるのに値するのではないだろうか。

最後に

二〇一六年一一月初旬、本書を翻訳したいという野望を秘めて、筆者はロードアイランド州プロビデンスで開かれた米国教育史学会(History of Education Society)大会に参加した(ラバリー先生と会えるのではないかという希望もあったが、それはかなわなかった)。その会場で、D・タイヤック先生が数日前に逝去[11]したことを知らされた(大会では即席の追悼セッションも開かれていた)。ビジティング・ティーチャーに焦点を合わせてアメリカにおける教育福祉の勃興を跡づけた拙著[12]を書くにあたり、タイヤックの研究は最も参考になる道しるべだったこともあり、筆者にとってもその死は大きなショックだった。いつの日かタイヤックの主著を自分の手で翻訳してみたい。だがまずはスタンフォードにおける後継者・ラバリーの本を訳すことで、日本でもタイヤックに新たな光が当たるのではないか——そんな気持ちが滞米中に高まった。また偶然この大会のランチタイムで、ミシガン州立大学時代にラバリーのもとで学んだ慶應義塾大学の佐久間亜紀先生とご一緒し、その席上ラバリー先生の人となりをうかがえたことも、決意を実行に移す後押しになった。

幸い、以前『岩波講座　教育　変革への展望』の分担執筆でお世話になった編集者・田中朋子さんがこの企画に理解を示して下さった。『講座』時より密度の濃い共同作業にお付き合いいただいたが、原文を丹念に読んで訳者に的確なアドバイスをして下さるその姿勢に心底感嘆した。その素晴らしいお仕事ぶりに敬意を表し、心から御礼申し上げます。また共訳者としてともに原文に取り組んでくれた小林美文さんは、ウィスコンシン大学マディソン校博士課程在籍時に、筆者の「アメリカ経験」を支えて下さった大恩人である。翻訳作業中は分からないことがあれば何でも相談できる心強いパートナーであり、こうして今回楽しく共同作業ができて本当によかったと思う。ありがとうございました。そしてお疲れさまです（なお、本文の翻訳分担は序章、第1章、第3章、第5章、第6章、第8章が倉石、第2章、第4章、第7章が小林である。全体の訳語の調整は協議の上、倉石が主導して行った）。本文中の難解な部分について翻訳上の示唆を賜わった、倉石のかつての同僚のカール・ベッカー先生にもあつく御礼申し上げます。

また、日本大学の広田照幸先生には過分なご推薦の言葉を帯に寄せていただいた。心より感謝申し上げます。著者のラバリー先生には、当方のリクエストに応えて「日本語版への序文」をお寄せいただいた。また本書刊行前に倉石が渡米し面会した際には不明箇所に関する問い合わせにこころよく答えてくださった。深く御礼申し上げたい。その他、ここには書ききれない多くの方々の支えがあって本書を世に送り出すことができたと考えている。心からの感謝の意をもって筆をおきたい。

（1）　後者二つが現在のアメリカ社会でも勢いを保っている事情については、鈴木大裕『崩壊するアメリカの公教育——日本への警告』（岩波書店、二〇一六年）を参照のこと。
（2）　https://people.stanford.edu/dlabaree/ 二〇一八年一月五日アクセス。
（3）　D・ラバレー著、荒川英央訳「脱出不能——公共財としての公教育」藤田英典・志水宏吉編『変動社会のなかの教育・知識・権力——問題としての教育改革・教師・学校文化』新曜社、二〇〇〇年、一一〇―一三八頁。Labareeの表記が本訳書とは異なっていることをお断りしておく。

（4） Tyack, D. & Cuban, L., *Tinkering toward Utopia: Reflections on a Century of Public School Reform*, Harvard University Press, 1995.

（5） ラバレー「脱出不能」一一二頁。

（6） 前掲、一一〇頁。

（7） 前掲、一一〇頁。

（8） 岩井八郎「外側から見る眼――ジョン・マイヤーの制度理論と教育研究における展開」『大阪外国語大学論集』一三号、一九九五年、一五三〜一七一頁。

（9） 竹内洋『学校と社会の現代史』左右社、二〇一一年。

（10） 広田照幸『教育不信と教育依存の時代』紀伊國屋書店、二〇〇五年。

（11） L・キューバンのホームページには、盟友タイヤックへの思いをつづった追悼文が、死の少し前に二人で撮った写真とともに掲載されている。https://larrycuban.wordpress.com/2016/10/29/david-tyack-1930-2016/ 二〇一八年一月五日アクセス。

（12） 倉石一郎『アメリカ教育福祉社会史序説――ビジティング・ティーチャーとその時代』春風社、二〇一四年。

著者紹介

デイヴィッド・ラバリー

(David F. Labaree)

1947年生まれ．ミシガン州立大学を経て，スタンフォード大学教育大学院教授．教育社会学，教育史．著書に，*The making of an American high school: the credentials market and the Central High School of Philadelphia, 1838–1939*, Yale University Press, 1988, *How to succeed in school without really learning: the credentials race in American education*, Yale University Press, 1997, *The trouble with ed schools*, Yale University Press, 2004, *Education, markets, and the public good: the selected works of David F. Labaree*, Routledge, 2007, *A perfect mess: the unlikely ascendancy of American higher education*, The University of Chicago Press, 2017など．

教育依存社会アメリカ —学校改革の大義と現実

デイヴィッド・ラバリー

2018年6月12日　第1刷発行

訳 者　倉石一郎《くらいしいちろう》　小林美文《こばやしみのり》

発行者　岡 本　厚

発行所　株式会社 岩波書店

〒101-8002 東京都千代田区一ツ橋2-5-5

電話案内 03-5210-4000

http://www.iwanami.co.jp/

印刷・三陽社　カバー・半七印刷　製本・松岳社

ISBN 978-4-00-061274-6　　Printed in Japan

訳者紹介

倉石一郎

1970 年生まれ．京都大学大学院人間・環境学研究科博士後期課程修了．東京外国語大学外国語学部助教授などを経て，現在，京都大学大学院人間・環境学研究科教授．専門は教育学，教育社会学．著書に『アメリカ教育福祉社会史序説――ビジティング・ティーチャーとその時代』(春風社)，『増補新版　包摂と排除の教育学――マイノリティ研究から教育福祉社会史へ』(生活書院)，『教育社会学のフロンティア 1　学問としての展開と課題』(共著，岩波書店)．訳書に『黒人ハイスクールの歴史社会学――アフリカ系アメリカ人の闘い 1940-1980』(共訳，昭和堂)など．

小林美文

1968 年生まれ．ウィスコンシン大学マディソン校教育大学院教育政策学科博士課程修了．博士論文は *Parental Involvement among Transnational Immigrant Japanese Mothers in the U.S.*(「米国在住国際家族における日本人母親の教育参加に関する研究」)．立教大学国際センター教育研究コーディネーターを経て，現在，立教大学，成蹊大学兼任講師．専門は国際・比較教育学，教育人類学．

索　引

ア 行

カ 行

サ　行

タ 行

ナ 行

ハ 行

マ　行

ヤ 行

ラ 行

参考文献

Angus, David L., and Mirel, Jeffrey E. (1999). *The failed promise of the American high school, 1890–1995.* New York: Teachers College Press.

Berg, Ivar. (1971). *Education and jobs: The great training robbery.* Boston: Beacon.

Berlin, Isaiah. (2000). The hedgehog and the fox: An essay on Tolstoy's view of history. In Thomas Hardy (ed.), *The proper study of mankind: An anthology of essays* (pp. 436–498). New York: Farrar, Straus and Giroux.

Betts, Julian, and Loveless, Tom. (2005). *Getting choice right: Ensuring Equity and efficiency in educational policy.* Washington, DC: Brookings Institution Press.

Bidwell, Charles E. (1965). The school as a formal organization. In James M. March (ed.), *Handbook of organizations* (pp. 972–1018). Chicago: Rand McNally.

Blossfeld, Hans-Peter, and Shavit, Yossi. (2000). Persisting barriers: Changes in educational opportunities. In Richard Arum and Irenee R. Beattie (eds.). *The structure of schooling.* Mountain View, CA: Mayfield.

Boudon, Raymond. (1974). *Education, opportunity, and social inequality: Changing prospects in Western society.* New York: Wiley. (R・ブードン著，杉本一郎他訳『機会の不平等――産業社会における教育と社会移動』新曜社，1983年)

Boudon, Raymond. (1986). Education, mobility, and sociological theory. In John G. Richardson (ed.), *Handbook of theory and research for the sociology of education* (pp. 261–274). New York: Greenwood.

Bowles, Samuel, and Gintis, Herbert. (1999). *Recasting egalitarianism: New rules for communities, states, and markets.* London: Verso.

Braverman, Harry. (1974). *Labor and monopoly capital: The degradation of work in the twentieth century.* New York: Monthly Review Press.

Bridges, David. (2008). Educationalization: On the appropriateness of seeking or offering a response by educational institutions to social and economic programs. *Educational Theory,* 58 (4) (November), 461–474.

Brill, Steven. (2009). The rubber room: The battle over New York City's worst teachers. *New Yorker,* August 31. http://www.newyorker.com/ (accessed 1/1/10).

Britzman, Deborah P. (1986). Cultural myths in the making of a teacher: Biogra-

phy and social structure in teacher education. *Harvard Educational Review*, 56(4), 442-456.

Brooks, David.(2002). Notes from a hanging judge. *New York Times*, January 13. http://www.nytimes.com/ (accessed 1/13/02).

Brown v. Board of Education of Topeka, 347 U.S. 483(1954).

Carnegie Task Force on Teaching as a Profession.(1986). *A nation prepared: Teachers for the 21st century*. New York: Carnegie Forum on Education and the Economy.

Carter, Susan B. et al.(eds.).(2006). *Historical statistics of the United States*(millennial edition online). New York: Cambridge University Press.

Chubb, John E., and Moe, Terry M.(1990). *Politics, markets, and America's schools*. Washington, DC: Brookings Institution.

Church, Robert L., and Sedlak, Michael W.(1976). *Education in the United States*. New York: Free Press.

Cohen, Adam.(2004). The supreme struggle. *New York Times*, January 18. www.nytimes.com (accessed 1/18/04).

Cohen, David K.(1988). Teaching practice: Plus ça change. In Philip W. Jackson (ed.), *Contributing to educational change: Perspectives on research and practice*(pp. 27-84). Berkeley, CA: McCutchan.

Cohen, David K.(1989). Willard Waller, on hating school and loving education. In D. J. Willower & W. L. Boyd (eds.), *Willard Waller on education and schools*. San Francisco: McCutchan.

Commission on Reorganization of Secondary Education.(1918). *Cardinal principles of secondary education*. Bulletin no. 35, U.S. Department of Interior, Bureau of Education. Washington, DC: U.S. Government Printing Office.

Cremin, Lawrence A.(ed.).(1957). *The republic and the school: Horace Mann on the education of free men*. New York: Teachers College Press.

Cremin, Lawrence A.(1961). *The transformation of the school: Progressivism in American education, 1976-1957*. New York: Vintage.

Cremin, Lawrence A.(1970). *American education: The colonial experience, 1607-1783*. New York: Harper and Row.

Cuban, Larry.(1988). Constancy and change in schools(1880s to the present). In Phillip W. Jackson(ed.), *Contributing to educational change: Perspectives on research and practice*(pp. 85-105). Berkeley, CA: McCutchan.

Cuban, Larry.(1992). Curriculum stability and change. In Philip Jackson(ed.), *Handbook of research on curriculum*. New York: Macmillan.

Cuban, Larry.(1993). *How teachers taught: Constancy and change in American classrooms, 1890-1980*, 2nd ed. New York: Teachers College Press.

Cuban, Larry.(2007). Hugging the middle: Teaching in an era of testing and

accountability, 1980–2005. *Education Policy Analysis Archives*, 15(1), 1–27.
Cummings, William. (1997). Patterns of modern education. In William Cummings and Noel McGinn (eds.), *International handbook of education and development: Preparing schools, students, and nations for the twenty-first century* (pp. 63–85). New York: Pergamon.
Cusick, Philip A. (1992). *The educational system: Its nature and logic.* New York: McGraw-Hill.
Dewey, John. (1902/1990). The child and the curriculum. In *The school and society and the child and the curriculum.* Chicago: University of Chicago Press. (J・デューイ著，市村尚久訳『学校と社会・子どもとカリキュラム』講談社学術文庫，1998 年)
Dewey, John. (1904/1964). The relation of theory to practice in education. In Reginald D. Archambault (ed.), *John Dewey on education* (pp. 314–338). Chicago: University of Chicago Press.
Dunlop, Thomas. (1851). Introductory address of the commencement of the Central High School of Philadelphia, February 12, 1851. Philadelphia: Board of Controllers.
Durkheim, Émile. (1938/1969). *The evolution of educational thought: Lectures on the formation and development of secondary education in France.* Boston: Routledge and Kegan Paul. (E・デュルケーム著，小関藤一郎訳『フランス教育思想史』行路社，1981 年)
Education of Handicapped Children Act. (1975). Public law, 94–142.
Elmore, Richard F., and McLaughlin, Milbrey W. (1988). *Steady work.* Santa Monica, CA: Rand.
Fenstermacher, Gary D. (1990). Some moral considerations on teaching as a profession. In John I. Goodlad, Roger Soder, and Kenneth A. Sirotnik (eds.), *The moral dimensions of teaching* (pp. 130–151). San Francisco: Jossey-Bass.
Finkelstein, Barbara. (1989). *Governing the young: Teacher behavior in popular primary schools in nineteenth century United States.* Philadelphia: Falmer.
Fishlow, Albert. (1966). Levels of nineteenth-century American investment in education. *The Journal of Economic History*, 26(4), 418–436.
Floden, Robert E., and Clark, Christopher M. (1988). Preparing teachers for uncertainty. *Teachers College Record*, 89, 505–524.
Franklin, Barry M. (1986). *Building the American community: The school curriculum and the search for social control.* Philadelphia: Falmer.
Freedman, Samuel G. (1990). *Small victories: The real world of a teacher, her students, and their high school.* New York: HarperCollins.
Friedman, Milton. (1962). *Capitalism and freedom.* Chicago: University of Chica-

go Press.(M・フリードマン著，村井章子訳『資本主義と自由』日経BP社，2008年）

Fullan, Michael G.(1991). *The new meaning of educational change*, 2nd ed. New York: Teachers College Press.

Fuller, Howard. (2002). Education matters to me: Full court press. *Education Next*, 2(3), 88.

Goldin, Claudia, and Katz, Lawrence F.(2008). *The race between education and technology*. Cambridge, MA: Belknap Press of Harvard University Press.

Gordon, Leah. (2008). The question of prejudice: Social science, education, and the struggle to define "the race problem" in postwar America, 1940-1970. Unpublished Ph. D. dissertation, University of Pennsylvania.

Grant, Gerald.(1988). *The world we created at Hamilton High*. Cambridge, MA: Harvard University Press.

Grubb, W. Norton, and Lazerson, Marvin.(2004). *The education gospel: The economic power of schooling*. Cambridge, MA: Harvard University Press.

Hanushek, Eric, and Kimko, Dennis. (2000). Schooling, labor force quality, and the growth of nations. *American Economic Review*, 90(December), 1184-1208.

Hertz, Tom. (2006). *Understanding mobility in America*. Washington, DC: Center for American Progress.

Hirsch, E. D., Jr.(1996). *The schools we need and why we don't have them*. New York: Doubleday.

Hirschman, Albert O. (1970). *Exit, voice, and loyalty: Responses to decline in firms, organizations, and states*. Cambridge, MA: Harvard University Press. (A・O・ハーシュマン著，矢野修一訳『離脱・発言・忠誠――企業・組織・国家における衰退への反応』ミネルヴァ書房，2005年）

Hochschild, Arlie.(1983). *The managed heart: Commercialization of human feeling*. Berkeley: University of California Press.(A・R・ホックシールド著，石川准・室伏亜希訳『管理される心――感情が商品になるとき』世界思想社，2000年）

Holmes Group.(1986). *Tomorrow's teachers*. East Lansing, MI: Author.

Howe, Daniel Walker.(1979). *The political culture of the American whigs*. Chicago: University of Chicago Press.

Howe, Daniel Walker. (2007). *What hath God wrought? The transformation of America, 1815-1848*. New York: Oxford University Press.

Jackson, Philip W.(1986). *The practice of teaching*. New York: Teachers College Press.

Johnson, Paul E. (1978). *A shopkeeper's millennium: Society and revivals in Rochester, New York, 1815-1837*. New York: Hill and Wang.

Kaestle, Carl F., and Vinovskis, Maris A. (1980). *Education and social change in nineteenth-century Massachusetts*. Cambridge, UK: Cambridge University Press.

Kantor, Harvey, and Tyack, David. (1982). Introduction: Historical perspectives on vocationalism in American education. In Kantor and Tyack (eds.), *Work, youth, and schooling: Historical perspectives on vocationalism in American education* (pp. 1-13). Stanford, CA: Stanford University Press.

Katz, Michael B. (1987). Origins of public education. In *Reconstructing American education* (pp. 5-23). Cambridge, MA: Harvard University Press.

Katz, Michael B. (2009). Can America educate itself out of inequality? Reflections on the race between education and technology. *Journal of Social History*, 43(1), 183-195.

Kingsley, Clarence D. (1919). *School and Society*, 10(236), 18-20.

Kliebard, Herbert M. (1986). *The struggle for the American curriculum, 1893-1958*. Boston: Routledge and Kegan Paul.

Kliebard, Herbert M. (1999). *Schooled to work: Vocationalism and the American curriculum, 1876-1946*. New York: Teachers College Press.

Krug, Edward (ed.). (1961). *Charles W. Eliot and popular education*. New York: Teachers College Press.

Labaree, David F. (1988). *The making of an American high school: The credentials market and the Central High School of Philadelphia, 1838-1920*. New Haven: Yale University Press.

Labaree, David F. (1997). *How to succeed in school without really learning: The credentials race in American education*. New Haven: Yale University Press.

Labaree, David F. (2004). *The trouble with ed schools*. New Haven: Yale University Press.

Labaree, David F. (2007a). *Education, markets, and the public good*. London: Routledge.

Labaree, David F. (2007b). Citizens and consumers: Changing visions of virtue and opportunity in U.S. education in the 19th and 20th centuries. Paper presented at conference on "Republican and Non-Republican Imaginations," University of Applied Sciences, Zurich.

Lagemann, Ellen Condliffe. (1989). The plural worlds of educational research. *History of Education Quarterly*, 29(2), 185-214.

Lampert, Magdalene. (1985). How do teachers manage to teach? Perspectives on problems in practice. *Harvard Educational Review*, 55, 178-194.

Lazerson, Marvin, and Grubb, W. Norton. (1974). Introduction. In Lazerson and Grubb (eds.), *American education and vocationalism: A documentary history* (pp. 1-50). New York: Teachers College Press.

Lipsky, Michael.(1980). *Street-level bureaucracy: Dilemmas of the individual in public services.* New York: Russell Sage Foundation.(M・リプスキー著，田尾雅夫・北大路信郷訳『行政サービスのディレンマ——ストリート・レベルの官僚制』木鐸社，1986年)

Lockridge, Kenneth A.(1974). *Literacy in colonial New England: An enquiry into the social context of literacy in the early modern West.* New York: Norton.

Lortie, Dan C.(1975). *Schoolteacher: A sociological study.* Chicago: University of Chicago Press.

Mann, Horace.(1841). *Fifth annual report to the Massachusetts Board of Education.* Boston: Board of Education.(H・マン著，久保義三訳『民衆教育論』(世界教育学選集第7巻)明治図書出版，1960年所収)

Mann, Horace.(1848). *Twelfth annual report to the Massachusetts Board of Education.* Boston: Board of Education.(H・マン著，久保義三訳『民衆教育論』(世界教育学選集第7巻)明治図書出版，1960年所収)

March, James G.(1975). Education and the pursuit of optimism. *Texas Tech Journal of Education,* 2(1), 5-17.

Mattson, Steven Matthew.(2003). *A changing metaphor: Instructional reform as evangelism.* Unpublished Ph. D. dissertation, Michigan State University.

Meyer, John.(1977). The effects of education as an institution. *American Journal of Sociology,* 83(1), 55-77.

Meyer, John W., and Rowan, Brian.(1977). Institutionalized organizations. *American Journal of Sociology,* 83(2), 340-363.

Meyer, John W., and Rowan, Brian.(1983). The structure of educational organizations. In John W. Meyer and William R. Scott (eds.), *Organizational environments: Ritual and rationality* (pp. 71-97). Beverly Hills, CA: Sage.

Meyer, John, Tyack, David, Nagel, Joanne, and Gordon, Audri.(1979). Public education as nation-building in America: Enrollments and bureaucratization in the American states, 1870-1930. *American Journal of Sociology,* 85(3), 591-613.

National Center for Educational Statistics.(1993). *120 years of American education.* Washington, DC: Government Printing Office.

National Center for Educational Statistics.(2007). *Digest of education statistics 2006.* Washington, DC: Government Printing Office.

National Commission on Excellence in Education.(1983). *A nation at risk: The imperative for educational reform.* Washington, DC: U.S. Department of Education.

No Child Left Behind Act.(2002). Public Law, 107-110.

Parsons, Talcott.(1951). *The social system.* Glencoe: Free Press.(T・パーソンズ

著，佐藤勉訳『社会体系論』(現代社会学大系第 14 巻)青木書店，1974 年)

Perrow, Charles. (1984). *Normal accidents: Living with higher-risk technologies.* Princeton, NJ: Princeton University Press.

Phi Delta Kappa. (2008). 40th PDK/Gallup Poll. www.pdkintl.org (accessed 2/16/09).

Powell, Arthur, Farrar, Eleanor, and Cohen, David K. (1985). *The shopping mall high school: Winners and losers in the educational marketplace.* Boston: Houghton-Mifflin.

Ramirez, Francisco. (1997). The nation-state, citizenship, and educational change: Institutionalization and globalization. In William Cummings and Noel McGinn (eds.), *International handbook of education and development: Preparing schools, students, and nations for the twenty-first century* (pp. 47-62). New York: Pergamon.

Ramirez, Francisco O. (2008a). Personal communication, March 20.

Ramirez, Francisco O. (2008b). Personal communication, May 20.

Ramirez, Francisco O., and Boli, John. (1987). The political construction of mass schooling: European origins and worldwide institutionalization. *Sociology of Education*, 60(1), 2-18.

Ramirez, Francisco O. et al. (2006). Student achievement and national economic growth. *American Journal of Education*, 113(1), 1-29.

Ravitch, Diane. (2000). *Left back: A century of failed school reforms.* New York: Simon and Schuster. (D・ラヴィッチ著，末藤美津子・宮本健市郎・佐藤隆之訳『学校改革抗争の 100 年――20 世紀アメリカ教育史』東信堂，2008 年)

Rodgers, Daniel. (1982). In search of progressivism. *Reviews in American History*, 11(4), 113-132.

Rossi, Peter H. (1987). The iron law of evaluation and other metallic rules. In Joann L. Miller and Michael Lewis (eds.), *Research in Social Problems and Public Policy*, 4 (pp. 3-20). Greenwich, CT: JAI Press.

Rubinson, Richard, and Browne, Irene. (1996). Education and the economy. In Neil Smelser and Richard Swedborg (eds.), *The handbook of economic sociology.* Princeton: Princeton University Press.

Rudy, Willis. (1968). Review of *David Snedden and Education for Social Efficiency* by Walter H. Drost. *The Journal of American History*, 55(1) (June), 170-171.

Rury, John L. (2005). *Education and social change: Themes in the history of American education*, 2nd ed. Mahwah, NJ: Lawrence Erlbaum.

Schultz, Theodore W. (1961). Investment in human capital. *American Economic Review*, 51(1), 1-17.

Scott, James. (1998). *Seeing like a state.* New Haven: Yale University Press.

Sedlak, Michael W. (1989). Let us go and buy a schoolmaster. In D. Warren (ed.), *American teachers: Histories of a profession at work* (pp. 257–290). New York: Macmillan.

Sedlak, Michael W. et al. (1986). *Selling students short: Classroom bargains and academic reform in the American high school.* New York: Teachers College Press.

Sellers, Charles. (1991). *The market revolution: Jacksonian America, 1815–1846.* New York: Oxford University Press.

Semel, Susan E. (2006). Introduction. In Susan E. Semel and Alan R. Sadovnik (eds.), *"Schools of tomorrow," schools of today: What happened to progressive education.* New York: Peter Lang.

Smeyers, Paul, and Depaepe, Marc (eds.). (2009). *Educational research: The educationalization of social problems.* New York: Springer.

Smith-Hughes Act of 1917, in U.S., *Statutes at Large,* XXXIX, Part I, 929–936.

Snedden, David. (1900). The schools of the rank and file. *The Stanford Alumnus,* I, 185–198.

Snedden, David. (1920). *Vocational education.* New York: Macmillan.

Snedden, David. (1929). The socially efficient community. *Journal of Educational Sociology,* 2(8) (April), 464–470.

Spence, Michael A. (1973). Job market signaling. *Quarterly Journal of Economics,* 87(3), 355–374.

Stinchcombe, Arthur L. (1965). Social structure and organizations. In James G. March (ed.), *Handbook of organizations* (pp. 142–193). Chicago: Rand McNally.

Thompson, E. P. (1967). Time, work-discipline, and industrial capitalism. *Past and Present,* 38 (December), 56–97.

Thurow, Lester. (1972). Education and economic equality. *Public Interest,* 28 (Summer), 66–81. (L・サロー「教育と経済的平等」J・カラベル編，潮木守一・天野郁夫・藤田英典編訳『教育と社会変動——教育社会学のパラダイム展開(下)』東京大学出版会，1980 年所収)

Turner, Ralph. (1960). Sponsored and contest mobility and the school system. *American Sociological Review,* 25(6), 855–867. (R・ターナー「教育による階層移動の形態」A・H・ハルゼー他編，清水義弘監訳『経済発展と教育——現代教育改革の方向』東京大学出版会，1963 年所収)

Two million minutes. (2008). Film produced by Robert Compton, Chad Heeter, and Adam Raney. Available at http://www.2mminutes.com/.

Tyack, David. (1966). Forming the national character. *Harvard Education Review,* 36(1), 29–41.

Tyack, David. (1974). *The one best system.* Cambridge, MA: Harvard University

Press.
Tyack, David B. (ed.). (1967). *Turning points in American educational history*. Waltham, MA: Blaisdell Publishing.
Tyack, David, and Cuban, Larry. (1995). *Tinkering toward utopia: Reflections on a century of public school reform*. Cambridge, MA: Harvard University Press.
Urban, Wayne J. (1989). Teacher activism. In Donald Warren (ed.), *American teachers: Histories of a profession at work* (pp. 190–212). New York: Macmillan.
U.S. Bureau of the Census. (1975). *Historical statistics of the United States: Colonial times to 1970*. Washington, DC: Government Printing Office.
U.S. Department of Education. (1986). *What works: Research about teaching and learning*. Washington, DC.
Waller, Willard. (1932/1965). *The sociology of teaching*. New York: Wiley. (ウィラード・ウォーラー著，石山脩平・橋爪貞雄訳『学校集団——その構造と指導の生態』明治図書出版，1957 年)
Weick, Karl. (1976). Educational organizations as loosely-coupled systems. *Administrative Science Quarterly*, 20(4), 1–19.
Wiebe, Robert. (1967). *The search for social order*. New York: Hill and Wang.
Wirth, Arthur G. (1972). Charles A. Prosser and the Smith-Hughes Act. *The Educational Forum*, 36(3) (March), 365–371.
Zilversmit, Arthur. (1993). *Changing schools: Progressive education theory and practice, 1930–1960*. Chicago: University of Chicago Press.